国家社会科学基金教育学一般课题
“教师网络生活方式的理论构建与实践研究”（BBA150018）

教师网络生活方式的现实样态与优化路径

罗儒国　著

科学出版社
北京

内 容 简 介

在网络智能时代，教师网络生活方式的崛起和发展既是推动教育信息化建设的现实需要，也是提升教师工作生活质量、创建美好生活的内在诉求，更是教师履行立德树人职责、引领学生网络生活健康发展的迫切需要，其意义深远。

本书阐述了教师网络生活方式的内涵、特点及其与现实生活方式等相关概念的异同，剖析了教师网络生活方式的构成要素以及教师网络生活方式的主要价值；探讨了教师网络生活方式的演化历程与影响因素，并从教师网络教学、网络社交、网络学习、网络休闲、网络消费等不同生活领域对教师网络生活方式状况进行了分析和探讨，勾勒出教师网络生活方式的现实样态并指出存在问题和潜在风险，最后探讨了教师网络生活方式优化取向与路径。

本书不仅适合教育学、社会学、管理学等领域的研究人员、研究生、本科生阅读，也可供从事教师教育、教师管理的相关人员及广大教师参阅。

图书在版编目（CIP）数据

教师网络生活方式的现实样态与优化路径 / 罗儒国著. —北京：科学出版社，2021.1

ISBN 978-7-03-067973-4

Ⅰ. ①教… Ⅱ. ①罗… Ⅲ. ①教师–网络教学–教学研究 Ⅳ. ①G434

中国版本图书馆CIP数据核字（2021）第019231号

责任编辑：崔文燕 / 责任校对：张小霞
责任印制：李 彤 / 封面设计：润一文化

科学出版社出版
北京东黄城根北街16号
邮政编码：100717
http://www.sciencep.com
北京建宏印刷有限公司印刷
科学出版社发行 各地新华书店经销
*
2021年1月第 一 版 开本：720×1000 B5
2021年1月第一次印刷 印张：14 3/4
字数：265 000

定价：99.00元

（如有印装质量问题，我社负责调换）

目　录

第一章
绪　论

第一节　研究缘起

人是生活在现实之中的社会存在物，活动是人的存在与发展方式，人不能没有“生活”。在现实生活中，“为何生活”、“如何生活”以及“生活得如何”是人们经常审思的议题。迈入互联网时代，社会中的一切事物、现象都在发生着变化、并进行着调整与重建，一切皆处于变迁、过渡或转型之中，因而也就没有什么是绝对静止不变的，人类生活方式更是如此。现如今，以移动互联网、大数据、云计算、人工智能技术等为代表的信息技术正改变着人类社会的结构与形态，使人类社会迈入高速发展的网络智能时代，它不仅塑造着人类的生存空间，为人类提供全新的数字化、网络化、智能化生活空间，还形塑着人类的存在方式与生活方式，推动人类存在方式、生活方式的变革与转型，教师生存方式亦是如此。

“互联网+”时代教师的生活方式呈现出多元化发展态势，逐渐从依附性生存向自主化生存、同质化生存向个性化生存转变，由经验化生存向智慧化生存、现实化生存向虚拟化生存转向。[①]作为伴随互联网崛起而形成的一种新型生活方式，网络生活方式正成为教师的重要生活形态。然而，信息技术和互联网的崛起在给人类生存与发展带来福祉的同时，也潜藏着风险，并逐渐引起学者的关注与思考。对处于身心成长期的青少年而言，互联网的影响日益显现，青少年网络生活问题（如网络成瘾等）备受学界的关注，但对“互联网+”时代教师网络生活

① 罗儒国.“互联网+”时代教师生存方式变革：实质、动力与路向[J]. 新疆师范大学学报（哲学社会科学版），2017（4）：30-38.

方式的研究却甚少。教师是现实生活中的人，是社会存在物，对教师网络生活方式的现实样态及其优化策略等问题进行系统探讨，不仅是顺应网络生活崛起的必然要求，也是推进教育信息化建设的深切呼唤，还是引领学生网络生活方式健康发展的内在要求，更是提升教师网络生活质量的现实诉求，其意义深远。

一、顺应网络生活崛起的必然要求

纵观人类社会的发展历程，每一次技术革命都会或早或迟地引发社会结构的变迁、转型。近年来，互联网技术、虚拟现实技术、人工智能技术、区块链技术等新兴技术得到迅猛发展，不断推动社会结构的转型与发展，孕育产生新的社会形态——网络社会。在卡斯特看来，网络技术为社会组织结构发展以及网络社会崛起提供了物质基础，“作为一种历史趋势，信息时代的支配性功能与过程日益以网络组织起来。网络建构了我们社会的新社会形态，而网络化逻辑的扩散实质地改变了生产、经验、权力与文化过程中的操作与结果”[①]。作为一种新的社会形态，网络社会是基于信息网络技术、计算机技术架构形成的虚拟网络空间或特殊的社会形式。

现如今，互联网的普及与广泛应用，不仅对经济社会各领域产生重要影响，也对人类社会生活产生深远影响，形塑、改变着人们的社会生活方式，孕育形成新型生活方式——网络生活方式。中国互联网络信息中心（China Internet Network Information Center，CNNIC）于2019年6月发布了第44次《中国互联网络发展状况统计报告》，数据显示：截至2019年6月，我国网民规模达8.54亿，互联网普及率达61.2%；我国手机网民规模达8.47亿，网民使用手机上网的比例达99.1%。在互联网的个人应用上，呈现如下特点：网络购物用户规模达到6.39亿，占网民整体的74.8%；网上外卖用户规模达4.21亿，占网民整体的49.3%；网络支付用户规模达6.33亿，占网民整体的74.1%；在线旅游预订用户规模达4.18亿，占网民整体的48.9%；网络支付用户比例为71.0%；此外，网络娱乐类应用（如网络音乐、网络文学、网络游戏、网络视频、网络直播等）、公共服务类应用（如网约车、在线教育）的用户比例持续增长。[②]

然而，互联网技术、人工智能技术等新兴技术在推动社会结构转型、重构的

---

① 曼纽尔·卡斯特. 网络社会的崛起[M]. 夏铸九，王志弘译. 北京：社会科学文献出版社，2001：567.

② 中国互联网络信息中心. 第44次中国互联网络发展状况统计报告[EB/OL]. http://www.cnnic.net.cn/hlwfzyj/hlwxzbg/hlwtjbg/201908/P020190830356787490958.pdf. [2020-10-08].

同时，也导致新的社会问题、生活危机与风险的产生。特克曾指出："进入虚拟世界的新作为，引起有关社会与我们本身的若干基本性问题……科技使我们作为人的形貌改变了，它改变我们的关系，改变我们的自我意识……这种新生活方式引发的问题不仅艰难而且令人痛苦，因为它们触及我们最复杂而且最难解的社会问题的核心：社区、认同、治理、平等与价值等问题。"[①]就教师而言，互联网技术的普及与网络社会的崛起，给教师的生存与发展带来新的机遇、挑战，深深地影响着教师的工作、生活、学习和休闲娱乐，促逼教师网络生活方式的形成与发展。从某种意义上说，网络社会和网络生活方式的崛起为教师生活方式研究开辟新的问题域，主要涉及以下几个方面的内容。

一是教师网络生活观念、身份认同。作为网络社会的重要成员，教师对待互联网的态度如何？他们使用互联网的动机和目的是什么？在网络社会生活中，教师扮演着怎样的角色？教师传统身份与网络身份之间是否存在矛盾和冲突？二是教师网络行为方式。在网络化浪潮中，教师是如何工作、生活、学习的？互联网对教师的工作、生活、学习产生怎样的影响？他们是如何使用互联网的？教师上网使用的工具、上网时长、上网地点有何特点？教师网络使用行为是否存在偏好、网络行为是否存有偏差？影响教师网络行为的因素有哪些？教师网络生活方式与现实生活方式的关系及其作用机制是怎样的？三是教师网络生活风险及其规避。在网络社会空间中，教师面临或遭遇哪些生活风险？其成因是什么？如何有效规避各种网络生活风险？学界较少关注此类问题，亟待加强这些问题的研究。

二、推进教育信息化建设的深切呼唤

加快教育信息化建设不仅成为世界教育发展的潮流与趋势，也是我国实现从教育大国向教育强国迈进的战略选择。中共中央国务院于2010年颁布的《国家中长期教育改革和发展规划纲要（2010—2020年）》，提出"加快教育信息化进程"的要求。教育部于2012年印发的《教育信息化十年发展规划（2011—2020年）》也提出，要用10年左右的时间"使我国教育信息化整体上接近国际先进水平""提高信息化教学水平"等要求。近年来，我国基础教育信息化建设取得了一些成绩，比如教育信息基础设施体系初步形成，数字教育资源不断丰富，信息

① 特克. 虚拟化身：网路世代的身份认同[M]. 谭天，吴佳真译. 台北：远流出版事业股份有限公司，1998：328.

化教学的应用不断拓展和深入、网络远程教育稳步发展等。[①]但教育信息化建设总体水平依然不高，在建设过程中存在对基础教育信息化重要性的认识不够，信息技术与教育教学的融合不够，教师信息技术应用能力不足，优质教育资源总量不足，信息化基础设施不完善、缺乏必要的经费保障，统筹管理较为薄弱，良好的共建共享机制尚未形成等问题。[②]

那么，如何有效破解教育信息化建设与信息技术应用瓶颈呢？在教育研究者看来，教育信息化建设实质上是一种新信息文化建设，需要从信息文化建设的高度进行整体规划与设计，不能只是关注物质层面的信息文化建设，更要关注行为层面的信息文化和精神层面的信息文化建设。因而，在建设内容上，教育信息化建设不仅包括学校基础设施建设、优质教育资源开发、网络学习空间和平台建设，也包括教学激励制度、教学管理信息系统建设，还包括信息技术与课程教学融合、教师信息技术应用水平、教师信息技术能力提升等方面。实际上，教师信息技术应用水平的提升、信息化教学方式的形成是衡量教育信息化建设尤其是学校信息化发展水平的重要指标。刘利民指出，“推进基础教育信息化，关键是在教与学主战场的应用，要紧紧围绕课堂教学，探索信息技术在教育教学中的有效应用，要让信息化手段成为课堂教学的常规手段。如果仅仅是在教与学的外围搞点应用，或者是搞点展示性的应用，那绝不是教育信息化真正的应用，更不是发展的方向”[③]。他进一步强调，“教育信息化的基础在学校，关键靠校长、教师”[④]。只有当教师自觉地将信息技术应用于教育教学中，并使信息化教学成为一种日常化教学生活方式时，教育信息化建设的目标才可能真正达成。

在建设主体上，教育信息化尤其是学校信息化建设离不开学校师生员工的共同参与。事实上，教师作为教育信息化的直接参与者与组织实施者，是推动教育信息化建设不可或缺的重要力量。教师对待信息技术的态度，对信息化教学、网络化教学的认可与接纳程度，以及教师信息技术素养是影响教育信息化建设的重要因素。具体而言，一方面，教师信息技术应用能力的全面提升是推动教育信息化发展的关键所在。正如有论者指出，“全面提升教师信息技术应用能力是破解

---

① 教育部. 教育信息化十年发展规划（2011—2020 年）[J]. 中国教育信息化，2012（8）：3-12.

② 刘利民. 融合应用 扎实推进基础教育信息化快速发展——在全国信息化教学现场观摩活动上的讲话[J]. 中国教育信息化，2013（21）：4-6.

③ 刘利民. 推进教学信息化发展 提高基础教育信息化水平——教育部副部长刘利民在“首届全国推进学校教学信息化校长高峰论坛”开幕式上的讲话（摘要）[J]. 中国教育技术装备，2012（29）：5.

④ 刘利民. 推进教学信息化发展 提高基础教育信息化水平——教育部副部长刘利民在“首届全国推进学校教学信息化校长高峰论坛”开幕式上的讲话（摘要）[J]. 中国教育技术装备，2012（29）：5.

教育信息化发展瓶颈问题，充分发挥信息技术手段综合效益的基础工作”[①]。另一方面，教师信息化教学方式的养成是教育信息化可持续发展的基本保障。在此意义上，若要破解教育信息化建设和信息技术应用的瓶颈，关键在于教师是否具备信息化教学能力，能否将信息技术有效地应用于学校教育教学实践，促进信息技术与课程教学的深度融合，积极开展信息化教学、网络化教学，使其成为教学生活新常态，成为一种典型的教学生活方式。那么，在教育信息化 2.0 时代，教师的信息技术素养、教师应用信息技术的层次与水平如何？教师使用网络的偏好与方式是怎样的？他们遇到了哪些困难和阻碍？如何对教师信息教学行为、网络教学行为进行衡量？影响教师信息化教学方式、网络化教学方式采纳和使用的因素有哪些？诸如此类的问题都亟待解决。

三、引领学生网络生活方式发展的内在要求

信息通信技术和互联网的普及与应用，既给教师的工作生活带来新的机遇和挑战，使教师的工作方式、生活方式发生急剧变化，也深深地影响着学生的学习生活。事实上，现在的学生是在互联网和数字化环境中成长起来的“数字化一代”，其学习生活方式正悄然发生着改变。朱克斯和沙夫将数字化一代的学习特性概括为以下方面：倾向从多种数字渠道获取信息；倾向并行处理或同时处理多个任务；倾向在处理文本信息之前处理图像、声音、色彩和视频信息；倾向同时与多人进行协作和沟通；阅读纸质文本或网页文本时往往使阅读者无意识地进行快速阅读；倾向适时学习；希望得到即时满足和即时奖励，但也伴随着延迟满足和延迟奖励；能在数字世界和现实世界之间自如切换；偏爱既有用又有趣的学习。[②]在虚拟的网络生活世界，网络化生存已成为学生重要的生存方式，他们开展网络信息获取、网络学习、网络娱乐、网络社交、网络消费等各种活动，享受互联网带来的便捷。

然而，就网络社会生活而言，在其发展过程中引发了一些不容忽视的社会问题，如“行为失范、关系失调、矛盾冲突、利益侵害、秩序紊乱等”[③]。也有学者指出，互联网的崛起引发了网络人际信任、网络游戏中的暴力、网络成瘾等新

---

① 杨靖. 如何破解教育信息化发展瓶颈——教育部有关负责人就提升中小学教师信息技术应用能力相关问题答记者问[N]. 科技日报，2013-12-12（07).

② 伊恩•朱克斯，瑞恩•L. 沙夫. 教育未来简史：颠覆性时代的学习之道[M]. 钟希声译. 北京：教育科学出版社，2020：65.

③ 李一. 网络社会治理的目标取向和行动原则[J]. 浙江社会科学，2014（12)：87-93.

的社会问题。[①]毫无疑问，网络化生活在给学生的学习、生活带来便利的同时，也产生了诸如网络依赖、网络成瘾、网络暴力、隐私泄露等问题。中国互联网络信息中心于2015年6月发布了《2014年中国青少年上网行为研究报告》，报告数据显示：截至2014年12月底，中国青少年网民规模达2.77亿，占整体网民的42.7%，占青少年总体的79.6%。研究进一步发现：小学生网络游戏使用率最高（达到70.9%），网络游戏类型偏重休闲、轻松，且具有一定社交性的游戏。另外，60.1%的学生信任互联网上的信息，整体对互联网信任度高，依赖性强，安全意识较弱。[②]黄荣怀等对北京市中小学生网络生活方式进行了调查，研究发现，中小学生依然存在网络普及的"数字鸿沟"现象、校内外网络使用的"新数字鸿沟"现象、网络与学习间的"防御性使用"现象、网络参与不足与网络参与行为偏差并存现象、网络素养提升意愿强烈与学校媒介素养教育不足并存现象等五个方面的问题。[③]

显然，诸如此类问题的长期存在不利于学生网络生活方式的健康、有序发展，也无益于学生全面发展和健康成长，因而学生网络生活方式亟待科学引导与优化。这显然离不开政府、社会、家长的共同努力，更需要学校的关注和主动介入，以便引导学生养成科学、健康的网络生活方式。其中，教师作为学校教育的主体，在学生网络生活方式的优化与发展中发挥着重要作用，是影响学生健康成长、全面发展的"重要他人"。在陶行知看来，"参与到生活中去行动，便是真教育，用生活改造生活的教育，便是真教育。换言之，真教育即真生活"[④]。如此一来，教师只有养成积极、健康的网络生活方式，通过网络生活引领学生网络生活，用网络生活改造学生网络生活，才能在学生网络生活方式的优化与发展中发挥积极的引领、示范作用。也就是说，教师具备良好的信息技术使用能力、整合技术的学科教学知识时，才能更好地指导学生开展网络学习、混合学习；教师具有访问、分析、评估和创造信息的能力，以及网络生存风险防控意识与应对能力时，就可以帮助学生养成良好的网络行为习惯，培育学生网络风险防控意识和能力，使学生懂得如何规避网络风险、管理网络生活，在遇到网络生活风险时知道如何应对。那么，教师网络生活方式现状如何？教师是否形成健康的网络生活方

---

① 黄少华. 网络社会学的基本议题[M]. 杭州：浙江大学出版社，2013：14.

② 中国互联网络信息中心. 2014年中国青少年上网行为研究报告[EB/OL]. http://www.cnnic.cn/hlwfzyj/hlwxzbg/qsnbg/201506/t20150603_52248.htm. [2019-06-03].

③ 黄荣怀，王晓晨，周颖，等. 数字一代学生网络生活方式研究——北京市中小学生网络生活方式的现状调查[J]. 电化教育研究，2014（1）：33-37.

④ 转引自朱志仁，徐志辉. 陶行知生活教育理论简明教程[M]. 长春：东北师范大学出版社，2006：71.

式？衡量教师网络生活方式的指标有哪些？阻碍教师网络生活方式形成与发展的因素有哪些？教师网络生活方式究竟对学生网络生活产生怎样的影响？其作用机制如何？诸如此类的问题都值得关注和思考。

四、提升教师网络生活质量的现实诉求

随着社会经济发展水平的稳步提高，社会各界越来越关注生活质量问题。生活质量的改善与提升不仅成为社会发展的目的，也是衡量社会发展水平的重要指标。近年来，党中央国务院将提高人民生活质量作为全面建成小康社会战略规划的核心目标。第十二届全国人民代表大会第四次会议表决通过的《关于国民经济和社会发展第十三个五年规划纲要》将“人民生活水平和质量普遍提高”作为“十三五”期间经济社会发展的主要目标之一，通过“保障基本民生，不断提高人民生活水平，实现全体人民共同迈入全面小康社会”。李克强在第十二届全国人民代表大会第四次会议上所做的政府工作报告中明确指出，“我们既要让人民的物质生活更殷实，又要让人民的精神生活更丰富”，“让更多城乡居民享受数字化生活”[①]。由此看来，切实提高人民生活质量成为社会、政府普遍关注的议题。

我们知道，人民生活质量是一个复杂的范畴，是社会提供人民生活条件的充裕程度以及人民生活需求的满足程度。它不仅涉及物质福利、消费、教育、社会保障、公共安全、环境等客观质量，还涉及反映人民对各个生活领域满意程度的主观质量；不仅涵盖物质生活质量，也包括精神生活质量；既包括日常生活质量，也涉及数字化生活质量、网络生活质量。教师生活质量是人民生活质量不可或缺的一部分，教师生活质量的优劣程度将直接关系到人民生活质量水平。因此，关注和提高教师生活质量尤其是网络生活质量，不仅是社会发展的重要目标，也是提高人民生活质量的迫切需要，还是教师改善网络生活状况的内在要求。

如果将教师网络生活质量理解为社会提供给教师生活条件的充裕程度以及教师网络生活需求满足程度的话，那么教师网络生活质量的提升除了要改善教师网络生活环境与条件之外，还离不开教师自身的努力，教师需要通过全面提升网络素养、养成良好的网络习惯和网络行为，不断构建健康的网络生活方式，自觉抵

① 李克强. 政府工作报告[N]. 人民日报，2016-03-18（01）.

制和规避网络生活风险，增加网络生活的积极体验，避免消极体验，从而达到稳步提高网络生活满意度和提升网络生活质量的目的。那么，教师网络生活方式现实状况是怎样的？如何通过网络生活方式的优化来提升教师网络生活质量，从而让教师过上有质量的网络生活？这些问题也有待深入探究。

第二节　国内外研究现状

一、国内研究现状

20 世纪 80 年代以来，我国学者对人类生活方式进行了较为深入的研究，并取得了丰硕的研究成果。研究议题主要集中在生活方式的内涵、状况、指标体系、变迁及其规律、转型及其构建模式、生活方式与现代化发展、生活方式与改革发展等方面。此外，伴随着网络社会的崛起，研究者开始关注人的虚拟生存或网络生活问题，研究主题涉及虚拟生存的内涵与价值、虚拟生存的发生学考察、网络生活状况、网络行为等方面。就教师网络生活方式研究而言，研究者往往将注意力集中在教师网络生活方式的各领域（如网络教学、网络交往、网络学习等），而缺少对教师网络生活方式的整体观照。

（一）教师网络教学研究

作为网络生活的重要组成部分，教师网络教学是教师借助各种网络工具和软件、系统或平台以及网络资源开展的教学活动。伴随着信息技术在教育教学中的推广与应用以及教育信息化建设持续推进，国内学者逐渐将研究焦点聚集在教师的网络教学上，其研究内容主要涉及以下几个方面。

1. 教师网络教学的内涵、素养及角色

教师网络教学是学校利用计算机设备、互联网技术对学生实施信息化教育的一种教学模式，它具有学生主体化、形式多元化、教材科学化、素质合理化等特点。[①]教师网络教学的顺利开展需要教师具有良好的网络教学素养（包括网络教学意识、网络教学设计能力、实施网络教学交互的能力、网络教学媒体应用能

---

① 方旭. 高校教师网络教学影响因素和对策研究[M]. 北京：科学出版社，2015：7.

力、网络教学资源应用与建设能力、网络教学评价能力等)。[①]网络教学中的教师必须完成信息处理、信息显示、学生反馈性信息的诊断与评价、向学生提供学习反馈等多项教学任务，因而决定了教师扮演着多重角色，如启发诱导者、反馈调控者、评价辅导者，[②]以及学科专家、信息技术专家、智能导师、协调者、分析师、研究者等。[③]

2. 教师网络教学的现状及其问题

方旭认为，教师网络教学存在网络教学意识较为淡薄、信息素养比较欠缺、相关资源建设不健全、学校缺乏相关政策的支持和激励措施等问题。[④]梁林梅等采用问卷调查法、深度访谈法，通过对教师网络教学现状调查发现：大学教师网络教学动机具有多样性，学校管理部门对教师的网络教学采取提倡、但不强制政策，为教师提供的培训、服务或支持极为有限，教师网络教学的时间、精力投入存在较大差异。[⑤]另有论者对教师网络教学平台用户体验行为（包括教学管理、资源管理、学生管理、师生交互和教学创新功能使用等）及其特点进行了实证研究。[⑥]

3. 教师网络教学的阻抗因素

影响教师网络教学的因素是多方面的。有论者认为，阻碍教师开展网络教学的因素包括态度和观念因素、教学因素、技术因素、政策与管理体制因素、知识产权因素。[⑦]另有论者指出，对时间和精力投入的担心是影响教师开展网络教学的首要因素[⑧]。也有论者以技术接受模型、计划行为理论为理论基础，揭示了影响教师网络教学的因素，包括职业熟练度、行为意图、教师个人感知的有用性与易用性、群体压力、组织支持等。[⑨]还有研究者探讨了教师使用 Moodle 网络教

---

① 郑燕林，李卢一，王以宁. 教师网络教学素养的构成及培养[J]. 现代远距离教育，2009（2）：71-74.

② 史晓宇. 网络教学中教师角色的认同与构建[J]. 电化教育研究，2009（5）：53-55.

③ 李兆义，杨晓宏."互联网+"时代教师专业素养结构与培养路径[J]. 电化教育研究，2019（7）：110-120.

④ 方旭. 高校教师网络教学影响因素和对策研究[M]. 北京：科学出版社，2015：7.

⑤ 梁林梅，罗智慧，赵建民. 大学教师网络教学现状调查研究——以南京高校为对象[J]. 开放教育研究，2013（1）：74-84.

⑥ 周华丽，焦婧，韩忠强. 高校教师网络教学平台用户体验行为的实证研究[J]. 中国远程教育，2014（4）：57-61.

⑦ 杜玉霞，徐福荫. 高校教师开展网络教育的阻碍因素研究[J]. 中国电化教育，2006（11）：31-33.

⑧ 梁林梅，李逢庆. 如何激励和支持高校教师从事网络教学：国际经验与对策[J]. 开放教育研究，2014（6）：23-35.

⑨ 孟静雅. 技术接受模型下高校教师网络教学的行为特征与优化[J]. 中国电化教育，2014（2）：80-83.

学平台的影响因素。[①]

4. 教师网络教学的优化策略

针对教师网络教学现状及其存在的问题，张思等建议为教师提供设计和开发网络教学活动的机会以及更多的教学支持服务。[②]梁林梅和李逢庆则认为，要在顶层制度设计层面将网络教学支持服务纳入教师发展支持体系。[③]梁林梅等认为，应加强学术研究，突破网络教学平台设计与开发的瓶颈，鼓励有经验、有兴趣的教师开展网络教学的先行示范等。[④]还有论者提出了更新教师观念、转换教师角色，促进教师网络实践性、条件性知识发展，提高教师网络教学监控能力，优化教师网络教学行为等相关建议。[⑤]

（二）教师网络学习研究

近年来，网络研修与学习成为教师专业自主发展的重要途径，亦成为教师网络生活方式的重要组成部分。国内学者着重探讨了教师网络学习的内涵与类型、网络学习的影响因素、网络学习现状及改进策略等相关议题。

1. 教师网络学习的内涵与构成

教师网络学习是教师利用网络进行的学习活动，包括正式（网络）学习和非正式（网络）学习。[⑥]教师网络学习活动类型复杂多样，刘文雅等将其分为知识接收方式、成果展示形式、互动形式、评价方式四大类。[⑦]吴淑苹则将教师网络学习活动细分为网络资源浏览、网络信息检索、网络信息加工、网络交互、网络交流、网络协作、网络知识生成、网络知识管理、网络协同、自我反思和监控等。[⑧]

---

① 张思，李勇帆. 高校教师使用 Moodle 网络教学平台影响因素研究[J]. 电化教育研究，2014（8）：49-56.

② 张思，王春利，曾玉华. 基于 TPB 和 TAM 的教师网络教学行为模型构建[J]. 中国远程教育，2014（1）：64-69.

③ 梁林梅，李逢庆. 如何激励和支持高校教师从事网络教学：国际经验与对策[J]. 开放教育研究，2014（6）：23-35.

④ 梁林梅，罗智慧，赵建民. 大学教师网络教学现状调查研究——以南京高校为对象[J]. 开放教育研究，2013（1）：74-84.

⑤ 邹玲，刘洋. 英语教师网络教学状况的调查与分析[J]. 教育学术月刊，2009（8）：40-41.

⑥ 黄伟. 教师网络学习探析——基于非正式学习视角[J]. 中国教育学刊，2010（6）：73-76.

⑦ 刘文雅，李兆君，王凯丽. 网络教师培训 KAFR 模型的工具设计[J]. 中国电化教育，2013（3）：74-79.

⑧ 吴淑苹. 基于数据挖掘的教师网络学习行为分析与研究[J]. 教师教育研究，2013（3）：47-55.

2. 教师网络学习的影响因素

影响和制约教师网络学习的因素既有个人因素，也有外部环境因素。从个人因素来看，主要有教师的性别、年龄、教龄、上网经历，[①]以及教师职称、行政职衔、教育背景等。[②]此外，其还涉及“上网后易被网上其他内容吸引，难以集中精力开展学习”“不习惯在同伴讨论和交流的状态下学习”“电脑和网络操作水平不够”等其他个人因素。[③]就外部环境因素而言，主要涉及基础设施、学习支持、同伴影响等不同维度。[④]许亚锋和赵博则探讨了影响教师使用学习空间的因素，包括用户体验、对教学有用、教师适应性、易操作性、工作量、隐私、健康环保、外部影响（主要指社会背景、领导、同事的影响）等八个直接影响因素，以及自我效能、任务类型、支持和服务三个间接影响因素。[⑤]

3. 教师网络学习的状况及问题

有论者从网络学习目的、网络学习条件、网络学习环境支持、网络学习效果、网络学习资源观五个维度，对中小学教师网络学习现状及其学习过程中存在问题进行了调查研究。[⑥]郭绍青和马丽从教师对待网上学习平台的态度、平台活动的参与、平台讨论区发帖、网络学习频率等不同维度对小学教师的网络学习行为现状进行了考察。[⑦]有论者通过数据挖掘行为分析发现：教师网络学习方式注重基于资源浏览的自主学习，以及基于交流研讨的协作学习；教师网络学习工具的使用情况并不理想，尤其是较少应用效能学习工具。[⑧]此外，政策未能全部执行到位，培训形式未能突破传统框架，网络学习认识不足，网络学习资源匮乏、平台分散，评价方式缺乏创新等也是当前教师网络学习存在的主要问题。[⑨]

4. 教师网络学习的改进策略

针对教师网络学习研修存在的诸多问题，学者从各自的角度提出了优化策

---

① 郭绍青，马丽. 西部小学教师网络学习行为个案调查与分析[J]. 中国电化教育，2009（1）：55-59.
② 徐源，程进军，于延梅. 教师网络学习行为的实证研究[J]. 中国电化教育，2009（12）：56-61.
③ 郭绍青，马丽. 西部小学教师网络学习行为个案调查与分析[J]. 中国电化教育，2009（1）：55-59.
④ 郭绍青，马丽. 西部小学教师网络学习行为个案调查与分析[J]. 中国电化教育，2009（1）：55-59.
⑤ 许亚锋，赵博. 教师使用学习空间的影响因素研究[J]. 开放教育研究，2014（5）：102-110.
⑥ 孟召坤，兰国帅，徐梅丹，等. 中小学教师网络学习现状调查研究——以新疆兵团为例[J]. 中国远程教育，2015（6）：60-66.
⑦ 郭绍青，马丽. 西部小学教师网络学习行为个案调查与分析[J]. 中国电化教育，2009（1）：55-59.
⑧ 吴淑苹. 基于数据挖掘的教师网络学习行为分析与研究[J]. 教师教育研究，2013（3）：47-55.
⑨ 黄伟. 教师网络学习：问题与对策[J]. 现代远距离教育，2010（5）：41-44.

略。譬如，孟召坤等主张积极改善教师网络学习条件、增强教师网络学习体验，构建教师网络学习共同体、促进教师专业发展，持续开展信息技术能力培训、增强教师技术自信心，打造专业化进修资源库、为教师自主学习提供一站式进修平台，弘扬学习资源生态观、建立优质资源共享激励机制。①黄伟提出的改进策略包括：落实已有政策，加强经费投入，注重资源整合、学分互认，统筹教师网络学习平台，构建网络学习社区，促使教师网上、网下学习有机结合等。②

（三）教师网络交往研究

信息通信技术和互联网的发展与普及，拓展了教师交往对象与范围，改变着教师交往方式，孕育形成了一种新型的交往方式——网络交往。那么，作为教师网络生活方式重要组成部分的网络交往有何特征？网络交往现状如何？网络交往存在哪些阻抗因素？如何促进教师的网络交往？学者对诸如此类的问题展开了较为深入的探讨。

1. 教师网络交往的内涵与类型

关于教师网络交往的含义，存在两种不同观点：一种是从广义上来解释的，即教师网络交往是以计算机网络为信息平台，以信息、符号传递与共享在网络空间中达成的相互沟通、相互理解，进而影响、改变人们相互关系的活动；③另一种是从狭义上加以阐释的，即教师网络交往主要是指与教师同行、教育理论专家之间进行的专业教学研究交往，是以教师的专业发展为根本指向的网络人际交往。④教师网络交往类型、模式复杂多样。譬如，从交往对象看，它包括学习者与学习者间的交往、学习者与指导老师间的交往、指导老师与指导老师间的交往等；⑤从交往层次来看，它可细分成浅度交往、中度交往和深度交往三个层次。⑥

2. 教师网络交往状况及其存在问题

教师网络交往现实状况如何？教师网络交往可能存在哪些问题？诸如此类问

---

① 孟召坤，兰国帅，徐梅丹，等. 中小学教师网络学习现状调查研究——以新疆兵团为例[J]. 中国远程教育，2015（6）：60-66.

② 黄伟. 教师网络学习：问题与对策[J]. 现代远距离教育，2010（5）：41-44.

③ 刘建华. 师生交往论：交往视野中的现代师关系研究[M]. 北京：北京师范大学出版社，2011：135.

④ 姚明. 教师虚拟学习社区交往研究——以信息技术课程网“大路论坛”为例[D]. 南京师范大学硕士学位论文，2008：5.

⑤ 张雯. 基于教师网络研修社区的社会性交互研究[D]. 福建师范大学硕士学位论文，2014：6.

⑥ 黎加厚.“李克东难题”与网络环境下教研团队的成长[J]. 中国信息技术教育，2009（7）：5-6.

题也是研究者比较关心的话题。譬如，刘敏等对教师虚拟社区中意见领袖的社会网络位置以及社会网络角色进行了分析。研究发现，意见领袖处于核心位置，扮演着重要的中间人角色，并控制着社区的信息折射、资源流动。①此外，也有学者探讨了教师专业发展平台中教师共同体在线交互状况②、虚拟学习社区的师生交往问题③。进一步研究发现，教师网络交往存在一些不容忽视的问题。比如，教师远程培训在线交往的热情亟待提高、交互内容设计上存在问题④，在线交互中“观望者”多于“参与者”⑤，教师远程交互质量不高等⑥。

3. 教师网络交往的动因与影响因素

关于教师网络交往的影响因素，杨冠英等将影响教师网络交互的因素总结为交互参与者的自身因素、交互活动的实用性缺乏、平台环境的交互功能缺乏。⑦许素则认为，影响教师网络交往的因素包括平台交互环境的设计，现实中的交互关系，在线共同体团队的组织结构，教师个人的学习态度、需求、时间及教师专业发展阶段等个人因素，以及政策及领导的支持。⑧

4. 教师网络交往的促进策略

杨冠英等从互动参与者、交互活动、平台环境三个方面对在线教师专业发展中学习共同体的交互策略进行了探讨。⑨许素认为，若要切实提高教师网络交往质量，需要转变教师专业学习和发展观念，发挥优秀教师专业引领、示范作用，积极开展多样化的培训活动，完善教师专业发展平台的交互功能，建立多元化评

---

① 刘敏，胡凡刚，李兴保. 教师虚拟社区意见领袖的社会网络位置及角色分析[J]. 中国电化教育，2014（2）：46-53.

② 许素. 基于永康市教师专业发展平台的教师共同体交互研究[D]. 浙江师范大学硕士学位论文，2010：5.

③ 张妙华，武丽志，刘春华. 虚拟学习社区师生交往现状管窥：对比研究的视角[J]. 中国远程教育，2012（6）：59-63.

④ 张艳华. 中小学教师远程培训在线交互中存在的问题及对策研究——以北大网络学院开设的远程培训为例[D]. 陕西师范大学硕士学位论文，2011：5.

⑤ 刘丽南，任剑锋. 协作知识建构视角下的教师论坛组织策略研究——以教师论坛网中的教师为研究案例[J]. 现代教育技术，2009（10）：94-97.

⑥ 贾巍，黄兰芳. 农村中小学教师远程学习中的交互分析[J]. 成人教育，2013（5）：69-70.

⑦ 杨冠英，李政，野菊苹. 在线教师专业发展的学习共同体交互策略研究——从 eMSS 项目中得到的启示[J]. 中国远程教育，2013（2）：60-64.

⑧ 许素. 基于永康市教师专业发展平台的教师共同体交互研究[D]. 浙江师范大学硕士学位论文，2010：5.

⑨ 杨冠英，李政，野菊苹. 在线教师专业发展的学习共同体交互策略研究——从 eMSS 项目中得到的启示[J]. 中国远程教育，2013（2）：60-64.

价机制以及支持和鼓励政策。[①]

（四）教师网络休闲研究

近年来，网络休闲已成为人们生活领域的重要内容，主要有网络聊天、网络影视、网络阅读、网络游戏、网络购物、网上旅游等。就教师网络休闲而言，国内研究者的研究主要集中在教师网络阅读、网络博客行为、网络游戏、网络购物等方面。

1. 教师网络休闲行为偏好

教师平时上网主要做些什么？有论者研究指出，教师使用网络不只是用于教学和科研，而是更多地用于新闻资讯的了解以及娱乐与交流等。[②]另有研究发现，在教师网络使用行为中，排在首位的是“休闲娱乐”；其次是工作交流；再次是浏览新闻、文献检索和积累素材；最后是网络商务。[③]

2. 教师网络博客行为

吴满意等对高校教师网络博客行为的调查结果显示：教师网络博客行为呈现出开阔视野、交流学习、提升能力等良好态势，但教师网络博客行为存在“有一定的博客意识但不重视”等方面问题。[④]廉思通过对高校青年教师的微博、博客使用状况及其特点的调查分析发现：高校青年教师在微博、博客的使用方面具有“使用多、更新快”的特点，教师使用微博、博客的目的主要是“抒发个人情绪与感情”“关注、寻找有价值的社会问题”。[⑤]

3. 教师网络阅读

教师网络阅读是教师借助计算机、手机、互联网等获取信息和知识的阅读行为。有论者从网络阅读目的、网络阅读工具、网络阅读方式、网络阅读内容、网络阅读时间、网络阅读的评价等方面对教师网络阅读状况进行了调查。[⑥]有研究发现，网络阅读在教师教学科研中存在尴尬局面，如网络阅读版权问题堪

---

① 许素. 基于永康市教师专业发展平台的教师共同体交互研究[D]. 浙江师范大学硕士学位论文，2010：5.

② 冯瑞珍，周峰. 河北大学教师网络阅读情况调查分析[J]. 东南传媒，2011（3）：74-75.

③ 李莹. 高校青年教师网络使用及其对心理健康影响的调查研究[J]. 现代远距离教育，2010（1）：38-41.

④ 吴满意，张凤军，谢海蓉. 校园网络博客管理专题研究[M]. 成都：电子科技大学出版社，2012：256.

⑤ 廉思. “理念人”的消逝与彷徨——政治与世俗语境下高校青年教师公共性研究[J]. 中国青年研究，2012（2）：26-31.

⑥ 王强，倪秀，史望颖. 数字化时代，阅读开机有益？[N]. 中国教育报，2015-4-23（01）.

忧、网络监管机制不健全等。[①]为此，有论者提出加强教师数字化阅读的责任意识、理性看待对数字化阅读的依赖、切实提高教师鉴别和选择信息的能力等改进策略。[②]

4. 教师网络游戏

有研究发现：超过七成的青年教师曾经接触过不同类型的电子竞技或网络游戏，超过两成的教师表示曾经达到“迷恋”状态。在对网络游戏的清晰认识上，分别有 65.9%和 58.7%的教师表示“网络游戏会消耗时间、消磨意志”和“玩网络游戏容易上瘾”。[③]

5. 教师网络购物

有论者对教师网络购物方式进行了调查，数据显示：教师每月网购频率在 2 次以下的占 82%；教师网购网站通常为“当当”“卓越”“淘宝”等网站；在实体店购物与网络购物方面，56%的教师网购只有实体店购物的 1/7；在经常网购项目上，大多限于图书和衣服。[④]

二、国外研究现状

在国外，关于教师网络生活方式的系统研究较少，研究者主要是从教师网络教学、教师网络学习、教师网络交往等领域对教师网络生活方式开展研究的。

（一）教师网络教学研究

近年来，网络教学作为一种新型教学形式，日益成为国外学者研究的议题，研究内容主要涉及教师网络教学的内涵与角色、影响因素、现状及其存在的问题、改进策略等方面。

1. 教师网络教学的内涵与角色

国外学者从各自角度对网络教学内涵进行了阐释与说明。譬如，Piskurich 认

---

① 冯瑞珍，周峰. 河北大学教师网络阅读情况调查分析[J]. 东南传媒，2011（3）：74-75.

② 袁蕊. 中小学教师阅读现状及改进策略研究[D]. 江南大学硕士学位论文，2014：6.

③ 李莹. 高校青年教师网络使用及其对心理健康影响的调查研究[J]. 现代远距离教育，2010（1）：38-41.

④ 曾祥敏，朱向峰，王依然. 北京地区大学生与教师网络媒介接触代际差异研究[J]. 现代传播，2011（9）：134-135.

为，网络教学是教师使用网络进行传递、互动或者导学的形式。①Davidson-Shivers 和 Rasmussen 则认为，网络教学是教师和学生借助因特网、万维网进行的远程教和学。②Hewett 和 Powers 将网络教学界定为教师通过互联网、CD-ROM、录像带、DVD 等电子格式实现教学内容的正式和非正式传送过程。③作为网络教学的承载者、实施者，教师在网络教学中究竟应扮演怎样的角色？Goodyear 等认为，教师在网络教学中扮演着八种角色，即课程设计者、课程内容的促进者、咨询辅导者、学习过程的推动者、学业评估者、研究者、技术支持者和组织管理者。④Barron 等则提出了七种有影响力的教学角色，包括学习合作者、学习经纪人、资源提供者、学习者、非技术支持者、老板和监督人。⑤

2. 教师网络教学的影响因素

影响教师网络教学的因素有哪些呢？Madden 等认为，影响教师开展网络教学的因素主要有学校的支持力度、是否有城市学习中心、学科适用性、教师个人情况（如性别、年龄和教学经验、网络经验、使用频率、网络使用的自信心、网络技术的使用方式）等。⑥Buabeng-Andoh 从个人、学校制度、技术三个方面阐述了影响教师网络教学的因素。⑦Shea 认为，阻碍教师开展网络教学的因素包括担心网络教学质量、不熟悉有效的网络教学方法、缺少面对面的互动、缺乏充分的机会来提前学习如何开展网络教学等。⑧

---

① Piskurich G M. Getting the Most Form OnlineLearning：A Learner's Guide[M]. San Francisco：Pfeiffer，2004：57.

② Davidson-Shivers G V，Rasmussen K L. Web-Based Organizations：A Practice-Based Approach[M]. New York：M. E. Sharpe，Inc，2004：103.

③ Hewett B，Powers C E. Online teaching and learning：Preparation，development，and organizational communication[J]. Technical Communication Quarterly，2007，16（1）：1-11.

④ Goodyear P，Salmon G，Spector M，et al. Competencies of online teaching：A special report[J]. Educational Technology Research and Development，2001（1）：65-72.

⑤ Barron B，Martin C K，Takeuchi L，et al. Parents as learning partners in the development of technological fluency[J]. International Journal of Learning and Media，2009，1（2）：55-77.

⑥ Madden A，Ford N，Miller D，et al. Using the Internet in teaching：The views of practitioners（A survey of the views of secondary school teachers in Sheffield，UK）[J]. British Journal of Educational Technology，2005，36（2）：255-280.

⑦ Buabeng-Andoh C. Factors influencing teachers' adoption and integration of information and communication technology into teaching：A review of the literature[J]. International Journal of Education and Development Using Information and Communication Technology（IJEDICT），2012，8（1）：136-155.

⑧ Shea P. Bridges and barriers to teaching online college courses：A study of experienced online faculty in thirty-six colleges[J]. Journal of Asynchronous Learning Environments，2007，11（2）：73-128.

3. 教师网络教学现状及其问题

作为一种新型教学方式，网络教学在实施过程中存在偏差和缺失，面临许多新问题。Brookfield 的研究发现，许多教师虽然接受了网络教学，但只是处于信息技术应用于教学的初级阶段。大多数教师并没有网络教学经验，多年来他们已经习惯于传统的面对面课堂教学。[①]Perreault 等学者通过对 81 位有过网络教学经验教师的调查，揭示出他们网络教学中面临的问题，其中与技术相关的问题包括技术的可信度、教师和学生的信息技术能力、机构的技术支持等。[②]Barker 认为，教师网络教学面临亟待解决的问题主要表现为：教师需要花费大量时间学习新技术，教师技术应用水平较低带来的挫败感，缺乏制度和同伴支持，教师低估了花费在网络教学上的时间以及高估了学生的技术素养和网络课程的准备情况。[③]

4. 教师网络教学改进策略

针对教师网络教学现状及其存在的问题，Sun 和 Chen 认为，需要从以下几方面入手：精心设计课程内容，师生之间积极互动，具备准备充分并完全支持网络教学的教师，创建网络学习社区，快速发展网络技术。[④]Baran 和 Correia 则提出了一个整体性的网络教学专业发展框架，包括教学层面、社区层面、组织层面三方面。其中，教学层面的支持策略包括技术支持、教学支持、设计和开发支持；社区层面的支持策略包括实践社区、同伴支持；组织层面的发展策略包括奖励和认可、构建积极的组织文化等。[⑤]Clark-Ibanez 和 Scott 主张从精心组织课程内容，帮助学生开展网络学习做好充足的准备，通过教师讨论区的同伴互动和交流促进学习，多与学生进行交流，将多媒体融于教学中，评价课程等六个方面来促进教师更好地开展网络教学。[⑥]

---

① Brookfield S D. The Skillful Teacher：On Technique，Trust，and Responsiveness in the Classroom[M]. San Francisco：Jossey-Bass，2006：78.

② Perreault H，Waldman L，Alexander M，et al. Overcoming barriers to successful delivery of distance-learning courses[J]. Journal of Education for Business，2002，77（6）：314-318.

③ Barker A. Faculty development for teaching online：Educational and technological issues[J]. Journal of Continuing Education in Nursing，2003，34（6）：273-278.

④ Sun A，Chen X. Online education and its effective practice：A research review[J]. Journal of Information Technology Education：Research，2016（15）：157-190.

⑤ Baran E，Correia A P. A professional development framework for online teaching[J]. Tech Trends，2014，58（5）：95-101.

⑥ Clark-Ibanez M，Scott L. Learning to teach online[J]. Teaching Sociology，2007，36（1）：34-41.

（二）教师网络学习研究

目前，国外学者关于教师网络学习的研讨已广泛开展，主要聚焦在教师网络学习的内涵与价值、动因与模式、现状及存在问题、优化策略等方面。

1. 教师网络学习的内涵与价值

关于教师网络学习的含义，国外学者从不同维度进行了阐述和说明：一是基于社会学视角的界定。Hanraets 等从社会关系网络的角度将教师网络学习界定为利用社会关系来促成教师及其导师、学习资源之间的协作与合作关系，激发、促进教师专业发展的一种有前景的学习方式。①二是基于信息技术角度的阐述。Goodyear 等认为，网络学习是利用信息通信技术（information communications technology，ICT）促进学习者之间、学习者和导师以及学习社区与学习资源之间不断联通的学习活动。②三是基于教育学视角的解释。Mohamed 认为，教师网络学习是教师利用网络获取所需学习资源，并借助网络与学习内容、指导者和其他学习者展开互动，在学习过程中获得学习支持，促进知识获得、学习经验增长以及个人意义建构的过程。③

通常来讲，教师网络学习价值是多元的，具体包括以下几方面：一是促进教师专业发展。Khalid 等认为，由于基于网络学习社区的学习活动（如讨论）允许社区成员共享资源、思想和专业知识，从而有助于教师获得新想法并提高他们的教学技能，满足教师不断学习和专业发展的需要。④二是提供教学支持与丰富的教学资源。譬如，Schlager 等认为，教师参与网络学习社区可以减少教师孤立，鼓励合作文化，帮助教师改善教学方式，提升他们的教学知识和实践能力。⑤三是有助于增强教师学习自主性，减少学习条件的限制。Boling 和 Martin 认为，在线学习活动相比传统的面对面指导有更大的灵活性，因此教师不需要出门就可

---

① Hanraets I，Hulsebosch J，de Laat M. Experiences of pioneers facilitating teacher networks for professional development[J]. Educational Media International，2011，48（2）：85-99.

② Goodyear P，Jones C，Asensio M，et al. Networked Learning in Higher Education：Students' Expectations and Experiences[J]. Higher Education，2005，50（3）：473-508.

③ Mohamed A. Foundations of educational theory for online learning[A]. Anderson T，Elloumi F（Eds.）. Theory and Practice of Online Learning[M]. Athabasca：Athabasca University，2004：5.

④ Khalid F，Joyes G，Ellison L，et al. Factors Influencing Teachers' Level of Participation in Online Communities[J]. International Education Studies，2014，7（13）：23-32.

⑤ Schlager M A，Fusco J，Schank P. Evolution of an online education community of practice[A]. Renninger，K A，Shumar W（Eds.）. Building Virtual Communities：Learning and Change[M]. New York：Cambridge University Press，2002：129-158.

以在家按照自己的节奏进行自主学习。①

2. 教师网络学习动因与模式

关于教师参与网络学习的动因，学者从不同角度进行了剖析。Trust 认为，激励教师参与网络学习的因素包括三方面，即教师能够寻求帮助和支持，通过帮助其他人来展现自己的知识，与其他个体成员交流新信息并取得反馈。②Duncan-Howell 分析了促进教师参与网络学习的四个动因，即分享关于教学、学习和课堂管理的想法，找到相关材料和有用提示，密切关注这一领域的最新发展趋势，获得反馈和情感支持。③Hur 和 Brush 则将教师参与网络学习社区的原因归结为分享情感、利用在线环境的优势、打破教师孤立的工作环境、探索新的想法、体验互助友爱的关系等五个层面。④

教师网络学习模式是教师为了满足教学实践与专业发展等需要，借助数字化中介在数字化学习环境中形成的较为稳定的学习程序及其策略。国外学者基于特定目的、立场和价值取向对教师网络学习模式进行了理论构建。譬如，Krutka 等构建了基于专业学习网络的教师网络学习模式，该模式包括参与、发现、试验、反思和分享五个关键要素。⑤Trust 构建的教师在线网络学习模型包括“确定学习目标—发现知识—改造知识—实施知识—评价过程”五个环节。⑥

3. 教师网络学习现状及存在问题

国外学者对教师网络学习问题给予了必要的关注，并开展相关调查，初步揭示教师网络学习存在的问题。譬如，Duncan-Howell 的调查研究发现，86.7%的受访教师把参与网络实践社区学习当作有意义的专业发展形式，他们每年投入

---

① Boling C J，Martin S. Supporting teacher change through online professional development[J]. The Journal of Educators Online，2005，2（1）：1-15.

② Trust T. Professional learning networks designed for teacher learning[J]. Journal of Digital Learning in Teacher Education，2012，28（4）：133-138.

③ Duncan-Howell J. Teachers making connections：Online communities as a source of professional learning[J]. British Journal of Educational Technology，2010，41（2）：324-340.

④ Hur J W，Brush T A. Teacher participation in online communities：Why do teachers want to participate in self-generated online communities of K-12 teachers? [J]. Journal of Research on Technology in Education，2009，41（3）：279-303.

⑤ Krutka D G，Carpenter J P，Trust T. Elements of engagement：A model of teacher interactions via professional learning networks[J]. Journal of Digital Learning in Teacher Education，2016，32（4）：150-158.

⑥ Trust T. New model of teacher learning in an online network[J]. Journal of Research on Technology in Education，2016，48（4）：290-305.

60—80 小时在网络实践社区中开展学习。[①]Buitrago 则对教师在线课程培训、学习情况展开了调查，数据显示：20%的受访教师表示参加过大学或其他机构所提供的在线课程培训等正式培训；18%的教师表示曾通过参与在线硕士学位课程等相关培训，学习如何开展网络教学；53%的受访教师表示参加过学习平台的课程培训；只有 6%的教师表示没有接受任何形式的在线学习与培训。[②]另外，教师是如何参与网络社区的？其参与程度和水平如何？Seo 的研究发现，教师最开始是作为观察者，阅读别人帖子，并使用编著者的教学资源；然后发展成为合作者，对教学资源发表意见，与其他教师讨论相关问题；最后发展到贡献者，即与其他教师分享教学资源和给其他教师提供信息、建议和帮助。[③]

除此之外，国外学者还围绕教师网络学习存在的问题展开研究。譬如，Ciampa 和 Gallagher 对教师网络学习媒介（如博客）使用存在的问题进行了探讨，揭示出存在的系列问题，如低水平的感知有用性和感觉易用性，缺乏在职教师博客使用方面的培训，时间限制，技术问题，缺乏即时和同步互动等。[④]另外，Seo 的研究发现，并不是所有的教师都完全参与到网络社区，大多数教师仍然只是观察者，缺乏协商和有意义的参与。[⑤]Young 和 Tseng 的研究发现，教师在参与网络社区学习过程中存在“地区主义”现象。[⑥]

4. 教师网络学习优化策略

在移动互联网时代，如何有效推动教师开展网络学习？具体包括哪些策略呢？Ostashewski 和 Reid 从教师网络学习设计的角度，提出优化教师网络学习的七大策略，包括网络学习设计与教师专业实践相关，为教师灵活访问提供技术支持，从理论和教学方面提供学习服务，为不同经验水平的教师提供学习支持，为教师网络学习技能发展提供真实的机会，支持教师之间的共享和交流，帮助教师

---

① Duncan-Howell J. Teachers making connections：Online communities as a source of professional learning[J]. British Journal of Educational Technology，2010，41（2）：324-340.

② Buitrago C R. Identifying training needs of Novice online English language tutors[J]. GIST Education and Learning Research Journal，2013，7：134-153.

③ Seo K. Professional learning of observers，collaborators，and contributors in a teacher-created online community in Korea[J]. Asia Pacific Journal of Education，2014，34（3）：337-350.

④ Ciampa K，Gallagher T L. Blogging to enhance in-service teachers' professional learning and development during collaborative inquiry[J]. Educational Technology Research and Development，2015，63（6）：883-913.

⑤ Seo K. Professional learning of observers，collaborators，and contributors in a teacher-created online community in Korea[J]. Asia Pacific Journal of Education，2014，34（3）：337-350.

⑥ Young M L，Tseng F C. Interplay between physical and virtual settings for online interpersonal trust formation in knowledge-sharing practice[J]. Cyber-Psychology and Behaviour，2008，11（1）：55-64.

与更广泛的网络社区取得学习连接。①另有论者从教师网络学习媒介、平台的角度，探讨了教师网络学习改进策略。比如，Warlick 主张通过构建教师专业学习网络来促进教师网络学习，以及满足教师个人兴趣和网络学习需要。②Misra 则建议通过有效利用和使用开放教育资源（open educational resources，OER）来促进教师网络培训与专业学习。③还有论者从教师网络学习社区的角度，探讨了促进教师参与网络学习社区以及教师网络学习社区优化的相关措施。④

（三）教师网络交往研究

国外学者关于教师网络交往的研究主要集中在网络交往的目的与类型、网络交往工具、网络交往行为与影响因素、网络交往改进策略等方面。

1. 教师网络交往目的与类型

教师通过网络社交工具与不同交往对象进行交往活动，以实现网络交往目的，主要包括知识共享、专业发展和改善师生关系等。一是知识共享。有研究发现，教师借助博客等网络工具进行交互，主要是为了知识建构（比例为90%）。⑤二是专业发展。有论者指出，Facebook（脸书）给教师提供一个很好的机会来参与非正式的专业发展。一般而言，社交网站可以创建专业的网络社区，使得教师可以与其他人分享信息、资源和实践。⑥三是改善师生关系与学生保持联系。Asterhan 和 Rosenberg 探讨了教师借助 Facebook 等网络工具与学生进行互动、交互的目的主要有三个：学业指导目的、心理教育目的、社会关系目的。⑦此外，有学者对教师之间常见的网络社交类型进行了研究，研究发现：教师间的

---

① Ostashewski N，Reid D. Networked teacher professional development：Applying the networked learning framework to online teacher professional development[C]. International Council for Open and Distance Education（ed.). EDGE 2010 e-Learning：The Horizon and Beyond Conference，2010，Oct 12-15.

② Warlick D. Grow your personal learning network：New technologies can keep you connected and help you manage information overload[J]. Learning & Leading with Technology，2009，36（6）：12-16.

③ Misra P K. Online training of teachers using OER：Promises and potential strategies[J]. Open Praxis，2014，6（4）：375-385.

④ Jong，O D. Empowering Teachers for Innovations：The Case of Online Teacher Learning Communities[J]. Creative Education，2012，3（8）：125-129.

⑤ Huei-Tse Hou H T，Chang K E，Sung Y T. Using blogs as a professional development tool for teachers：Analysis of interaction behavioral patterns[J]. Interactive Learning Environments，2009，17（4）：325-340.

⑥ Zhang J W. Comments on Greenhow，Robelia，and Hughes：Toward a Creative Social Web for Learners and Teachers[J]. Educational Researcher，2009，38（4）：274-279.

⑦ Asterhan C S C，Rosenberg H. The promise，reality and dilemmas of secondary school teacher-student interactions in Facebook：The teacher perspective[J]. Computers & Education. 2015，85：134-148.

网络互动类型主要包括讨论工作、合作、寻求建议、度过休息时间、寻求个别指导、工作以外的联系、友谊关系等。①

2. 教师网络交往的工具

随着互联网技术和媒体技术的发展与推广应用，教师网络交往工具更加丰富和多元，主要有博客、论坛、微博、Facebook 和 Twitter（推特）等社交网站等。具体而言，一是博客等网络社交工具。有研究者指出：博客可以用来促进教师的人际互动和专业知识的学习。②也有论者认为，与仅仅专注于提供讨论环境的论坛相比，博客不仅能够使个人通过互动和讨论与他人分享知识，而且还能表达自己的个人风格。③二是 Facebook 和 Twitter 等社交网站。有论者研究发现，教师进入 Facebook 社交网站的时间较长，在一天内使用频率较高，在上面花大量时间，主要是通过 Facebook 与大量的朋友交往，并通过电脑和手机定期访问。教师逐渐把 Facebook 整合到他们的日常生活中，但在 Facebook 的使用上并未达到高强度。④Moran 等对 1921 名高校教师进行了调查，结果表明：超过 50%的教师就在上个月还访问过 Facebook；有超过 40%的教师就在调查的时候还在 Facebook 发布过动态。此外，45%的教师把 Facebook 用作专业的、课堂外的功用，而 11%的教师每天使用 Facebook 来追求职业目标。⑤

3. 教师网络交往活动及其困境

有学者探讨了教师使用网络工具开展的网络交往活动，譬如，教师利用 Facebook 创建资源修订的空间，修订和批改作业，组织运动队，学生之间分享知识，设置作业任务，与父母沟通，呈现小组项目工作，启发生活技能科目，使学生能与海外的同伴交流，广交朋友，与同事开展活动并合作。⑥Veletsianos 的

---

① Moolenaar N M，Sleegers P J C，Karsten S，et al. The social fabric of elementary schools：A network typology of social interaction among teachers[J]. Educational Studies，2012，38（4）：355-371.

② Brandon B. Using RSS and weblogs for e-learning：An overview[J]. The E-learning Developer's Journal，2003，（5）：1-9.

③ Nardi B A，Schiano D J，Gumbrecht M，et al.. Why we blog[J]. Communications of the ACM，2004，47（12）：41-46.

④ Sumuer E，Esfer S，Yildirim S. Teachers' Facebook use：Their use habits，intensity，self-disclosure，privacy settings，and activities on Facebook[J]. Educational Studies，2014，40（5）：537-553.

⑤ Moran M，Seaman J，Tinti-Kane H. Teaching，Learning，and Sharing：How Today's Higher Education Faculty Use Social Media[R]. Babson Survey Research Group，2011：32.

⑥ Fordham I，Ty G. Facebook Guide for Educators：A Tool for Teaching and Learning[M]. London：The Education Foundation，2013.

研究发现，教师使用Twitter等社交网站从事以下网络活动：①共享信息、资源和与他们专业实践相关的媒体；②分享自己的课堂和学生信息；③向其他学者请求帮助并提供建议；④参与社会评论；⑤参与数字身份和印象管理；⑥网络和与他人取得联系。①

在网络社交中，教师使用社交网站时不可避免地遭遇冲突和困境。有研究者指出，教师试图参与社交网站时，遇到了一系列问题。教师社交网站体验引发教师个人关系和职业责任之间的冲突。②有论者探讨了师生在Facebook社交网站交往时面临的困境，主要体现在三个方面：①隐私和亲密关系的界限；②权威和友谊的界限；③可获得性和责任感的界限。③

4. 教师网络交往的促进策略

如何促进和优化教师网络交往呢？学者从不同角度提出了相关策略。譬如，有论者建议教育机构应积极主动地为学者提供支持和培训，帮助他们理解参与性文化和网络参与的机遇、挑战和风险；通过教师培训帮助教师理解参与文化，以及提升高效的网络参与所需的社会技能和数字素养。④ 也有论者从专业发展的角度对教师网络社交提出改进建议：开展集中培训来确定在教师专业发展中使用社交网络的目标和方法；加强学校计算机和无线网设备的供应；注重教师使用社交网络的培训；发展利用课程来正式使用社交网络的相关策略；鼓励和支持教师专业发展中使用社交网络的模式和分享成功的经验。④

三、国内外研究成果评析

近年来，研究者对教师工作生活、生活方式问题给予了应有的关注，并取得了阶段性研究成果，但教育学界关于网络生活方式的研究尚处于起始阶段，且大多是针对学生网络生活方式展开的研究，而专门针对教师网络生活方式的系统研究较少。教师网络生活方式研究存在一些缺失与不足，主要体现在以下

---

① Veletsianos G. Higher Education Scholars' Participation and Practices on Twitter[J]. Journal of Computer Assisted Learning，2012，28（4）：336-349.

② Veletsianos G，Kimmons R. Scholars and faculty members' lived experiences in online social networks[J]. Internet and Higher Education，2013，16：43-50.

③ Asterhan C S C，Rosenberg H. The promise，reality and dilemmas of secondary school teacher-student interactions in Facebook：The teacher perspective[J]. Computers & Education，2015，85：134-148.

④ Hisham Barakat Hussein. The Effectiveness of Using Social Communications Networks in Mathematics Teachers' Professional Development[J]. Procedia-Social and Behavioral Sciences，2013，106：2756-2761.

几个方面。

（一）专门性、系统化的研究欠缺

就目前研究成果而言，教师网络生活方式的专门性、系统化的研究明显不足，具体体现在两个方面。一是注重现实生活世界中教师生活方式的研究，相对忽视虚拟网络世界中教师生活方式研究。在移动互联时代，互联网已成为人们日常生活中不可或缺的沟通渠道和生存空间，但学术界“对网络生活方式的系统化、数量化研究还比较缺乏”①，教师网络生活方式研究亦是如此。研究者往往将研究重点定格在现实生活世界中教师生活方式上，着重探讨了教师生活方式的内涵与特性、教师生活方式的影响因素、教师生活方式现状考察、教师生活方式之应然分析、教师生活方式重构策略等方面，而对虚拟网络世界中教师的网络生活状况尤其是网络生活方式关注得不够，缺少对教师网络生活方式的整体观照。二是相对于学生网络生活方式研究而言，教师网络生活方式研究略显不足。目前研究者主要是针对学生的网络生活方式开展调查研究②，而专门针对教师网络生活方式的系统研究并不多见，导致我们对教师网络生活方式状况知之甚少。

（二）研究视角有待丰富

从仅有的研究成果来看，虽然学者对教师网络生活方式的各个维度或领域有所涉及，但依然存在研究视角较为单一的局限或不足。具体来讲，一是注重局部视角，忽视整体、综合视角。国内研究者只是对教师网络生活的某一层面进行的分解式研究或“碎片化”研究，而缺少整体的、综合化研究。譬如，对教师网络教学行为、网络信息行为、网络学习与研修行为等教师网络生活方式的某一局部领域给予应有关注，但缺少从“生活方式”或“生活结构”角度进行整体观照和综合研究。二是重视单一学科视角，忽视跨学科视角。以往研究注重从专业发展的角度对教师网络生活方式领域进行探讨、分析，因而我们就不难理解为什么已

① 王利刚. 网络生活方式的测量与分类研究[D]. 中国科学院研究生院博士学位论文，2012.

② 黄荣怀，王晓晨，周颖，等. 数字一代学生网络生活方式研究——北京市中小学生网络生活方式的现状调查[J]. 电化教育研究，2014（1）：33-37；聂竹明. 数字土著的网络生活之道：中小学生如何正确使用网络[M]. 芜湖：安徽师范大学出版社，2013；索尼娅·利文斯通，莱斯利·哈登. 儿童上网之机会与风险[M]. 李淼译. 北京：中国社会科学出版社，2011；索尼娅·利文斯通. 儿童与互联网：现实与期望的角力[M]. 郭巧丽译. 北京：电子工业出版社，2013；王珠珠，等. 中国学生网络生活调研报告[M]. 北京：人民教育出版社，2016；赵国栋，王珠珠，原帅. 大学生网络生活方式之聚类分析：以北京大学为例[J]. 北京大学教育评论，2010（4）：147-162，191.

有的研究成果大多聚焦在教师网络教学、网络研修与学习等专业生活领域，而教师网络社交、网络娱乐、网络消费等日常生活领域的研究成果则较少。此外，教师网络生活方式既是一个系统范畴，也是一个社会范畴；不仅是一个历史范畴，还是一个文化范畴，因而涉及网络社会学、文化人类学、传播学、网络心理学、生存哲学等多领域，只有合理地汲取相关学科的思想养料，才能推动教师网络生活方式研究的深入开展。

（三）研究深度不够

总体而言，教师网络生活方式为教师工作生活研究开辟了新的问题域，许多新的问题亟待解决。然而，学术界对教师网络生活方式问题缺少系统分析和探讨。比如，教师网络生活方式究竟指什么？该如何定位？学界对此众说纷纭，并未达成共识。有论者认为，网络生活方式是网民（包括教师）在多种多样的网络应用的使用过程中逐渐建立起来的，与其物质和精神生活息息相关的生活方式。[①]也有论者认为，教师网络生活方式是教师在特定价值观念的影响下，基于人机之间、人际以及教师个体自我交流的耦合互动，自主选择、满足自身发展需要的全面活动的总和。[②]此外，学者对教师网络生活方式的研究大多涉及教师网络教学行为、网络信息行为、网络学习与研修行为等教师网络生活微观层面，而关于教师网络生活方式内涵、构成要素或结构模型，教师网络生活方式生成机制与演变历程，教师网络生活方式状况及存在的问题、影响因素，教师网络生活方式优化取向与策略等宏观层面问题缺少系统深入的分析，研究深度略显不够。总体来讲，教师网络生活方式研究尚处于起步阶段，亟待加强。

（四）研究工具、方法有待探索

虽然国内学者在借鉴计划行为理论（theory of planned behavior，TPB）模型、技术接受模型（technology acceptance model，TAM）的基础上，构建出教师信息行为分析模型、教师网络教学行为模型等生活模型，这在一定程度上为教师网络生活行为的后续研究提供了可资借鉴的工具，但仍然缺少一套行之有效的教师网络生活方式研究工具，尤其是教师网络生活方式测量量表和评价工具。正是由于缺乏科学、有效的研究工具或网络生活方式结构模型，所以难以对教师网络

---

① 黄荣怀，王晓晨，周颖，等. 数字一代学生网络生活方式研究——北京市中小学生网络生活方式的现状调查[J]. 电化教育研究，2014（1）：33-37.

② 吴满意，张凤军，谢海蓉. 校园网络博客管理专题研究[M]. 成都：电子科技大学出版社，2012：256.

生活方式现实样态进行有效考察与分析。此外，从研究方法来看，研究者往往停留于教师网络生活行为、网络生活状况的量化研究，却缺少对教师网络生活状况、网络生活方式的质性研究（如叙事研究、现象学研究），更缺乏量化研究与质性研究有机结合的研究典范。即便是有论者运用人种志研究方法开展研究，但也只是对小学教师计算机和网络使用展开的个案研究，①并未涉及作为整体的教师网络生活方式。

第三节　研究理路与方法

一、研究理路

本书首先探讨教师网络生活方式的研究背景、研究现状及其发展趋势、研究的理论价值与现实意义；结合教师网络生活实际，科学阐述教师网络生活方式的内涵与特点，进而对教师网络生活方式与现实生活方式等相关概念、范畴进行比较分析，揭示其区别和联系。其次，构建教师网络生活方式结构模型、探讨教师网络生活方式价值、衍生过程及其影响因素，为教师网络生活方式的后续研究奠定基础。再次，运用问卷调查、个别访谈等方法，揭示教师网络生活方式现实样态及其存在的问题，剖析教师网络生活方式的潜在风险等。最后，深入探讨教师网络生活方式未来发展趋势、优化取向和实现路径等，为网络时代教师生活方式转型与网络生活方式的发展提供建设性意见。具体内容如下。

（一）教师网络生活方式的学理分析

其主要围绕“教师网络生活方式是什么、有何价值”等设问展开。研究内容包括：①教师网络生活方式的内涵与特征分析。本书在对“生活方式”“网络生活”“虚拟生存”等相关概念和范畴梳理分析的基础上，结合教师网络生活特殊性，科学地阐述教师网络生活方式的内涵、外延及其主要特征。②教师网络生活方式辨正。教师网络生活方式与现实生活方式是密切相关的范畴，通过揭示教师网络生活方式与现实生活方式的辩证关系及其相互作用机制，以便为教师网络生活方式的改进和优化奠定基础。③教师网络生活方式价值旨趣探析。分析教师网

① 王雅杰，刘美凤. 小学教师使用计算机和网络的个案研究[J]. 电化教育研究，2007（1）：84-87.

络生活方式在教师生活质量提高、教师专业发展与信息素养提升、学校信息文化发展与教育教学质量提升、社会生活方式转型等方面所具有的积极作用与价值。

（二）教师网络生活方式结构与演化过程

其主要探讨的是“教师网络生活方式是由哪些要素构成的，包括哪些维度”“教师网络生活方式演化阶段和历程是怎样的，受哪些因素的影响”等相关问题。主要内容包括：①教师网络生活方式结构模型构建。本书借鉴哲学、社会学等相关学科的理论成果，剖析网络生活方式的构成要素与内容，结合教师网络生活特点及其网络生活需求，构建教师网络生活方式结构模型，为教师网络生活方式现实样态考察提供依据。②教师网络生活方式的演化分析。分别从内、外部角度对教师网络生活方式的形成与发展过程或阶段进行深入分析，以揭示教师网络生活方式的演进机制。③教师网络生活方式影响因素研究。从个人、学校、社会、技术等多维视角探讨影响教师网络生活方式的因素，从而为教师网络生活方式的优化与发展提供依据。

（三）教师网络生活方式的现实考察

其主要围绕“教师网络生活方式现状是怎样的，存在哪些问题，教师网络生活方式存在哪些潜在风险”等问题进行。研究内容包括：①教师网络生活方式的现状调查与分析。运用问卷调查与个别访谈法，分别从教师网络使用、网络教学、网络社交、网络娱乐、网络学习、网络消费等多维度对教师网络生活方式状况进行描述，深入探讨教师使用互联网的动机与态度、不同生活领域教师网络行为及其主要特征等，力图勾勒出教师网络生活方式的复杂图景及其可能存在的问题。②教师网络生活方式的差异性比较。根据教师人口学特征，考察不同类型教师的网络使用特征、网络行为特征等，进一步揭示不同类别教师网络生活方式的差异。③教师网络生活方式的风险识别及其根源分析。结合教师网络生活实际，深入探讨教师网络生活方式的潜在风险，并探明教师网络生活风险产生的根源。

（四）教师网络生活方式优化取向与路径

其主要围绕“教师网络生活方式向何发展，何以实现”等问题展开。主要内容包括：①教师网络生活方式的优化取向与前景分析。结合网络社会发展、国家信息化建设、社会生活方式转型，以及教育信息化建设和教师生存与发展等方面需求，预测教师网络生活方式的未来趋势和理想图景，以便为教师网络生活方式优化取向定位、目标模式建构等提供合理的依据。②教师网络生活方式优化路径研究。本书从不同维度和层面对教师网络生活方式的优化路径与具体策略进行分析与探讨，为教师网络生活方式的创新性建构、教师生活方式的转型及其整体优化提供可资借鉴的建议。

二、研究方法

本书以马克思主义唯物辩证法为指南，坚持理论研究与实证研究相结合、定性研究与定量研究相结合的原则，运用文献分析法，调查研究法、比较法、统计分析法等方法，对教师网络生活方式问题进行系统深入的研究。

（一）文献分析法

本书充分利用 CNKI、ERIC、国家社会科学文献中心等中外文数据库、检索平台、学术搜索引擎，以及中国国家图书馆等其他文献获取渠道，全面搜索、阅读和分析社会学、哲学、人类学、心理学等相关学科关于“生活方式”“网络行为”“网络生活”等方面的研究成果，并及时掌握国内外学者关于教师网络生活方式的最新研究动态和进展情况，总结归纳已有研究成果取得的成绩、存在的局限或不足，以便为教师网络生活方式研究提供理论借鉴与方法启示。

（二）调查研究法

根据教师网络生活方式的构成要素与内容维度，编制教师网络生活方式调查问卷、访谈提纲，通过问卷调查、个别访谈和实地观察，对教师网络使用状况、网络教学、网络学习、网络交往、网络娱乐等领域进行考察与分析，切实了解教师网络生活方式现状，全面揭示教师网络生活可能存在的问题及其潜在风险，为教师网络生活方式的优化与发展提供现实依据。

（三）比较法

比较法，一是比较教师网络生活方式与现实生活方式等相关概念和范畴的异同，以便阐明教师网络生活方式概念的内涵与特点；二是通过对不同群体网络生活方式的比较，揭示出教师网络生活方式的特殊性，从而为教师网络生活方式的构成要素分析、风险分析以及教师网络生活方式改进策略探讨创造条件；三是通过对不同人口变量教师网络生活方式状况的比较分析，揭示不同群体教师网络生活方式的差异。

（四）统计分析法

本书主要运用描述性统计、差异性分析等统计方法，了解教师网络认知、网络使用、网络教学、网络学习、网络社交、网络休闲、网络购物等方面情况，以及不同人口变量教师网络生活方式的差异，为教师网络生活方式的改进与相关政策的制定提供依据。

第二章

教师网络生活方式的内涵、特点与辨正

核心概念的界定既是科学研究的基础性工作，也是科学研究的逻辑起点。我们只有对核心概念进行科学阐释，才能明确研究对象与范围，从而为科学研究铺平道路。那么，作为复杂的概念和范畴，教师网络生活方式究竟该如何界定？它有何特点？它与相关概念和范畴有何区别？诸如此类的问题亟待澄清，以便为教师网络生活方式的深入研究奠定基础。

第一节　教师网络生活方式的内涵

在揭示教师网络生活方式的内涵之前，首先需要阐明生活方式、网络生活方式等核心概念的基本含义。

一、生活方式的概念界定

关于生活方式的定义，国内外学者进行了系统研究，取得了较为丰硕的成果，代表性观点主要有以下几种。一是行为体系说。该观点认为，生活方式是在特定的生活观念支配下，生活主体通过生活活动表现人与人、人与自然关系的相对稳定的行为特征。[①]也有学者认为，生活方式是在一定的社会条件和生活情境

---

① 陈贻新. 论生活方式及其在社会历史中的地位和作用[J]. 中国人民大学学报，1988（2）：76-83.

下，人们依据一定的文化形态和价值观念所形成的满足生活需要的行为体系。①二是方式说。生活方式是人们根据一定的文化模式对生活资源所进行的调配方式，也就是人们如何安排自己生活的方式。②也有论者指出，从广义上说，生活方式就是整个人类生存活动的方式。从狭义上说，生活方式是建立在历史地形成的一定生产方式基础上的生存和活动的方式。③还有学者指出，生活方式是人类为了生存与发展在一定社会的组织和规范中进行交往的典型方式。④三是结构或模式说。该观点认为，生活方式是人们在一定社会自然条件和价值观念制约下，为了满足自身生存、发展的需要所采取的怎样消费物质资料、精神资料以及处理家庭、婚姻、社会的相对稳定的行为结构。⑤也有研究者将生活方式理解为个体通过其行为、兴趣和爱好所表现出来的行为与活动模式。⑥另有论者指出，生活方式是从人们所从事的一切活动中凝结出来的模式。⑦四是总和说。有学者认为，生活方式是人们在一定的社会条件制约下、在一定的价值观制导下所形成的满足自身需要的生活活动形式和行为特征的总和。⑧也有论者认为，广义的生活方式是包括生产活动在内的人类全部生活活动的现象、方式和特征的总和；狭义的生活方式则是指除了生产活动之外的人类社会生活活动的方式的总和，包括衣、食、住、行、用以及闲暇时间的利用等。⑨

上述各种定义不仅反映了学者对生活方式概念的认知差异，也显示了他们对生活方式本质属性的共同把握。一方面，从差异性来看，研究者的定义视角不尽相同，譬如，有的侧重于广义、宏观视角；有的注重狭义、微观角度；有的注重生活内容方面，有的着眼于行为样式方面；有的侧重于活动模式和行为特征方面；也有的则力图作出观念、行为、条件等的综合概括。另一方面，从共同性来讲，关于生活方式的定义，学者达成了一定的共识：首先，生活方式是生活主体与客观条件相作用的产物。它是生活主体在特定社会历史条件下形成的、较为稳

① 刘冬，王雅林. 发挥生活方式对社会的建构功能[N]. 中国人口报，2013-09-30（03）.

② 唐魁玉. 作为“意识形态”化的生活方式——1949 年到 1978 年中国社会生活史的总体特征[J]. 理论界，2008（3）：80-83.

③ 柳斌杰. 关于生活方式的哲学思考[J]. 社会科学辑刊，1985（5）：12-19.

④ 孙绵涛. 论人类生活方式的本质及其复归——关于知识、信息社会生活方式的探讨[J]. 浙江社会科学，2003（6）：100-106.

⑤ 许金更. 价值观念与生活方式的研究[J]. 社会心理科学，1997（2）：25-29.

⑥ 赵国栋，王珠珠，原帅. 大学生网络生活方式之聚类分析：以北京大学为例[J]. 北京大学教育评论，2010（4）：147-191.

⑦ 罗萍. 生活方式学概论[M]. 兰州：甘肃科学技术出版社，1989：14.

⑧ 王雅林. 人类生活方式的前景[M]. 北京：中国社会科学出版社，1997：2.

⑨ 常晋芳. 网络哲学引论——网络时代人类存在方式的变革[M]. 广州：广东人民出版社，2005：123.

定的生活样式。其次，生活方式是内容与形式相统一的复杂结构。它是生活主体在特定的生活观念的指导下，通过不同的生活活动表现出来的行为样式。最后，生活方式是生活主体作用于生活客体（活动对象）的对象性活动所形成的相对稳定的行为定势或定型化的生活模式。在笔者看来，生活方式主要是人们在一定生存条件下，旨在满足生命存在与发展需要所表现出来的、相对稳定的生活活动模式。

二、网络生活方式概念阐释

网络生活方式是伴随着网络社会崛起而形成的一种新型生活方式，目前国内外学者对网络生活方式概念缺少系统、深入的阐释。仅从已有的研究成果来看，主要有以下几种观点。

一是形式特征说。王雅林和何明升认为，网络生活方式是网民在其思想意识支配下，利用一定的在线活动条件所形成的，以满足其生活需求的活动形式和行为特征体系。①另有论者指出，网络生活方式是网络生活主体为满足自身生存和发展需要，借助互联网等工具，以文字、声音、图像及其他多媒体为媒介的全部活动中形成的稳定形式和行为特征。②还有论者对大学生网络生活方式的定义进行了界定，即在基于 ICT 所构建起来的网络化和虚拟化的校园环境下，大学生群体在将计算机与互联网运用于学习和生活过程中所表现出的兴趣、爱好、行为及价值观念之统合表现形式。③二是生活方式说。黄荣怀等认为，网络生活方式是网民在各式各样的网络应用的使用中逐渐建立的，与其物质、精神生活密切相关的生活方式。④三是总和说。该观点认为，网络生活方式是教师在虚实二元交织的生活世界中的全部生活活动的总和。比如，常晋芳认为，网络生活方式是以网络生产方式为基础、以网络化生活为核心的人类全部生活活动的总和。⑤也有论者将大学生网络生活方式界定为，在互联网信息时代，大学生为了满足自身在

① 王雅林，何明升. 信息化：生存与超越[M]. 哈尔滨：黑龙江人民出版社，2004：328-329.

② 范英，刘小敏，董玉整. 和谐熏风沐南粤——对和谐中国·和谐广东探讨[M]. 香港：中国评论学术出版社，2006：231.

③ 赵国栋，王珠珠，原帅. 大学生网络生活方式之聚类分析：以北京大学为例[J]. 北京大学教育评论，2010（4）：147-162.

④ 黄荣怀，王晓晨，周颖，等. 数字一代学生网络生活方式研究——北京市中小学生网络生活方式的现状调查[J]. 电化教育研究，2014（1）：33-37.

⑤ 常晋芳. 网络哲学引论——网络时代人类存在方式的变革[M]. 广州：广东人民出版社，2005：147.

大学阶段的物质和精神需求，通过网络进行学习、工作、生活活动所表现出来的各种行为方式、思想观念、人际关系、文化风格等的总和。①

由此看来，学者对网络生活方式的定义不尽相同，并未达成有效共识。究其原因有二：一是定义的视角或方式不同，譬如，有的是从内容构成角度进行的阐述，也有学者是从功能角度进行的说明，还有论者从内容和功能相结合的角度加以阐释；二是价值立场不同。网络生活方式与现实生活方式究竟是何种关系？网络生活方式是独立于现实生活方式而自存的新型生活方式，还是现实生活方式的拓展和延伸？学者在诸如此类问题的理解和认识上存在差异，导致在网络生活方式的界定上出现分歧就不足为奇了。总体而言，网络生活方式是旨在满足生存与发展需要，以数字化符号为中介，在虚拟网络世界中逐渐形成的、相对稳定的网络活动形式及行为特征的总和。

三、教师网络生活方式的基本含义

结合学者对网络生活方式的认识和理解，笔者将教师网络生活方式界定为教师旨在满足生存与发展需要、实现生命价值与意义、提高生活质量，以数字化符号为中介，在虚拟的网络世界中逐渐形成的、相对稳定的网络活动形式及其行为特征的总和。作为教师网络活动的具体样式，教师网络生活方式反映了教师网络活动的内容、形式和特征。需要说明以下几点。

第一，教师网络生活方式是教师在虚拟网络世界开展的一种“离身化”的新感性实践。互联网技术、大数据技术以及人工智能等新兴技术正改变着人类的存在方式、实践方式。教师网络生活方式是教师作为一种“离身化”的符号化存在，“融身”于虚拟网络世界之中逐渐形成的新型生活形态。教师网络生活方式的崛起在一定程度上消解了现实生活中教师“身体”的基础地位与作用，促使教师身体实现从“临场”“在场”向“缺场”转变。如此一来，传统现实生活中的距离、地域等限制得以解除，教师生活空间的边界日趋模糊，教师现实生活中必须依附身体并在特定时空环境中开展活动等诸多限制也逐渐被打破。然而，需要指出的是，教师网络生活方式既不是虚假生活，也不是虚幻生活，而是教师借助数字化中介而展开的“离身化”新感性实践方式。借用张明仓的话来说：“只有把虚拟实践理解为一种感性活动，只有通过虚拟实践来理解虚拟空间的感性，我

① 王翠婷. 高校大学生网络生活方式的现状调查——以四川南充三高校为例[J]. 西华师范大学学报（哲学社会科学版），2015（4）：105-110.

们才能真正理解虚拟空间中人与社会、自我与环境、主体与客体的内在关联性和统一性。”①

第二，教师网络生活方式是在网络技术、人机交互技术以及新兴媒介技术基础上发展起来，是以数字化媒介为中介的生活方式。与传统语言符号等生活中介所不同的是，数字化中介是一种二进制代码或数字化符号。莱文森在《新新媒介》一书中将当代媒介划分旧媒介（如报刊、书籍、电话、电视等），新媒介（如电子邮件、聊天室、留言板等），新新媒介（如维基网、博客网、播客网等）三类。②教师在网络生活中可资利用的数字化中介或数字化媒介主要有各种网络新媒体、移动新媒体、数字新媒体（如即时通信、虚拟社区、博客/播客、微信/微博）等。另外，教师网络生活方式是伴随网络社会崛起、网络技术进步与发展而孕育形成的一种新型生活方式，其形成与发展必然受到网络社会和网络媒介技术发展水平的影响与制约。“我们的地球正在渐渐地转变为一个由网络以及网络化所构成和决定的世界。而更重要的还在于，在人们网络化的生存方式中，网络不仅作为一种人们赖以生存的基本工具和手段而在当代人类的社会、经济和文化生活中占据了最核心的地位，而且也开始染指于人类历史的根基，从而向人类社会注入了具有决定性和控制性的因素。”③可以说，教师网络生活方式形成与发展的速度、方向在一定程度上取决于社会互联网发展水平。

第三，教师网络生活方式是不同于现实生活方式的特殊生活方式。作为教师生活方式的新向度，教师网络生活方式是对现实生活方式的延伸和超越，因而不同于现实生活方式，有其特殊性，主要表现为生活主体的符码化、生活媒介的数字化、生活过程的交互性、生活空间的超现实性、生活体验的沉浸性等方面。④然而，教师网络生活方式与现实生活方式也并非彼此隔绝或决然对立的，而是存在着相互依存、相互促进、相互渗透、相互转化的辩证关系。一方面，教师现实生活方式是教师网络生活方式形成的前提和基础。也就是说，教师网络生活方式产生之后，不能完全游离于现实生活方式之外或脱离现实生活方式而独立存在与发展，而是要不断接受现实生活的检验与矫正，并在相互渗透、相互促进过程中确保其存在的合理性、可行性以及健康、可持续发展性。另一方面，教师网络生活方式是现实生活方式的延伸与拓展。教师网络生活方式是教师借助互联网络技

① 张明仓. 虚拟实践论[M]. 昆明：云南人民出版社，2005：123.

② 莱文森. 新新媒介[M]. 何道宽译. 上海：复旦大学出版社，2011：译者前言 3-4.

③ 冯鹏志. 伸延的世界：网络化及其限制[M]. 北京：北京出版社，1998：302.

④ 罗儒国. 教师虚拟生存：内涵与旨趣[J]. 大学教育科学，2015（6）：62-71.

术、虚拟现实技术、人机交互技术等信息技术，在不断超越现实生活的时空条件等限制的基础上，通过“人-机”界面交互逐渐形成的新型生活形态。在此意义上，作为教师生活方式的新向度，教师网络生活方式既不是对现实生活方式的简单复制或翻版，也不是对现实生活方式的全盘否定，而是对教师现实生活方式的延伸或超越。

第二节 教师网络生活方式的特点

教师网络生活方式是伴随着互联网崛起而形成的一种新型生活方式，有别于现实生活方式，具有目的指向性、多样复杂性、虚实二重性、技术依附性、交互生成性等主要特征。

一、目的指向性

马克思主义认为，人类的活动都是有目的、有意识的活动。“人的生存方式的意向性，主要指人的生存活动中的自成目的性。”①网民使用互联网或从事网络活动也是基于特定的目的和需要的，因而网民的网络生活方式不可避免地具有目的指向性或意向性。有论者指出，在互联网时代，所有媒介使用者本质上都有五类相同的需要，即认知需要、情感需要、个体整合需要、社交整合需要、逃离或释放紧张有关的需要。②相关调查结果亦表明：网民使用互联网的不同动机中，最重要的动机是获取信息，如“了解报刊、电视、电台上看不到的话题和观点”，“获得一些平常不容易看到的内幕信息”；其次是网络社交，如“保持自己的社交圈”和“扩大社交范围”。其他使用动机从高到低依次是，接触国内媒体看不到的信息、充分表达想法和观点、无拘无束地表达、结交不同背景的人、发表评论。③但来自不同职业、不同阶层或群体的网络生活目的或动机往往存在一定的差异。作为网络生活方式的重要组成部分，教师网络生活方式也是在特定目的指导下形成的新型生活样式。

总体来讲，教师网络生活方式是以满足生命需要、提升生活质量为根本旨趣

① 张健. 论人的精神世界[M]. 郑州：河南人民出版社，2011：68.

② 雷雳. 互联网心理学：新心理与行为研究的兴起[M]. 北京：北京师范大学出版社，2016：460.

③ 李良荣，陆晔，周葆华. 新传播形态下的中国受众[M]. 上海：复旦大学出版社，2013：62.

的。也就是说，教师网络生活方式的崛起与发展，不只是为了适应网络社会崛起以及满足教育信息化建设的现实需要，也是为了更好地满足教师个体休闲娱乐等生命需要、切实提升自身生活质量及其主观幸福感。就如同现代技术一样，现代技术发展的根本旨趣是为人类生存与发展创造条件，不断满足人们的生存与发展需要，使人们生活得更好，而不应是威胁人类的生存与发展，抑或对人类进行奴役和任意宰制。“像电脑和汽车一样，技术把人们的生活割裂，同时又帮助把碎片缝合起来。挑战在于怎样把电脑化空间里建立起来的联系融入真实生活……Internet 是一种新文明，文明的目的是净化并拓展我们的生存空间，提升人类的生活质量。”[①]正是通过网络生活，教师个体的生命需要能够得到更好的满足，教师的获得感、满足感、幸福感得以增强，从而促使教师的主观生活质量稳步提升。

二、多样复杂性

除了具有目的指向性外，教师网络生活方式还具有多样复杂性，主要体现在内容多样性和形式多元化两方面。一是内容多样性。教师网络生活方式是由不同范畴结构或要素结构、内容结构、层次结构构成的复杂的、动态的立体结构。譬如，从要素构成来看，教师网络生活方式包括网络生活主体、网络生活形式、网络生活条件等基本要素。从内容结构来讲，教师网络生活方式由网络教学、网络社交、网络学习等内容构成。从层次上来看，教师网络生活方式包括教师个体网络生活方式、教师群体网络生活方式等。二是形式多元化。互联网构筑的网络世界具有虚拟性、超时空性等，使得融身其中的网民可以不受时空限制，根据各自的需要和兴趣，选择不同的“场所”开展各种网络活动，从而形成不同类型的网络生活方式。譬如，大学生的网络生活方式主要存在网络沉溺型、冷静保守型、信息前沿型和社交活跃型等四种基本类型。[②]与现实生活方式不同的是，网络生活方式是在虚拟网络世界中展开的，从而使教师在活动内容、活动时间、活动形式、活动中介的选择上具有较大的灵活性，并极大地丰富了教师网络生活内容。由于需求、动机、网络使用偏好以及性格等方面的差异，不同教师个体的网络行为类型也日趋复杂多样。

---

① 乔岗. 网络化生存[M]. 北京：中国城市出版社，1997：307.

② 赵国栋，王珠珠，原帅. 大学生网络生活方式之聚类分析：以北京大学为例[J]. 北京大学教育评论，2010（4）：147-162.

三、虚实二重性

虚实二重性是指教师网络生活方式具有虚拟性和现实指向性双重属性。一方面，教师网络生活方式是教师借助数字化中介，以在线交互的形式开展的各种网络活动，因此，它不可避免地具有虚拟性。教师网络生活方式是教师“离身化”或身体离场的符码化活动。此外，教师网络活动是由虚拟性思维主导的、在虚拟世界中开展的感性活动。虚拟性思维是以模拟和超越现实为出发点、以数字化存在为思维客体、以数字化编码与表征为主要运作方式的相对独立的思维形态。另一方面，教师网络生活方式具有现实指向性。无论是从生存主体而言，还是从生存客体来讲，抑或从生存空间来看，都具有现实指向性。比如，教师融身其中的虚拟网络空间实质上是“人造空间”，归根到底是对现实空间的数字化模拟、再现或再造、建构，现实空间决定虚拟空间的本质、构成及其发展，因此，它不可避免地被打上现实的烙印。“在现实世界中总是渗透着虚拟性的因素，在网络世界中也总渗透着现实性的因素……在网络时代，既不存在完全没有虚拟因素的现实世界，也不存在完全没有现实因素介入的网络世界。”[①]

四、技术依附性

教师网络生活方式是教师在借助互联网技术、人机交互技术、虚拟现实技术等信息技术的基础上形成的新型生活方式，势必受到信息技术的影响和制约，因而具有技术依附性，主要体现在三个方面。一是工具、媒体的依附性。毫无疑问，无论是从教师网络教学、信息搜索，还是从网络社交、网络学习与研修，抑或从网络休闲、网络消费来看，教师都需要借助特定的网络设备工具与数字媒体才能得以开展。“媒介元素不仅成为现代性和后现代性的工具条件，而且也越来越成为一种生活方式的重构和塑型的载体，发挥着工作、学习和休闲的功能。”[②]二是技术知识的依附性。在虚拟网络世界，教师是否掌握互联网技术、人工智能技术、虚拟现实技术、大数据技术等相关技术知识和能力，将直接影响教师网络生活方式的形成与发展。也就是说，教师若要融身于虚拟网络世界并娴熟地开展相关的网络活动，就必须了解网络技术相关知识，具有熟练掌握和运用网络技术能力。教师也只有掌握特定的网络技术知识和具备相应的能力，才能借

---

① 张世英. 现实·真实·虚拟[J]. 江海学刊，2003（1）：12-21.

② 唐魁玉. 网络化的后果：日常生活与生产实践的变迁[M]. 北京：社会科学文献出版社，2011：152.

助网络技术拓展和发展生活空间，更好地满足自己的个性化需要，从而达成预期活动目标。三是技术规则的依附性。互联网在技术层面上为计算机技术、虚拟现实技术的创新和发展规定和指出了基本方向与路径，从而使得各种技术在变迁路径上不得不适应网络技术的发展逻辑及其相关要求，呈现出路径依赖的发展趋势。在网络生活世界中，教师借助各种数字化中介系统，并遵循网络技术逻辑或技术的“意向结构”开展各种网络活动。也就是说，教师从事的所有网络活动都必须遵从计算机软件、程序的指令和安排，并依照计算机技术事先设定的方式做事。

五、交互生成性

教师网络生活方式是教师借助信息通信技术和“人机交互”技术在虚拟网络世界中开展的实践活动，具有交互性和生成性。首先，教师网络生活方式是基于人机交互技术的交互性实践。在移动互联时代，人机交互技术、虚拟现实技术等新兴技术得到迅猛发展和推广应用，人机交互方式逐渐呈现出从二维到三维，从单一通道到多通道交互，从非自然的人机交互到自然的人机交互，从传统的“以计算机为中心”的人机交互到“以人为中心”或“以用户为中心”人机交互的发展趋势。在虚拟网络世界中，教师网络活动尤其是网络交往活动，通常是借助数字化中介系统来展开和实现的，是一种“主体—中介—客体”或“人—机—人”的实时性交互或跨时空交互实践。正是借助人机交互技术，教师网络生活彻底改变了传统的以自我为中心的互动关系、交往关系，形成了具有交互性质的主体际互动，不仅包括外部交互或外部互动（不同主体之间的去中心化的多维度互动），也包括内部互动或内部交互（主要是主体自身在不同网络角色、身份间的转换）。其次，教师网络生活方式是一个自组织的复杂系统，具有动态生成性。在某种意义上说，任何复杂的自组织系统都具有自组织能力。也就是说，当某系统处在开放的环境中，在特定的条件下，受到自组织机制的作用，该系统会自发地从无序走向有序，成为自我发展、自我完善的体系。作为一种新型生活方式，教师网络生活方式若要发挥其应有的功能和作用，就要形成一种稳定的系统结构。该系统结构包括教师网络活动行为、网络活动意识、网络活动条件等基本要素。[①]总体而言，教师网络生活方式作为一种自组织系统，经历着由无序到有

① 罗儒国. 教师生存方式的境遇与变革[M]. 北京：科学出版社，2018：102.

序、从非平衡态到平衡态、从不成熟到成熟、从发展不完善到发展完善的动态过程，具有动态生成性。此外，教师网络生活方式也会伴随信息通信技术、人机交互技术等新兴技术的发展而发生相应的变化与发展。最后，教师网络生活方式是在现实生活方式的基础上，和现实生活方式的交互作用中逐渐发展完善的。教师网络生活方式的崛起与发展经历着萌芽、形成、发展、成熟等不同阶段。在此演进过程中，教师网络生活方式与传统现实生活方式之间往往存在发展不一致、不协调现象，进而导致两者之间存在矛盾与冲突。但教师网络生活方式与现实生活方式并非绝对对立的，而是共生共存、互促互融的关系，在特定条件下可以相互促进、相互转化。正是在相互交互作用下，教师网络生活方式得到进一步发展和完善。

第三节 教师网络生活方式的辨正

作为一种新型生活方式，教师网络生活方式与媒介生活方式、数字化生存方式、虚拟生存方式、网络生活质量等相关概念和范畴有何异同？教师网络生活方式与现实生活方式究竟是什么样的关系？诸如此类问题有待进一步澄清。笔者重点对教师网络生活方式与现实生活方式的辩证关系做深入分析，以便揭示教师网络生活方式的深刻蕴涵。

一、网络生活方式与现实生活方式的差异性

教师网络生活方式与现实生活方式的差异性是指网络生活方式与现实生活方式之间存在着诸多不同，主要表现在生活空间、生活客体、生活媒介、主客体作用机制等方面。

（一）生活空间的不同

从生活空间来看，教师网络生活是在虚拟空间或虚拟世界中进行的感性活动，而现实生活是发生在现实世界中的生命活动。就虚拟世界而言，它是一种特殊的生活空间。首先，虚拟世界主要是由比特构成的数字世界。虚拟世界突破了现实的由原子组成的物质空间，从而有别于现实世界。其次，虚拟世界是一种不同于物理空间的“人工的现实”或“人造的世界”，是人们借助于高新技术制造

出来的人造世界。虚拟世界中的一切事物都只是信息的集合，而非物质的集合。最后，虚拟世界是流动的、非线性的、主体意向性空间。由于虚拟世界是一种建基于数字化空间的，跨越心灵空间、物理空间的“另类空间”，是不同于物理空间的主体意向性空间。张明仓曾指出，“在由人-机交互系统构成的网络空间中，自然空间的那种地理、物理限制已经被彻底打破，人们的虚拟活动也不再受国家边界等的限制，其流动性显著增强。而从另一角度看，任何人都能够任意地‘调动’空间”[①]。作为一种流动空间，虚拟世界在空间结构上已经失去了传统物理空间的本质性特征，具有超现实性、流动性、可压缩性、开放性、非聚集性、非线性、非确定性等特性。

教师现实生活方式是发生在现实世界中的生活活动。现实世界是真实、客观、复杂的世界，主要包括自在的物质世界（或自然世界）和自为世界（或人化世界）。首先，现实世界主要是由原子构成的物质性空间，是由各种看得见、摸得着的客观事物及其联系组成的客观世界，具有时空统一性、连续性、有限性、可触摸性、可测量、实体性等特征。其次，现实世界是人（包括教师）生活其中的、属人的世界。“现实世界即人的世界，人的世界即现实世界；在现实世界之外不存在人的世界，在人的世界之外不存在现实世界。”[②]最后，现实世界是可通过经验证实的、直观的感性世界。有论者指出，“现实世界是可以通过经验确定的事实，是每一个过着实际生活的，需要吃、喝、穿的个人都可以证明的事实。”它“不是自我封闭、独立自存的抽象世界，而是人生活于其中，烦忙于其中，可以为人的经验所证实的现实生活世界”。[③]总体来看，现实生活世界是教师现实生活方式得以存在、展开的前提和基石，离开现实生活世界，教师现实生活方式将成为空中楼阁，或因失去根基而不复存在。

（二）生活客体的差异

马克思主义认为，客体是主体认识和改造的对象，是意识之外的客观存在，包括自然客体、社会客体以及精神客体等。生活客体则是主体实践活动所指向的对象。可以说，任何人的生活和生存都是由一定的对象组成的。但不同类型的生活方式，其生活客体、对象也会有所不同。在教师的现实生活方式中，生活客体主要是客观实在（如自然存在物、社会存在物、人化自然等），是以原子为主要

① 张明仓. 虚拟实践论[M]. 昆明：云南人民出版社，2005：179.
② 何跃. 广义超元论与人类的世界[M]. 重庆：重庆大学出版社，2012：138.
③ 李文阁. 回归现实生活世界[M]. 北京：中国社会科学出版社，2002：124，127.

存在形式的具象物质。而在教师的网络生活方式中，生活客体不再是客观的实体存在，而是一种基于虚拟现实系统的技术存在、关系实在，其实质是一种“难以名状的”“虚拟的”信息流、比特流。正如张明仓所言，“这种对象是基于虚拟集成系统的一种技术存在，是对现实的仿真、变形、缩微或扩张”[①]。然而，网络生活客体及其性质、特征和表现形式都是网络生活主体意志对象化的产物，它往往被赋予更多的能动性和主体性，逐渐摆脱了以往消极的、被动的，缺乏能动性的被支配的地位。譬如，它可以通过人性化界面与人对话、交流、互动，并不断调整自己、发展自己，以便更好地满足网络生活主体的需要。这样一来，网络生活中的主体与客体达到了高度的统一，“每一个虚拟实践者都彻底摆脱了单纯的主体或者单纯客体的地位，而经常地处于一种交互主体的主体际界面环境之中”[②]。

（三）生活媒介有别

生活媒介是生活主体用来作用于客体、改造客体，以实现物质、能量或信息变换与转移的必不可少的中间环节或桥梁。教师在网络生活与现实生活中所凭借的媒介存在着较大的差异。以教师的交往媒介为例，在现实生活世界中，教师通常借助语言文字符号等传统媒介或符号化中介与他人进行沟通与交流，除此之外，还以非言语媒介（如动作、表情、眼神、姿态等）传递和交流信息或互动。在网络生活世界中，教师网络人际交往媒介主要是“数字媒介”。数字媒体是以数字形式存在的信息内容和存储、传输、接收数字信息内容的数字媒体介质或者设备。它不仅包括硬件设施，还包括支持这些软件设施的软件，同时更重要的，它包括数字信息内容。[③]由此可见，数字媒体是以数字技术为基础、实现了数字化的媒体。数字媒体的范围较为宽泛，既包括那些实现了数字化的传统媒体，也包括新兴的网络媒体和各种流媒体；不仅包括各种数字化设备和装置，也包括各种数字化的信息内容制品等。

（四）主客体作用机制相异

从生活主体与生活客体相互作用的方式来看，教师网络生活方式与现实生活方式也存在较大的差异。在现实生活世界中，生活主体和生活客体的相互作用大

---

① 张明仓. 虚拟实践论[M]. 昆明：云南人民出版社，2005：110.

② 张明仓. 虚拟实践论[M]. 昆明：云南人民出版社，2005：110-111.

③ 王宏. 数字媒体解析[M]. 重庆：西南师范大学出版社，2006：9.

多是双向的、直接的作用。当作为生活主体的教师作用于另一客观对象或生活客体时，其自身也不可避免地同时接受客观对象的作用。而在网络生活方式中，作为生活主体的教师与生活客体不是直接发生作用，而是间接发生作用。以教师人际交往为例，现实生活中教师的人际交往通常是“人-人”直接交往模式，而在虚拟世界中，教师的人际交往则是“人-机-人”的间接交往模式。这种间接的交流方式，不仅可以超越“在场”与“不在场”的界限，使教师不受时空限制，通过人-机界面进行互动，还可以克服点对点的局限，使教师可以有选择地采用一对多、多对多、多对一的互动模式，进而实现点对面的沟通。

二、网络生活方式与现实生活方式的同一性

教师网络生活方式与现实生活方式的同一性，是指网络生活方式与现实生活方式之间存在相同或相似的方面，如源头上一致、归属上相同、目的指向一致等。

（一）来源上的同一性

从发生学的角度来讲，教师网络生活方式是在现实生活方式的基础上孕育形成的新型生活方式，是现实生活方式的延伸。可以说，教师现实生活方式和网络生活方式都是在现实世界的基础上形成的生活方式，在此意义上，两者具有同源性。具体来看，教师网络生活方式是教师在现实生活方式的基础上借助数字化中介系统而形成的、相对稳定的网络活动形式。无论是网络生活主体，还是网络生活客体，抑或网络生活中介、过程、方法等，都是与现实生活方式密不可分的。就教师网络生活中介而言，不论它属于何种符号系统还是技术系统，都在现实生活中有其客观基础，如硬件设施等。在此意义上说，教师网络生活方式是对现实生活方式的超越，但又不能脱离现实生活方式而孤立存在，必须在和现实生活方式的联系中发挥作用。如果没有现实生活方式的支撑，教师网络生活方式就会成为无源之水、无本之木，因而也就不可能得到发展和完善。“虚拟生存必须也只能以客观世界的现实性作为发展根基，并且永远扎根于这种自然物质环境。任何认为可以脱离这种环境的想法，都会直接导向荒谬和虚妄。”[①]因此，教师只有充分地认识和把握现实生活的各种理念、观念与技术，才有可能避免在虚拟世界中

---

① 章铸，吴志坚. 论虚拟实践——对赛博空间主客体关系的哲学探析[J]. 南京大学学报（哲学·人文科学·社会科学），2001（1）：5-14.

迷失方向，有序开展各种网络生活活动，从而更好地认识自我、发展自我、实现自我。

（二）归属上的同一性

网络生活方式与现实生活方式同属于教师生活方式的范畴，具有归属上的同一性。不管是网络生活方式还是现实生活方式，都是教师存在的具体形式或生活样式，归根结底都是教师生活实践的产物，属于教师生活方式这一范畴。生活方式作为系统的范畴，通常是由生活主体、生活形式、生活条件等要素构成的。正如有论者所指出的那样，任何一种现实的生活方式要得以实行，都必须具有六个要素（生活主体、生活资料、生活活动、生活关系、生活时间和生活空间、生活观念），只是要素的具体情况、内容不同罢了。[①]教师的网络生活方式与现实生活方式亦是如此，都是由一定的要素构成的复杂系统，但也存在一定的区别。另外，不论是网络生活方式还是现实生活方式，都是教师本质力量的重要体现，是教师人性的展现方式。马克思主义认为，人的本性是通过人自己的感性活动、实践、劳作来创造和体现的。“劳作、劳动、实践就是人这种感性实体所特有的存在方式。人这种感性实体就是一种劳作、劳动、实践的存在物。人就是通过自己的劳作、劳动、实践，总之，通过自己的实际的感性活动创造了自己的存在状况、存在环境和全部生活与本性。”[②]在日常生活中，教师不仅要发展其现实性的一面，也要发展其虚拟性的一面，从而更好地促进人性的充盈与完满，因为虚拟性与现实性是教师人性的重要方面，两者缺一不可。正如张世英先生所言：“人性总是包含有现实性与虚拟性两极，人类的一切都是这两极性的紧张关系的表现，不同的只是两极之间的比例关系，有时是这一极占主导地位，有时是另一极占主导地位。”[③]不管是在教师的现实教学生活实践还是在教师虚拟生活实践，教师的现实性和虚拟性都能得到某种程度的发展，但两者所起的作用不尽相同。

（三）目的指向的一致性

马克思主义认为，人的需要的满足不仅是社会生产发展的动力，也是人的活动的最终目的。郭湛指出：“主体活动的目的从根本上说就是人本身。人的活动

---

① 杨家祚. 当代中国人的生活方式[M]. 北京：中国友谊出版公司，1993：25-30.

② 夏甄陶. 人是什么[M]. 北京：商务印书馆，2000：265.

③ 张世英. 现实·真实·虚拟[J]. 江海学刊，2003（1）：12-21.

的具体目的可能是某种对象或状态，但在特定的客体结果中总是折射着主体的愿望和要求，归根结底人是人活动的内在目的。不然就无法解释人何以能产生活动的动力，以及人依据什么来控制和调节自己的活动。”[①]在笔者看来，教师网络生活方式与现实生活方式的价值旨趣均在于满足生命存在与发展等方面的需要，两者在目的指向上有其一致性。具体来讲：一方面，教师的网络生活方式与现实生活方式同属于教师的存在方式、生活方式，它们的形成与发展都是为了满足教师多元化、个性化的存在与发展需要，促进个体自由全面发展，不断提高教师生活质量，从而使生活更加美好、幸福。另一方面，作为人的生存模式，教师网络生活方式与现实生活方式能够满足学生与社会发展的需要，具有工具性、我为性。也就是说，教师网络生活方式与现实生活方式不仅能促进学生全面、自由、和谐地发展及其生命价值的实现，还推动着社会生活方式尤其社会网络生活方式的发展。在思想家弗兰克看来，生活不只是目的，还是一种达到其他目的的手段，“因为它本质上不是在自身中的静止的存在，不是独立自在的静止，而是做什么或追求什么……我们不能为生活而生活，我们始终——不管我们愿不愿意——为什么而生活，只是在多数情况下，这个什么作为我们所追求的目的，从其内容上看，本身也是一种手段，而且是保全生命的手段”[②]。

三、网络生活方式与现实生活方式的对立性

教师网络生活方式与现实生活方式的对立性，是指网络生活方式与现实生活方式之间的相互否定、相互排斥的关系，具体表现在教师的网络生活方式对现实生活方式的排斥与否定、侵蚀与异化，以及教师现实生活方式对网络生活方式的干预与控制等方面。

（一）网络生活方式对现实生活方式的排斥与否定

如前所述，教师网络生活方式是在现实生活方式的基础上发展来的，但它一旦形成就具有独特的结构体系、自身发展演变规律与逻辑，在一定程度上表现出对现实生活方式的排斥与否定。从生活空间或环境来看，网络世界有着不同于现实世界的运行逻辑、权力结构、价值观念和思维方式，如果将现实世界中的运行逻辑、权力结构、价值观念和思维方式强加于网络世界之上时，就容易出现冲突

① 郭湛. 主体性哲学：人的存在及其意义[M]. 昆明：云南人民出版社，2002：28-29.

② 谢・弗兰克. 社会的精神基础[M]. 王涌译. 北京：生活・读书・新知三联书店，2003：213.

或排斥现象。此外，教师网络生活方式对现实生活方式的否定还表现在“去身体化”“去中心化”等方面。

1.“身体”的消解

在现实生活世界中，教师首先以身体存在于世界之中，其生存实践必然是在血肉形身中体现其所是、实现其所向。因而，教师现实生活方式的展开须臾离不开教师的身体，是一种身体化实践。在马克思看来，“我的本质主要取决于我的特殊身体，这个身体同其他社会表现者的身体不同”①。后身体社会学也认为，人不仅“作用于身体”“拥有一个身体”，还“是一个身体”。然而，在虚拟世界中，教师是一种“去身体”的符号化、数字化存在。因为虚拟世界中的一切都被比特化、数字化、虚拟化了。如此一来，教师网络生活方式消解了现实生活中身体的核心地位与作用，教师的身体也从“出场”“在场”走向“离场”“缺场”。正如叶启政先生所言：“在过去的世界里，对人而言，他自己的身体一直是判断空间的基本主轴，一切有关空间的判定，都从自己的身体‘这儿’，以直线为半径的方式往外放射出去……与斩断时间的线性连续联系纽带一样，网路非线性的理路也跟着时间的非线性化，同时把传统的线性空间关系一齐给破坏掉了。在这样的状况下，不但传统时间与空间的分隔独立性模糊掉，而且人现实之行动必须同时依附在时间上的‘现在’和空间上的‘这儿’的限制也一齐被解除。”②

2.“中心”的消逝

在现实世界中，伴随着工业化、全球化进程，社会呈现出一种“中心-边缘”结构，并存在各种各样的中心，既有政治中心、经济中心、文化中心，也有信息中心、管理中心、权力中心等。这一社会结构决定着教师的工作、生活、交往以及思维方式。“中心，无论它在社会上表现为一种所有权、管理权，还是主导性的意识形态观念，总之是一种支配性的地位和权力。它支配着每个人的行为乃至思想，而公众则处于被支配的边缘或终端位置。”③对于教师而言，他有可能已处于某个中心，也有可能处于某中心的边缘。此外，教师是以身体为中心或基点来认识世界、建构世界的。因而身体在空间中的位置至关重要。恰如许茨所说：“我的身体在这个世界上所占据的位置，我的实际的‘此在’，就是我在空间

① 转引自汪民安，陈永国. 后身体：文化、权力和生命政治学[M]. 长春：吉林人民出版社，2003：9.
② 叶启政. 虚拟与真实的浑沌化——网路世界的实作理路[J]. 社会学研究，1998（3）：48-58.
③ 李河. 得乐园·失乐园——网络与文明的传说[M]. 北京：中国人民大学出版社，1997：45.

中确定我的方位的出发点。可以说，它就是我的坐标系的中心点 O……同样，我的实际的‘现在’也是各种时间视角的原点，我正是依据这些时间视角来组织这个世界中的各种事件。”[①]然而，在虚拟世界，信息技术、网络技术改变着传统“中心-边缘”的社会结构，社会组织结构呈现出“去中心化”趋势，形成了“处处皆中心、无处是边缘”的空间格局。在这里，中心与边缘的界限变得模糊，因而也没有了中心与边缘的严格区分，传统的“中心-边缘”式社会结构得以解构、重构。在虚拟教学生活世界中，教师中心得以消解和淡化，教师不再是课堂中心、知识中心，也不再独自掌控课堂话语权、教学决策权，而是游走在“中心”与“边缘”之间。

（二）网络生活方式对现实生活方式的侵蚀与异化

教师网络生活方式一经形成就具有相对独立的演进轨迹与发展逻辑，有时会侵蚀、控制，甚至排斥着现实生活方式，从而导致教师网络生活方式的异化，也就是叶启政先生所说的“虚拟与现实的混沌化”。在他看来，“这样的混沌化基本上乃使‘真实’为‘拟像’所消融，而不是相反的情形。于是，‘人为的’反客为主，做起‘自然的’的主人。当‘自然’成为‘人为’的一部分，‘拟像’就取代了传统的‘真实’的地位，主导着人的世界”[②]。教师网络生活方式对现实生活方式的侵蚀与异化主要表现在网络生活方式对现实生活方式的控制与排斥、教师存在的异化等方面。

1. 网络生活方式对现实生活方式的控制与排斥

网络生活方式是教师借助于符号化、数字化中介作用于虚拟活动客体而形成的对象性活动，是在虚拟空间或网络空间中进行的感性活动，因而必须遵循网络技术、虚拟现实技术的逻辑以及传输控制协议/网际协议（Transmission Control Protocol/Internet Protocol，TCP/IP）等网络协议、遵守网络伦理道德与规范等。“只要一上了网路，一走进网路空间，在基本沟通形式上，我们即马上稳定而强固地被已铺设的理路线索与架构制约住，必须以‘毋庸置疑’的态度去接受，不能有异议，也不容许有二心，因为这样的结构理路早已把沟通的基本要件给命定下来了。”[①]如此一来，为了促进网络生活方式的形成与发展以及更好地在虚拟网络世界中生存，教师就不得不改变传统的生活价值观念、思维方式、生存习惯，

① 阿尔弗雷德·许茨. 社会实在问题[M]. 霍桂桓，索昕译. 北京：华夏出版社，2001：403.

② 叶启政. 虚拟与真实的浑沌化——网路世界的实作理路[J]. 社会学研究，1998（3）：48-58.

构建与虚拟世界相一致的价值观念、思维方式、行为方式，否则教师在虚拟网络世界之中将寸步难行，因而也就难以享用虚拟网络生活带来的福祉。“网路的普及乃代表着一个崭新的思考和行事方式之时代的来临，当然，也代表着一个不同之社会结构的浮现……倘若一个人一直保留着过去习惯的线性思考或行事方式来应对这样崭新之时代的来临，那么恐怕只有注定将被时代所遗弃。”①

2. 教师存在的异化

教师网络生活方式对现实生活方式的过度侵蚀将导致教师存在的异化，即教师存在的数字化、技术化。教师存在的异化主要表现在教师存在的数字化、技术化。在长期的网络活动中，教师往往作为“技术单元”被纳入网络世界和网络技术系统，并自觉或不自觉地按照这些技术系统的模式和节奏运行。如此一来，教师演变成纯粹外在化的技术存在物，出现身体机能衰退或下降，心理活动障碍，人际关系疏离，自我认同危机，自主性弱化等生存异化问题。譬如，教师长期沉溺在网络活动中容易造成身体机能的衰退。网络生活借助精确化、智能化的活动工具，使得教师网络活动的诸多动作或环节不需要教师本身的机能，长此以往就导致教师某些身体机能或生存机能（如感觉、运动、记忆、思考、计算等）的退化、衰退，甚至是精神、思想的匮乏和生活意义的销蚀。正如盖伦所指出的，技术运行中的“自动作用对于省力化的重要性，在思想领域也是显而易见的。思想工作的全部领域——它的基本特点、法则、实际的惯例和个体运用——都成为习惯的了。随着时间的推移，个体所需要的学习努力和所花费的精力越来越少。这些都被心灵的联想、被与低刺激阈限和高分辨能力相适应的（尽管如此，却仍然格式化地在运作着的）思想模型所替代。这些具体化了的自动化了的思想运作，可以抗拒批判并可以不受到反对”①。

（三）现实生活方式对网络生活方式的干预和控制

网络世界是建基于网络技术、虚拟现实技术等信息技术基础之上，兼具自由性与控制性的人造世界。借用莱斯格的话来说，“你也许会认为因特网是一个完全自由的通信系统——本科勒所定义的每一个层都是自由的，但事实并非如此。因特网的特别之处在于自由与控制的混合方式。因特网的物理层基本上都是受控的，网络赖以运转的计算机和网络或是政府的财产，或是私人的财产。与之类

① 阿诺德·盖伦. 技术时代的人类心灵——工业社会的社会心理问题[M]. 何兆武，何冰译. 上海：上海科技教育出版社，2008：133.

似，目前在因特网的内容层上，许多东西都是受控的”[①]。事实上，现实世界往往从不同层面、通过不同方式对网络世界进行着干预与控制。一是现实世界对网络世界的三重限制，即现实世界从代码层、内容层、物理层三个层面实现对网络世界的干预与控制。二是现实世界通过社会伦理道德规范、法律等手段达到对网络世界的控制。教师网络生活方式是教师在虚拟网络世界中进行的对象性活动而形成的生活样式，在一定程度上也会受到现实世界和现实生活方式的干预与影响。也就是说，教师现实生活方式总是通过这样或那样的手段或方式，规范或控制着教师网络生活方式的发展。譬如，现实生活中教师形成的生存观念、生存思维、生存能力、行为习惯影响或干扰着教师虚拟思维、网络生活能力的形成与发展，从而影响教师网络生活质量。

四、网络生活方式与现实生活方式的统一性

教师网络生活方式与现实生活方式的统一性是指网络生活方式与现实生活方式之间存在相互依存、相互补充、相互渗透、相互转化的关系。

（一）网络生活方式与现实生活方式相互依存

一方面，教师的现实生活方式是网络生活方式形成的前提和基础。教师网络生活方式并非凭空产生的，而是在现实生活方式的基础上发展起来的。离开现实生活方式，网络生活方式就成为无源之水、无本之木。网络生活方式产生之后，并非完全游离于现实生活方式之外，脱离现实生活方式而独立存在与发展的，而是不断接受现实实践的检验与矫正，以确保其合理性、可能性与良性发展。正如张明仓所说：“现实实践是虚拟实践不可或缺的前提和基础。如果没有现实实践的长期积累、遗传，虚拟实践就不可能具备赖以产生的主体条件和物质技术条件，就必然失去其赖以存在的必要性、可能性。而在虚拟实践形成之后，如果完全脱离现实实践，虚拟实践也难以良性运行，无法保证自己的合理性。”[②]另一方面，教师的网络生活方式是现实生活方式的延伸与拓展。教师的网络生活方式是教师生活方式发展的新阶段，是一种新型的生活形态，是在广度和深度上分别对现实生活方式的拓展、延伸与超越。教师网络生活方式是教师借助数字化技术、

---

① 劳伦斯·莱斯格. 思想的未来：网络时代公共知识领域的警世喻言[M]. 李旭译. 北京：中信出版社，2004：25.

② 张明仓. 虚拟实践论[M]. 昆明：云南人民出版社，2005：248.

网络技术、虚拟现实技术等技术手段，不断地突破现实生活在时空维度上对教师思维和行动所设置的限制，通过人-机界面的互动，与他人进行信息沟通、对话交流而形成的一种崭新的生活形态。在此意义上，教师的网络生活方式既是教师借助于信息技术等工具或手段不断地突破现实世界的局限性，并不断扩展自身认识能力、实践能力与实践范围的过程及其产物，也是教师不断拓展现实生活世界的边界，进而为自己开拓出更为广阔的思维空间和行动空间、领域的过程。

（二）网络生活方式与现实生活方式相互补充

教师的网络生活方式具有现实生活方式无法比拟的优势，能使教师冲破现实生活的诸多限制，以更加完美的方式去生存和发展，使其工作、学习、休闲等实践活动更加高效、便捷。在虚拟生活世界中，教师借助数字化中介（如虚拟现实系统）与他人进行交流、沟通，或从事休闲娱乐、虚拟旅游等活动，能够产生一种全新的、“真实的”生存体验。由于每个人的网络存在都是虚拟的，教师与他人之间的交往表现为符号之间的虚拟互动，使得教师的网络交往带有“去现实化”、去中心、弱社会性、隐匿性等特点。在虚拟世界中，教师不必顾忌现实生活中的身份、形象，而是可以从现实生活束缚中逃离出来，以自己的方式进行表达，从而达到缓解工作生活压力的目的。

虽然教师的网络生活方式具有现实生活方式无可比拟的优势，但网络生活方式并不能完全代替现实生活方式来满足教师的全部需求，网络生活方式与现实生活方式的相互补充并不等于、也不应该是相互取代。叶险明在谈到虚拟与现实关系时曾指出：“从现代科学技术和人类需要结构的发展趋势来看，数字化虚拟将会在人类生活各个领域产生越来越大的影响，但绝不可能取代现实世界而成为人类生存和发展的基地。在数字化虚拟环境和条件下形成的‘经验的东西’，必须回到现实社会实践中去检验。”[①]教师的网络生活方式与现实生活方式亦是如此。如果仅仅因为网络生活方式的优越性而忘记或完全抛弃现实生活方式的想法和做法都是不切实际的，都是一种舍本逐末的做法。

（三）网络生活方式与现实生活方式相互渗透

教师网络生活方式与现实生活方式是相互渗透、相互影响的。一是教师现实

① 叶险明. 马克思的哲学革命与哲学的现实基础——兼论关于虚拟与现实关系研究的方法论[J]. 哲学研究，2005（2）：22-23.

生活方式对网络生活方式的渗透与影响。譬如，教师在现实生活世界中所建构起来的社会关系、人际关系在虚拟网络世界中并没有消失，而是成为虚拟网络世界中教师人际交往关系的重要部分。另外，当教师进入虚拟网络世界之时，他们的个性和品德也不会立刻消逝，教师个性化虚拟行为往往就是现实生活中教师个性的重要表征和体现。二是教师网络生活方式对现实生活方式的渗透与影响。譬如，在虚拟网络世界中，教师需要改变传统的生活观念、生活思维、生活行为，确立与之相适应的价值观念、生活思维（如技术性思维）、生活行为，才能确保教师网络生活实践的形成与良性发展，因为网络生活方式蕴含和展现的思维方式不是线性思维、实体性思维，而是非线性思维、动态关系性思维、虚拟性思维。“在虚拟实践中，人们一般不会再去追求什么终极存在、永恒本体或绝对真理，虚拟实践所蕴含的思维方式不再由某种不变的终极本质去解释现存世界，或从初始本原去推论现存事物、从两极观点追求单一本性，而是特别注重虚拟实在系统中的各种联系、运动和变化。这种思维方式把虚拟实在系统的运动看作是具体的信息变换过程，并用联系、转化的观点来看待系统运动的信息过程，它为人类打开了探索事物存在和发展的多种可能性的空间。”[①]毫无疑问，教师的网络思维方式反过来会影响现实思维方式，从而推动教师思维方式的不断优化与发展。

（四）网络生活方式与现实生活方式相互转化

事实上，教师的网络生活方式与现实生活方式在一定条件下是可以相互转化的，即“现实生活方式的虚拟化”和“网络生活方式的现实化”。一是教师现实生活方式的“虚拟化”。受到现实生活条件和环境的诸多限制，教师的许多美好愿望、需求或某些行为可能得不到充分满足抑或无法付诸实践。但借助于数字化中介系统，教师可以在虚拟网络世界中将“未来的现实”虚拟化为“今天的现实”，将各种可能或不可能转化成“现实的可能”，从而更好地实现自己的理想与愿望，满足自己的多层面、个性化需求。借用张明仓的话来说：“‘今天的现实’可能就是‘昨日的虚拟’，‘今日的虚拟’则可能成为‘明天的现实’。在历史的长河中，原本是虚拟的理想场，总是不断地由虚拟、理想转化为现实。正是这种转化，不断地促进着人的发展和社会的进步。”[②]二是教师网络生活方式的“现实化”。如前所述，网络生活可能产生教师身体机能衰退、心理活动障碍、人际

① 张明仓. 虚拟实践论[M]. 昆明：云南人民出版社，2005：52.

② 张明仓. 虚拟实践论[M]. 昆明：云南人民出版社，2005：68.

关系疏离、自我认同危机、自主性弱化等生存异化问题，因而其本身是有缺陷的，不仅需要接受现实实践的检验，还要向现实生活转化，以弥补和消解自身的缺陷与不足。教师网络生活方式也只有不断转化成现实活动，并不断接受实践的检验，才能确保其合理性、合目的性与合规律性，从而更好地满足教师存在与发展的需要、促进教师个体自由与全面的发展。

第三章

教师网络生活方式的结构与价值

作为一种新型生活方式，教师网络生活方式是由不同要素构成的动态、复杂的系统，具有特定的结构、功能与价值。对教师网络生活方式结构与价值的探讨与分析，将有助于更好地认识和理解教师网络生活方式实质，为教师网络生活方式的现实考察提供参考框架和依据。

第一节 教师网络生活方式的结构

教师网络生活方式结构是表征教师网络生活方式内部各要素的组合方式。那么，如何确立教师网络生活方式结构，教师网络生活方式结构包括哪些基本要素和内容，诸如此类的问题有待深入探讨。

一、教师网络生活方式结构析要

教师网络生活方式是一种新型生活方式，也是生活方式的重要组成部分，因而具有生活方式共同特质。因此，若要探讨教师网络生活方式结构，需要对“生活方式”和“网络生活方式”的系统结构有着清晰的认识和了解，为教师网络生活方式系统结构探讨奠定基础。

（一）生活方式结构考察

在马克思主义看来，系统是指由相互依存、相互作用的各个要素所组成的、具有一定结构和功能的有机整体。那么，生活方式系统结构也是由不同要素、内容构成的有机整体。一般而言，生活方式系统结构包括生活方式的要素结构、生活方式的内容结构、生活方式的层次结构等。因此，生活方式系统考察可以从要素构成和内容构成两个层面展开。

1. 生活方式的要素构成

关于生活方式的要素构成，学者从各自的立场和视角进行了较为系统的分析与探讨（表 3-1），代表性观点主要有：①二要素说。有论者指出，作为整体系统的生活方式是由相互联系、相互制约的各个方面的要素构成的，既包括内在方面的要素，又包括外在方面的要素。前者是指主体由需要、利益引起的生活活动的主观动机和制导它的生活观念。后者是指主体的与一定的客观条件相联系的生活活动。[①]②三要素说。该观点认为，生活方式是由生活活动条件、生活活动主体和生活活动形式三部分组成。[②]③四要素说。该观点认为，生活方式的基本构成要素是由生活活动主体、生活活动条件、生活时间和生活空间、生活活动形式等四个要素组成的。[③]④六要素说。有学者认为，任何一种现实的生活方式都包括生活主体、生活观念、生活活动、生活资料、生活关系、生活时间与生活空间六个要素。[④]

表 3-1 生活方式要素构成

序号	学者（年份）	生活方式要素
1	王玉波等（1986）	内在方面的要素：主观动机、生活观念；外在方面的要素：客观条件、生活活动
2	王建武（1986）	生活主体、生活资料、生活时间、生活空间
3	钟晨发（1986）	生活活动、生活关系、生活观念
4	陈贻新（1988）	生活主体、生活需要、生活观念、生活模式
5	张继良（1988）	内在方面的因素：主体的生活需要、生活知识和能力、生活理想和价值观；外在方面的因素：生活活动
6	王玉波等（1989）	生活意识、生活条件、生活活动
7	杨家祚（1993）	生活主体、生活观念、生活活动、生活资料、生活关系、生活时间、生活空间
8	王雅林（1997）	生活活动条件、生活活动主体、生活活动形式
9	张曙光（2001）	生命表现和生存体验、生存处境和生存意向、生存能力和生命信念、生活本能和行为规则、社会角色与自我认同、个体主体与相互关系
10	孙绵涛（2003）	人的生存和发展的需要、组织与规范、人的交往活动

① 王玉波，王辉，潘允康. 生活方式[M]. 北京：人民出版社，1986：6-7.
② 王雅林. 人类生活方式的前景[M]. 北京：中国社会科学出版社，1997：2-4.
③ 常晋芳. 网络哲学引论——网络时代人类存在方式的变革[M]. 广州：广东人民出版社，2005：123-124.
④ 杨家祚. 当代中国人的生活方式[M]. 北京：中国友谊出版公司，1993：25-46.

续表

序号	学者（年份）	生活方式要素
11	童星（2003）	生活主体、生活资料、生活时间、生活空间
12	黄平（2004）	生活活动条件、生活活动主体及其生活观念、生活活动形式
13	常晋芳（2005）	生活活动主体、生活活动条件、生活时间和生活空间、生活活动形式
14	江畅，周鸿雁（2006）	价值观念、思维方式、人生态度、行为方式
15	宋涛（2006）	生活活动条件、生活活动主体、生活活动形式
16	王守恒（2011）	生活主体、生活资料、生活时间、生活空间
17	张健（2011）	生存事实、生存实践、生存价值
18	肖云忠，许传新，陈运（2012）	生活主体、生活需要、生活观念、生活模式
19	童莉莉（2013）	生活主体、生活资料、生活时间与生活空间、生活活动形式
20	王月，潘力（2014）	行为习惯、生活时间、生活节奏、生活空间、生活消费

2. 生活方式的内容构成

作为一种复杂的系统结构，生活方式是由不同要素构成的，涵盖不同的领域和内容。国内学者关于生活方式内容构成也存在不同的观点和看法，见仁见智（表 3-2）。代表性观点如下：①三领域说。该观点认为，生活方式的领域包括物质生活、精神生活、群体生活三个系统的总和，并以丰富的内容和形式构成一个完整的独立的社会活动体系。[①]②四领域说。有论者从生活方式的外延，将生活方式划分为四个领域，即劳动活动方式、消费活动方式、政治活动方式、交往活动方式。[②]也有论者将其概括为劳动生活方式、消费生活方式、精神生活方式、闲暇生活方式等四个层面。[③]③五领域说。该观点指出，生活方式的层次主要包括劳动生活方式（核心是职业生活方式），社会、政治生活方式，学习和其他文化生活方式，消费生活方式，生活交往方式。[④]④六领域说。有论者从人的生存、发展活动的内容将生活方法划分为六个不同的分支系统，即劳动（职业）生活方式、社会政治生活方式、社会交往方式、家庭生活方式、文化认识生活方式、宗教生活方式。[⑤]⑤七领域说。该观点认为，社会生活方式是一个较为宽泛

---

① 司马云杰. 文化社会学[M]. 太原：山西教育出版社，2007：335.

② 陈贻新. 论生活方式及其在社会历史中的地位和作用[J]. 中国人民大学学报，1988（2）：76-83.

③ 宋涛. 传统裂变与现代超越：西部大开发与西南少数民族生活方式变革问题研究[M]. 北京：民族出版社，2006：3-4.

④ 王玉波，王雅林，王锐生. 生活方式论[M]. 上海：上海人民出版社，1989：28-44.

⑤ 王玉波，王辉，潘允康. 生活方式[M]. 北京：人民出版社，1986：14.

的系统范畴，包括劳动生活方式、婚姻家庭生活方式、社会交往方式、政治生活方式、精神生活方式、消费生活方式、闲暇生活方式等子系统。[①]

表 3-2　生活方式的内容构成

序号	学者（年份）	生活方式内容
1	曹晓峰（1985）	消费方式、休息方式、娱乐方式、交往方式
2	王玉波（1986）	劳动生活方式、消费和日常生活方式与闲暇生活方式、学习生活方式、社会政治生活方式
3	王玉波等（1986）	劳动（职业）生活方式、社会政治生活方式、社会交往方式、家庭生活方式、文化认识生活方式、宗教生活方式
4	张继良（1988）	劳动职业生活方式、政治生活方式、社会日常交往生活方式、教育文化生活方式、家庭生活方式
5	陈贻新（1988）	劳动活动方式、消费活动方式、政治活动方式、交往活动方式
6	王玉波等（1989）	劳动生活方式，社会、政治生活方式，学习和其他文化生活方式，消费生活方式，生活交往方式
7	罗萍（1989）	劳动方式、消费方式、闲暇方式、婚姻家庭方式、社交方式
8	谢龙（1990）	劳动方式、政治生活方式、社会交往方式、精神文化活动方式、婚姻家庭生活方式
9	李景耀（1996）	劳动生活方式、婚姻家庭生活方式、社会交往生活方式、闲暇生活方式、消费生活方式
10	汪业周（2002）	广义的生活方式：物质生产与物质生活活动方式、社会生活结构活动方式、社会交往活动方式、生命的生产活动方式。 狭义的生活方式：社群/社区生活方式、交往方式、家庭生活方式、个人及家庭生活资料谋得与消费方式、个人精神需求的满足方式和能力素质的培养方式
11	宋涛（2006）	劳动生活方式、消费生活方式、精神生活方式、闲暇生活方式
12	司马云杰（2007）	物质生活、精神生活、群体生活
13	康秀云（2007）	劳动生活方式、婚姻家庭生活方式、社会交往方式、政治生活方式、精神生活方式、消费生活方式、闲暇生活方式
14	王守恒（2011）	日常交往方式、家庭生活方式、消费生活方式、闲暇生活方式
15	张健（2011）	工作方式、交往方式、婚姻方式、闲暇方式
16	童星（2003）	家庭生活方式、日常交往方式、闲暇生活方式、消费生活方式
17	肖云忠，许传新，陈运（2012）	家庭生活方式、消费方式、社会交往方式、休闲娱乐方式
18	童莉莉（2013）	劳动生活方式、社会交往生活方式、政治生活方式、闲暇生活方式、消费生活方式、婚姻家庭生活方式

总体来看，研究者之所以对生活方式系统构成的认识存在一定的分歧，主要原因有二：其一，生活方式既是一个概括程度高、层面繁多的系统范畴，也是一个动态生成的历史范畴，伴随着社会形态变革和科学技术发展，生活方式系统要

① 康秀云. 二十世纪中国社会生活方式现代化解读[M]. 北京：中共党史出版社，2007：29.

素不可避免地出现一些新的变化；其二，研究者所持立场和价值取向等方面存在差异，他们对生活方式系统结构的认识与理解也会有所不同。

（二）网络生活方式结构探析

信息通信技术、虚拟现实技术、人工智能等新兴技术的推广和应用，孕育形成了新的社会形态，并引发了生活方式的变革与发展，一种新型生活方式——网络生活方式应运而生。关于网络生活方式系统结构，学界主要对网络生活方式要素、网络生活方式内容、网络生活方式类型进行了分析。

一是网络生活方式的基本要素。有论者将其概括为网络生活主体、网络生活客体（包括网络生活资料、网络生活时空）、网络生活中介（如信息、知识）、网络生活样式等四个要素。[①]也有论者认为，虚拟实践是由实践主体、客体和中介构成的系统[②]。也有论者对学生网络生活方式要素进行了分析，包括网络素养、学习方式的养成和转变、网络闲暇、用网状态和家校联系等方面[③]。二是网络生活方式的内容构成。学者对网络生活方式内容构成有着不同观点，他们从各自的角度或针对不同群体，对其进行了剖析（表 3-3）。譬如，有论者将青少年网络生活方式内容划分为网络学习、网络社交、网络交易、网络娱乐四个部分[④]。三是网络生活方式的类型。有论者将民办高校大学生网络生活类型划分为六个典型群体，即勤奋学习型、劳逸结合型、昼学夜玩型、搜索追剧型、重度视频型、沉迷直播型。[⑤]

表 3-3　网络生活方式的内容构成

序号	学者（年份）	网络生活方式内容
1	常晋芳（2005）	网络工作方式、网络学习方式、网络休闲方式、网络娱乐方式、网络消费方式
2	苏振芳（2007）	网络工作、网络消费、网络休闲、网络人际交往、网络教育、网络理财、网络社会活动
3	陈来成（2009）	网络工作方式、网络学习方式、网络休闲方式、网络娱乐方式、网络消费方式
4	梁永炽，李少南（2009）	网络休闲娱乐、网络人际联络、网络资讯搜集、网络购物金融

① 常晋芳. 网络哲学引论：网络时代人类存在方式的变革[M]. 广州：广东人民出版社，2005：149.

② 张明仓. 虚拟实践论[M]. 昆明：云南人民出版社，2005：108.

③ 黄荣怀，王晓晨，周颖，等. 数字一代学生网络生活方式研究——北京市中小学生网络生活方式的现状调查[J]. 电化教育研究，2014（1）：33-37.

④ 王珠珠. 中国学生网络生活调研报告[M]. 北京：人民教育出版社，2016：2.

⑤ 陈润文，邱勇，黄文彬，等. 基于日志分析的民办高校大学生网络生活类型研究[J]. 数据分析与知识发现，2017（8）：31-38.

续表

序号	学者（年份）	网络生活方式内容
5	赵国栋，王珠珠，原帅（2010）	网络学习、网络社交、网络娱乐、网络交易
6	李云先，彭敦陆（2013）	网络学习（包括信息获取、合作分享、网络课件）、网络社交（包括网络交流、网络交友和虚拟社区）、网络娱乐（包括网络音乐、网络影视、网络游戏、网络小说）、网络交易（包括网络购物、网上交换、网上出售）
7	“中学生网络生活状态调查研究”课题组（2014）	网络行为、网络信息获取、网络学习、网络社交、网络娱乐、网络消费、网络身心健康
8	楼巍（2014）	网络学习、网络娱乐、网络社交、网络表达、网络商务
9	王翠婷（2015）	网络学习、工作、获取资料信息，网络休闲娱乐，网络交往互动，网络交易购物
10	王珠珠（2016）	网络学习、网络社交、网络交易、网络娱乐
11	唐魁玉（2017）	信息搜索、网络消费、交流沟通、网络娱乐
12	沈彩霞（2018）	网络信息活动、网络社交媒体、网络娱乐活动

事实上，网络生活方式是伴随互联网崛起而产生的一种新型生活方式，研究者对网络生活方式的关注略显不足，对其实质的认识与把握也处于探索阶段。但需要指出的是，其一，网络生活方式作为一种特殊生活方式，有别于现实生活方式，因而在其构成上会存在一定的差异。其二，网络生活方式目前尚未成为人类普遍的、日常化生活方式，且不同群体的网络生活内容也不尽相同，存在一些差别。因此，网络生活方式结构的考察与分析也需适当考虑不同群体特征及其生活实际。

二、教师网络生活方式结构模型

根据对生活方式和网络生活方式系统结构的梳理与分析，并结合教师网络生活实际，笔者建立教师网络生活方式结构模型。教师网络生活方式结构模型是由要素结构、内容结构等构成的有机整体。

（一）教师网络生活方式的要素结构

教师网络生活方式是生活方式的重要内容，通过对生活方式和网络生活方式构成要素的系统梳理与分析，我们将教师网络生活方式的构成要素概括为网络生活主体、网络生活中介、网络生活形式、网络生活时空等四个层面。

1. 网络生活主体

任何一种生活方式都是一种人为的、为人的生活活动样式，因此，网络生活主体是网络生活方式的关键因素。网络生活主体是具备特定的网络素养、扮演相应角色和多重身份、从事网络活动的实践主体。教师网络生活方式系统的主体一般由教师个体和教师群体组成。然而，作为教师生活方式的重要组成部分，教师网络生活方式与现实生活方式的主体存在一定的差异。

一是从生活主体的存在形态来看，作为网络生活主体的教师是符码化存在。在网络生活世界中，一切存在都被比特化、数字化、符码化。作为网络生活主体的教师是一种去身体的符码化存在。在此意义上说，教师网络生活方式是作为符码化存在、数字化存在的教师在虚拟网络世界中、借助数字化中介系统开展的网络活动方式。在这里，教师具有网络生活主体的一般特性，即虚拟性、构造性、多样性、现实缺场性、个性彰显性等[①]。而在现实生活世界中，教师的现实生活是一种基于身体、身体在场的感性实践，须臾离不开身体。也就是说，现实生活方式中的教师是以身体依寓于现实生活世界之中，身体是现实生活方式得以展开的前提和基础。“身体对任何人都是一个具有真正无穷性的存在和对象，即自在的存在。它是想象，也是客观基础和人类行为实践的根据和基石……我真是靠身体拥有一个世界，与世界连接在一起。”[②]可以说，现实生活中的教师不仅“拥有一个身体”，“是一个身体”，还“作用于身体”或是通过身体开展生活实践。

二是从生活主体的身份来看，作为网络生活主体的教师是扮演多重身份的虚拟性存在，其身份是不确定的、多元的，并非稳定少变的。网络生活世界的虚拟性、匿名性，使得融身其中的教师可以同时扮演多种不同的虚拟身份，而不再受民族、等级、职业、年龄、性别等方面的限制。在这里，教师的身份既可以是真实的身份，也可以是虚构的身份。“借助各种通信和联系形式，网络不仅为我们提供了信息，而且使得我们能够联系到提供这些信息的专家。不仅如此，我们还可以迅速地发现潜在的同行、同伴和导师，其规模如此之巨大，几乎是无孔不入，瞬间即可完成，以至于我们的个人身份和能力得以永远地改变。”[③]此外，伴随着互联网技术、人工智能技术等新兴技术的迅猛发展，以及教师网络活动领域、范围的不断拓展与延伸，教师的身份、角色将更加复杂、多元。

---

① 唐魁玉. 虚拟社会人类学导论[M]. 哈尔滨：哈尔滨工业大学出版社，2015：60-61.

② 张之沧. 身体认知论[M]. 北京：人民出版社，2014：31.

③ 柯蒂斯·J. 邦克. 世界是开放的：网络技术如何变革教育[M]. 焦建利译. 上海：华东师范大学出版社，2011：5.

三是从生活主体的素养来看，作为网络生活主体的教师是具备特定网络素养的技术性存在。任何网络生活主体如要开展网络活动就必须具有一定的数字素养或网络素养，这种网络素养是网络生活主体的观念、态度、能力构成的有机整体。“在 21 世纪，学会有效地使用网络工具并避免信息过载都是通向成功的必经之路……比之缺乏数字素养的人们，那些懂得数字化参与、在线协作和信息可靠性测试的基本方法，并具有联网意识的人将更有力地掌握自己的命运。”[①]就教师而言，其网络素养主要包括网络观念与态度、网络意识、网络知识与能力、网络道德等方面。也就是说，作为网络生活主体的教师只有掌握一定的网络知识，熟练运用网络技术和网络工具、平台的能力等，才能确保网络生活方式的健康、可持续发展。

2. 网络生活中介

马克思主义认为，人类实践活动是实践主体借助实践中介系统作用于实践客体的过程。作为一种新型感性活动方式，教师网络生活方式是教师为满足生命需要，借助网络生活中介进行的各种感性活动。网络生活中介是教师认知和改造客体的中间环节和桥梁，是教师网络生活方式的重要组成部分。教师网络生活中介主要有两大类：一是网络设备工具与数字媒体。与现实生活方式不同，教师网络生活中介从物质中介（如生产工具、语言工具、纸质媒介、电子媒介）、自然平台转向数字媒体设备、数字化平台。数字媒体是以数字化形式存储、处理、传播、接受信息的媒体，是以数字技术为信息搜集、处理、存储、传输和收受之技术基础的媒体[②]，主要有各种网络新媒体、移动新媒体、数字新媒体（如即时通信、虚拟社区、博客/播客、微信/微博）等。此外，教师网络生活有时是在“虚拟现实”或“虚拟实在”支持下开展的。而虚拟现实或虚拟实在实质上是一种数字化环境，亦即“在计算机软硬件及各种传感器的支持下生成一个逼真的、三维的、具有一定的视、听、触、嗅等感知能力的环境”[③]。二是数字化符号中介。教师网络生活中介从传统的语言符号中介转向数字化中介。在虚拟的网络世界中，一切存在都被符码化、数字化了，且均以“比特”的形式出现，即将物理世界存在的任意可量度的“模拟信息”转换成由“0”“1”字符串组成的“比特信

① 莱茵戈德. 网络素养：数字公民、集体智慧和联网的力量[M]. 张子凌，老卡译. 北京：电子工业出版社，2013：2.

② 高钢. 中国数字媒体内容国家监管体系研究[M]. 北京：高等教育出版社，2009：5.

③ 迈克尔・海姆. 从界面到网络空间：虚拟实在的形而上学[M]. 金吾伦，刘钢译. 上海：上海科技教育出版社，2000：译者前言.

息”。数字化中介是指用 0、1 二进制的数字方式表达、构成事物及其关系的工具、手段。如此一来，教师在网络生活世界中与网络生活客体或对象进行交互作用时，就离不开“比特”或数字化中介这一特殊中介。由于数字化中介技术能够模拟人的视觉、听觉、触觉等感官功能，从而使融身网络世界之中的教师不会产生虚假感或陌生感，而是有着一种身临其境的真实感。正如尼葛洛庞帝所指出的那样，“虚拟现实能使人造事物像真实事物一样逼真，甚至比真实事物还要逼真”①。

3. 网络生活形式

网络生活形式或网络活动形式是指教师在虚拟网络世界中，为了满足自己的个性化需要，借助数字化中介系统所表现出来的，较为稳定的、日常化的网络行为样式或网络行为模式。由于人们的上网目的、兴趣、爱好等方面存在差异，人们的网络行为类型也复杂多样。霍华德等将网络行为类型分为四种类型：以兴趣和娱乐为主要取向的网络行为、以获取信息为主要取向的网络行为、与日常生活相关的网络行为以及在线交易等。②李一则根据网络行为目的与内容，将网络行为划分为信息类行为、交往类行为、管理类行为、服务类行为、休闲类行为等五种类型。③就教师而言，教师的网络活动并非单一的，而是形式多样、复杂多变的。然而，网络生活中教师个体偶尔的、短暂的网络行为表现或网络生活中某一具体行为，都不能称为网络行为方式，只有稳定、持久、模式化的网络行为才能发展成为网络行为方式。事实上，教师网络生活方式实质上是教师网络活动内容与形式的内在统一，亦即教师在网络世界中“做些什么”和“怎样做”的复合。当教师借助数字化中介与网络生活客体进行交互时，必然表现出特定的网络活动样式、网络行为模式，从而使得教师的网络生活方式表现出一定的稳定性。正是这种网络行为模式构成了教师网络生活方式不同于现实生活方式的标志，也是考察和评判教师网络生活方式特征、状况、水平的重要依据。考察和评判教师网络生活方式时，也主要是以教师在网络世界中所表现出来的网络活动形式、网络行为模式为主要评判依据。

4. 网络生活时空

在现实生活中，教师生活实践总是在特定时空条件下进行的。时空是教师实

① 尼古拉·尼葛洛庞帝. 数字化生存[M]. 胡泳，范海燕译. 北京：电子工业出版社，2017：112.

② 黄少华. 网络空间的社会行为——青少年网络行为研究[M]. 北京：人民出版社，2008：31.

③ 李一. 网络行为：一个网络社会学概念的简要分析[J]. 兰州大学学报（社会科学版），2006（5）：48-53.

践活动的重要组成部分。在卡斯特看来，“空间与时间是人类生活的根本物质向度”①。教师网络生活方式是教师在特定的网络时空条件下开展网络活动而形成的新型生活形态。与现实生活中的物理时空不同的是，教师网络生活时空是一种虚拟时空。

从生活时间要素来看，网络生活时间是一种超越了自然时间的时间形态，即“因特网时间”或“虚拟时间”。在张之沧看来，作为一种流动性的时间，虚拟时间是一个概念时间或想象时间，并非自然界中可以用日、时、分、秒等计时单位测量的时间。在这里，时间如同空间一样，也是感性或直观的纯粹形式；并和虚拟空间共同表现为一种流动的建筑物形式。②虚拟时间或因特网时间具有即时性、互换性。“因特网时间的特点是具有‘即时性’，24 小时都在工作，它不受时间从何时开始的限制，一个人什么时候工作或浏览都可以从‘不变的现在’开始。”③因特网时间所具有的“即时性”特点打破了教师传统现实生活的自然时间节律，发展成新的时间制度。如此一来，“在网络社会中，时间会成为永恒，远离编年体特征，也不再受制于社会背景与目标背后寻求到的短暂秩序性。因为用户选择他们与媒介交互的时间，所以事件的顺序性变得更加同步性，过去、现在与未来相结合。”④

从生活空间要素来讲，教师网络生活空间是一种虚拟空间或赛博空间。何谓虚拟空间？在张之沧看来，从广义上讲，虚拟空间指网络世界、网络社会、网络环境以及人们利用虚拟技术创造出来的一切虚拟现实的存在形式；从狭义上看，虚拟空间则指人们基于虚拟现实抽象出来的一种可感知的观念性或概念性存在。⑤事实上，与现实空间不同，虚拟空间有其特殊性。一方面，虚拟空间主要是由比特构成的数字空间。虚拟空间突破了现实的由原子组成的物质空间，因而具有虚拟性、超现实性、开放性、可压缩性、多维性等特征，从而有别于现实物理空间。另一方面，虚拟空间是一种不同于物理空间的“人工的现实”或“人造的空间”。虚拟空间是人们借助于高新技术制造出来的人造空间。借用张之沧的话来说，它是“由数学家、科学家和电脑专家利用先进的科技手段、信息资源和想象力将前人的理念世界现实化和可视化的产物。是集物质空间、精神空间、社会空间、文化空间和客观知识空间之大成而构建的一种‘超空间’或‘后空

① 曼纽尔·卡斯特. 网络社会的崛起[M]. 夏铸久，王志弘译. 北京：社会科学文献出版社，2001：466.

② 张之沧. 虚拟空间地理学论纲[J]. 自然辩证法通讯，2006（1）：97-102.

③ 王雅林. 信息化与社会时间形态的转型[J]. 学术交流，2000（5）：108-111.

④ 雷雳. 互联网心理学：新心理与行为研究的兴起[M]. 北京：北京师范大学出版社，2016：101.

⑤ 张之沧. 虚拟空间与“人、地、机”关系[J]. 南京师大学报（社会科学版），2015（1）：5-12.

间'"[①]。此外，虚拟空间是流动的、非线性的、主体意向性空间。在流动的虚拟空间中，教师网络生活空间的边界被彻底打破，并得以拓展与延伸。

（二）内容结构

教师生活方式是由不同生活内容或生活领域构成的，如教学活动方式、社交活动方式、闲暇活动方式、消费活动方式等[②]。作为生活方式的重要组成部分，教师网络生活方式包括网络教学方式、网络社交方式、网络学习方式等不同领域。

1. 网络教学方式

网络教学方式是为有效实现教学目标、更好地满足学习者需要，教学主体在虚拟教学世界中，以数字化中介系统为媒介以及在线交互为基本形式而进行的各种教学活动样式的总称。或者说，网络教学方式是融身于虚拟世界中的教学主体，指向教学现实、借助数字化中介、以在线交互的形式开展的各种数字化教学活动样式。教师网络教学方式复杂多样，根据不同角度，可以将教师网络教学方式分为不同类型。譬如，从网络教学活动参与者数量多少可以分为"一对一"式网络教学、"一对多"式网络教学；根据时间的不同，可以分为同步式网络教学、异步式网络教学；根据教学媒体特点，可以分为基于教室局域网的网络教学、基于学校局域网的网络教学、基于因特网的网络教学。有论者根据学习任务的限制性、控制的主体性两个维度，将网络教学形式分为四种不同类型：教师控制的严格规定的学习，学习者自我控制的严格规定的学习，教师控制的开放式的学习，学习者自我控制的开放式的学习。[③]随着互联网技术的普及及其在学校教育中的推广应用，网络在学校教育教学中扮演着越来越重要的角色。教师网络教学方式将成为教师日常化教学生活方式，成为教师网络生活方式的重要组成部分。

2. 网络社交方式

网络社交方式是人们在网络生活中与他人交往、接触过程中逐渐形成的典型生活方式。根据不同标准可以将网络社交方式划分成不同类型。譬如，根据交往动机和需求的不同，可以分为利己型网络社交和利他型网络社交；根据网络交往

---

① 张之沧. 虚拟空间与"人、地、机"关系[J]. 南京师大学报（社会科学版），2015（1）：5-12.

② 罗儒国. 教师生存方式的境遇与变革[M]. 北京：科学出版社，2018：44-46.

③ 张庆林. 网络学习与教学：互联网背景下的新理念和新模式[M]. 合肥：安徽教育出版社，2012：16.

规模和参与数量的不同，可以将网络社交方式分为个体间网络社交、个体群体间网络社交、群体间网络社交等类型；根据交往主体介入状态的不同，可以分为自主选择介入型网络社交、被动选择介入型网络社交、逍遥过客型网络社交①，等等。

作为一种新型社交方式，教师网络社交方式的崛起与发展，不仅拓展了教师交往对象与交往媒介，也改变着教师传统交往方式，并呈现出一定的职业特征。首先，从交往对象来看，教师网络交往对象复杂多样，但仍以业缘关系为主。在虚拟的网络世界，教师的交往对象不再局限于业缘、地缘范围，还包括趣缘、网缘等更为广泛的对象范围。但在网络社交中，教师仍以业缘关系为主（如学生、同事），他们选择交往对象的依据主要是工作需要和志趣相投。从师生网络交往来看，常见交往模式有基于电子邮件的信息沟通模式、基于聊天室的适时对话交往模式、基于博客的信息交往模式、基于校园 BBS 的信息交流模式。②其次，从交往媒介来讲，教师网络交往媒介呈现多元化趋势，除传统媒介或旧媒介之外（如电话、书信），还包括互联网时代的“第一代媒介”（如聊天室、电子邮件、BBS 论坛）和“第二代媒介”（博客、社交网等）；不仅包括非即时通信媒体（如电子邮件等），还包括即时通信工具（如 QQ、微信等）。最后，从交往形式来看，教师网络交往形式不断走向多元化、立体化，以共时性交往为主。在现实世界与虚拟世界二元交织的世界中，教师与他人之间的面对面的传统交往逐渐发展为点对面、面对面的，全方位的、立体化的网络化交往。教师的网络人际交往模式呈现出交互性、立体化、多样化特征。譬如，教师通过聊天室或网络学习平台同时对多名学生进行在线指导，或者通过网络研修平台、教学平台与其他同事进行在线研讨等。③

3. 网络休闲方式

网络休闲方式是教师借助互联网，在虚拟网络空间形成的较为稳定的休闲活动模式，它是教师网络休闲的活动方式和特征的总和。通常而言，与常规休闲活动不同，网络休闲往往表现为虚拟活动，具有开放性、猎奇性、创造性、便捷性、大众化等特点，它增强了人的主体性意识，丰富了人的娱乐方式，增加了不

① 吴满意. 网络人际互动——网络实践的社会视野[M]. 北京：人民出版社，2015：115-128.

② 刘建华. 师生交往论：交往视野中的现代师关系研究[M]. 北京：北京师范大学出版社，2011：135，139-140.

③ 罗儒国. 教师生存方式的境遇与变革[M]. 北京：教育科学出版社，2018：164-167.

良情绪宣泄的途径。[①]就教师网络休闲方式而言，呈现出以下几方面特征和趋势：一是网络休闲内容的多样化。在互联网技术与新媒体技术的推动下，教师网络休闲活动日趋丰富多样，主要有浏览网络新闻、网络阅读、听网络音乐、玩网络游戏、观看网络视频、在线聊天等内容。二是网络休闲空间的“全场所化”。随着互联网覆盖范围的不断扩大、互联网普及率的不断提高以及新媒体的崛起与发展，教师的休闲活动场所不断从自然空间延伸到虚拟空间，从固定的物理空间转向流动的网络空间，呈现出“全场所化”趋势。如此一来，只要教师愿意就可以在任何有网络信号覆盖的地方开展网络休闲，而不再受地域、场所等条件的限制。三是网络休闲时间的碎片化。互联网技术和新媒体技术已将教师网络休闲时间与工作时间无缝地编织在了一起，教师网络休闲时间不再局限于下班后、周末或节假日，而是可以见缝插针般地随时插入教师紧张的工作流程之中，如在课间休息时间、在等待进餐时或在上班途中等碎片化时间。[②]

4. 网络学习方式

教师网络学习方式是教师在网络化学习环境中，利用网络资源或网络学习平台，以数字化方式进行正式或非正式学习时逐渐形成的较为稳定的学习模式。教师网络学习方式是一种新型学习方式，其形成与发展具有重要的价值和意义，主要体现在促进教师专业发展，提供教学支持与丰富的教学资源，推动教师学习共同体或网络学习社区发展，增强教师学习自主性、减少学习条件的限制等方面。[③]在移动互联时代，教师网络学习行为日趋多样，主要有网络资源浏览、网络信息检索、网络信息加工、网络交互、网络交流、网络协作、网络知识生成、网络知识管理、网络协同、自我反思和监控等不同网络学习行为[④]，从而推动教师网络学习方式不断发展和完善。

事实上，在信息通信技术、人机交互技术和新媒体技术的推动下，教师学习方式不再局限于传统面对面的函授式学习，而是形成正式学习与非正式学习相结合、在线学习与线下学习相结合、现场学习与脱产学习相结合的多元化格局。就教师网络学习方式而言，诸如在线学习、移动学习、自适应学习等新型学习方式逐渐成为教师典型的学习方式，教师网络学习方式类型日趋多元化。譬如，有论者将教师网络环境下的学习分为网络课堂模式（包括同步式学习和异步式学

① 吴文新. 休闲学导论[M]. 北京：北京大学出版社，2013：369-378.
② 罗儒国. 教师生存方式的境遇与变革[M]. 北京：教育科学出版社，2018：92-94.
③ 罗儒国，宋琦. 国外教师网络学习研究进展与前瞻分析[J]. 当代教育与文化，2017（6）：26-34.
④ 吴淑苹. 基于数据挖掘的教师网络学习行为分析与研究[J]. 教师教育研究，2013（3）：47-55.

习）、网络个别化学习模式、网络讨论学习模式、网络检索和查询学习模式、网络协同学习模式等五大类。①

5. 网络消费方式

网络消费方式是教师为了满足生活需要或消费需求，在一定网络消费意识支配下，以互联网为载体使用和消耗消费资料的网络行为模式。网络消费具有便捷性、无边际性、直接性、交互性等特性，日益受到人们（包括教师）的青睐，并逐渐成为人们日常生活的重要内容。通常来讲，教师网络消费方式是由网络消费观念与意识、网络消费行为、网络消费资料等基本要素构成的。网络消费行为是教师在“寻找、购买、使用、评价和处理希望满足其需要的产品、服务和思想时所表现出来的行为”②。作为显性要素，网络消费行为在教师网络消费方式结构中占据重要地位，是衡量教师网络消费方式的重要指标。网络消费意识是指教师对网络消费的感知与认识。作为内隐要素，网络消费意识反映教师的内在需要，内在地对教师网络消费行为产生驱动，是影响和制约教师网络消费行为的重要因素。教师奉行怎样的网络消费意识和消费观念，往往表现出相应的网络消费行为。反过来，一定的网络消费行为是对网络消费观念的体现或彰显。网络消费资料是教师用以满足其消费需求的产品、服务和信息等消费品。作为一种对象性要素，网络消费资料在条件上决定着教师网络消费行为形成与发展变化。正如何明升所说：“在消费方式结构中，消费资料是一种对象化的要素，它在条件上决定着消费行为的有无、多寡及发展变化。”③

需要指出的是，随着互联网技术、物联网技术、人工智能技术等新兴技术的发展以及教师生活需求的变化与发展，教师网络生活方式的内容领域将更加丰富多样，而不是仅仅局限于上述几种典型的网络行为方式。

第二节　教师网络生活方式的价值

作为人的意向性活动的具体样式，生活方式具有特定的功能和价值。那么，作为教师生活方式重要组成部分的网络生活方式对于教师、学生和社会具有重要

① 黄伟. 教师网络学习[M]. 北京：首都师范大学出版社，2009：58.
② 何明升. 网络消费：理论模型与行为分析[M]. 哈尔滨：黑龙江人民出版社，2002：106.
③ 何明升. 网络消费：理论模型与行为分析[M]. 哈尔滨：黑龙江人民出版社，2002：108.

价值和意义，主要包括生存价值、发展价值、调适价值、教育价值、文化价值、社会价值六大价值。

一、生存价值：满足教师现实生存需要

生存需要是教师生命需要中最基本的、必须满足的需要。教师网络生活方式的生存价值则主要体现在更好地满足教师物质性需求、拓展教师生存资本和空间等方面。

一是更好地满足教师的基本生活需求或物质性需求。教师网络生活方式的崛起使教师更好地满足自己的生存需要成为可能。在现实生活中，网络消费或网络购物已成为人们满足基本生活需要的重要途径和方式。中国互联网络信息中心发布的第46次《中国互联网络发展状况统计报告》显示：截至2020年6月，我国网络购物用户规模达到7.49亿，占网民整体的79.7%；网上外卖用户规模为4.09亿，占网民整体的43.5%；网络支付用户规模达8.05亿，占网民整体的85.7%；在线教育用户规模达3.81亿，占网民整体的40.5%[①]。在互联网时代，教师可以通过网络购物、网络交往等方式获得日常生活、工作和学习所需的各种信息、产品和生活服务，不仅能有效地满足教师的基本生活需求，还可以节省大量时间和精力。

二是有效拓展教师生存空间与生存资本。互联网技术、虚拟现实技术以及物联网技术等新兴技术的崛起与发展，为教师生存实践提供了广阔的生存空间和平台，极大地突破了教师交往的时间限制，拓展了教师交往空间，这在一定程度上为教师的信息/知识资本、技术资本，以及社会资本和人力资本等生存资本的获得和发展创造了条件。譬如，从教师社会资本来看，社会资本是指通过嵌入在人与人之间形成关系网络中的社会资源。“由于社会资本存在于人与人之间，因此，它只能在交往中产生，在关系中存贮，而网络消费恰好提供了这种交往关系。它虽然是无形的，但却有极大的效用。”[②]就教师而言，教师通过社交网站和虚拟学习社区等网站和平台，可以获得独特的机会，不断增加线下较弱的链接，以达到增加社会资本的目的。相关研究发现：那些具有网络支持系统的社群会有更多的线下互动和更高层次的社会资本。这说明，线下社会资本可以通过互联网

① 中国互联网络信息中心. 中国互联网络发展状况统计报告[EB/OL]. http://www.cnnic.net.cn/hlwfzyj/hlwxzbg/hlwtjbg/202009/P020200929546215182514.pdf. [2020-09-20].

② 何明升. 网络消费：理论模型与行为分析[M]. 哈尔滨：黑龙江人民出版社，2002：82.

得到提升。[①]可以说，教师社会资本的获得和发展对于提升教师的社会地位和生活质量具有积极的作用。此外，就人力资本而言，网络消费是一个自我投资的过程。网络消费“通过信息的利用、能力的提高等途径，实现了网络消费者自我价值的增值，即形成了更高的人力资本。在日常工作中，这种被增殖的人力资本可以创造更多的经济效益，同时也会获得更高的工资报酬”[②]。

二、发展价值：促进教师专业发展与自我完善

教师网络生活方式的崛起与健康发展不仅有助于教师网络素养、专业素养的提升，也有益于教师的人格完善、个性品质发展。

一是有助于提升教师专业素养尤其是网络素养。教师专业素养是教师在系统的教师教育和长期的教育教学实践中积淀而成，并在日常教育教学活动中表现出来的，具有专门性、指向性和不可替代性的涵养和品质，是教师专业知识、专业能力、专业情意、专业道德的集合。伴随着教师网络研修、基于虚拟学习社区的在线学习等学习方式的兴起，教师专业发展的途径日趋丰富多样，有效地推动教师的专业发展。其中，教师虚拟学习社区是为促进教师专业发展，通过专家引领、知识共享、专题研讨、教学反思、项目合作等方式，在某一特定的网络空间形成的由教师、助学者及其他教师或学习者共同组成的学习共同体或社会群体。有研究表明：虚拟学习社区在激发教师专业成长的主体性、促进教师知识共享与传播、提高教师合作意识与能力等方面发挥着重要作用。[③]此外，就教师网络素养而言，网络素养是教师为了满足各种需要，利用网络接受、传递和创造信息以及在网络生活实践中应具备的网络知识、网络能力及其网络道德等。毫无疑问，各种脱产式的教师集中培训能让教师掌握一定的网络知识，提升教师网络技能，但却难以让教师形成网络生活智慧。因此，教师网络素养的培育与养成离不开教师的网络生活实践和网络生活环境。“对于大多数的个体来说，工作场所是他们唯一或者是最有可能的学习或提高其职业技能的场所。所以，将工作场所看作学习的地点对于工作中的继续教育来说是十分重要的。”[④]

二是促进教师的自我发展、个性品质发展与人格完善。教师网络生活方式的

① 艾莉森·艾特瑞尔. 互联网心理学：寻找另一个自己[M]. 于丹妮译. 北京：电子工业出版社，2017：55.

② 何明升. 网络消费：理论模型与行为分析[M]. 哈尔滨：黑龙江人民出版社，2002：82.

③ 马秀峰，李晓飞. 虚拟学习社区——教师专业发展的新平台[J]. 电化教育研究，2009（4）：35-38.

④ 瑞恩博德. 情境中的工作场所学习[M]. 匡瑛译. 北京：外语教学与研究出版社，2011：124，125.

崛起与良序发展在一定程度上能促进教师自我的延伸与发展，使其不断从现实自我衍生出网络自我、在线自我或虚拟自我。网络的虚拟自我是教师依赖网络环境在虚拟网络世界中形成的一种有别于教师真实自我的虚拟主体及存在状态。网络中的虚拟自我能帮助教师从一个新的角度审视自我的本真状态，发现自我可能存在的缺陷和不足，并借助网络活动不断发展和完善自我，促进对自我价值的全面理解。①此外，教师网络生活方式在一定程度上能促进教师的个性品质发展与人格完善。在虚拟的网络世界，教师不再受年龄、性别、身份、地域等因素的限制，而是可以根据个人的兴趣、爱好开展形式多样的网络活动。如此一来，教师的个性品质与人格在网络生活中得到充分彰显与发展。正如有论者所指出的那样，"在虚拟空间和虚拟实践中，人获得一种'虚拟人格'，人的个性获得空前张扬。塑造理想人格，对于许多人来说，变得不再遥不可及"②。

三、调适价值：调适教师网络行为与心理

教师网络生活方式具有调适价值，即在规约和调控教师线上、线下行为，以及调节教师心理等方面发挥的作用。伴随着虚拟现实技术、人机交互技术等新兴技术的发展，网络社会呈现出不确定性、流动性等特征。在网络世界里，一切都是变动不居的。"如果我们用最简单的语言来表达现代人生存的基本事实，那就是流动性……现代人越来越被一种变化的愿望和对分崩离析的恐惧所驱动，展现在人们面前的是一个变动不息的世界。"③

那么，在变动不居、复杂多变的网络社会里，教师网络生活方式的形成与健康有序发展，在一定程度上能为教师生存实践提供可资利用的生活图式。卢卡契在《审美特性（第 1 卷）》中指出："没有大量的习惯、传统、惯例，生活就不能顺利地展开，人的思维就不能这样迅速地（往往是绝对必要的）对外部世界作出反响。"④对于教师而言，某种网络行为经过多次重复就可以成为一种习惯的、日常化的行为模式或活动样式，并逐渐内化成为一种自在地、得心应手地、不假思索地运作的生活图式或生活风格。这种生活图式能够产生一种自动化机制或自动化作用。当教师在面临复杂的或陌生的网络生活情境时，可以运用内在的生活图

① 徐琳琳，王前. 网络中的虚拟自我新探[J]. 自然辩证法研究，2011（2）：90-95.
② 张明仓. 虚拟实践论[M]. 昆明：云南人民出版社，2005：151.
③ 吴玉军. 非确定性与现代人的生存[M]. 北京：人民出版社，2011：1.
④ 乔治·卢卡契. 审美特性（第 1 卷）[M]. 徐恒醇译. 北京：中国社会科学出版社，1986：27.

式进行“格式化”、常规化、程式化处理，而不再需要做出任何决定性的努力，也不必再因为思考“究竟该如何行动”等问题而花费大量时间与精力，从而也不会有因变革而引发的行为方式冲突。

此外，教师网络生活方式尤其是网络休闲方式能有效地调节教师心理，缓解工作生活压力，避免产生生存不适或“生存焦虑”。“在网络虚拟世界里，网络休闲在相当大的程度上能为人们转移在现实世界里遭遇的精神压力，抚慰受伤的心灵，实现多年的夙愿，提供一种替代性满足，以缓和内心的冲突，并将不满的情绪发泄出来。”①作为教师网络生活方式的重要组成部分，有益的网络休闲能够让教师远离现实生活中的烦恼，拓展了教师消极情绪宣泄的途径，能够让教师的压抑心情或不良情绪得到舒缓、身心得到调适。相关研究亦表明：人们通过合理、有益的休闲（自然包括网络休闲），能从休闲中获得多种收益，如生理收益、心理收益、社交收益、教育收益、放松收益、美学收益等。②

四、教育价值：引领学生网络生活健康发展

在移动互联时代，学生是伴随着互联网成长的数字一代，互联网成为他们学习、社交、娱乐、消费的重要途径。然而，互联网给学生带来便捷的同时也引发了网络偏差行为或网络游戏成瘾等问题。有研究者调查发现：中学生网络游戏成瘾现象较为突出，所占比例大。数据显示：15.68%的中学生存在网络游戏成瘾倾向，其中重度成瘾学生约占 8.12%，具有轻度网络游戏成瘾的中学生约占 37.1%。③可以说，网络成瘾严重影响着学生学习及其身心健康发展，是社会、学校、家庭共同面临的亟待解决的议题。事实上，学生网络行为失范、网络偏差行为矫正以及网络成瘾问题的破解离不开学校教育以及教师的正确干预、指导和引领。为此，2010 年印发的《教育部关于加强中小学网络道德教育抵制网络不良信息的通知》强调，要“加强网络道德教育”和“加强网络法制教育”，进一步提出“加强对中小学网络道德教育的指导，结合不同年龄段学生实际和课程教学内容，有针对性地开展相关教育活动”，“重点培养学生依法使用网络的意识和行为，自觉抵制网络不法行为”等要求。④2018 年印发的《教育部办公厅关于做

① 汤舜. 休闲心理学[M]. 北京：线装书局，2012：90.

② 黄荣怀. 大学生休闲素质与网络休闲收益的基本情况及相关研究[J]. 电化教育研究，2014（4）：37-42.

③ 王珠珠. 中国学生网络生活调研报告[M]. 北京：人民教育出版社，2016：84.

④ 教育部. 教育部关于加强中小学网络道德教育 抵制网络不良信息的通知[EB/OL]. http://www.gov.cn/zwgk/2010-01/22/content_1516995.htm. [2018-11-22].

好预防中小学生沉迷网络教育引导工作的紧急通知》要求，“做好预防中小学生沉迷网络教育引导工作”，“通过课堂教学、主题班会、板报广播、校园网站、案例教学、专家讲座、演讲比赛等多种形式开展专题教育”。①

然而，学生良好的网络生活意识、网络生活能力、网络生活行为的养成既需要学校、教师有组织地开展课堂教学或专题教育，更应采取“以生活改造生活”的“生活教育”方式，从而有效达到改造或优化学生网络生活的目的。在陶行知看来，“生活教育是运用生活的力量来改造生活，它要运用有目的有计划的生活来改造无目的无计划的生活”②。他认为，用生活改造生活的教育，便是真教育。“生活与生活一摩擦便立刻起教育的作用。摩擦者与被摩擦者都起了变化，便都受了教育。”③事实上，在虚拟的网络生活世界，教师的网络生活观念、态度以及网络伦理意识、风险防范意识与责任意识、网络行为方式等对学生的网络生活产生潜移默化的影响。教师对学生的影响是多方面的，既表现为网络知识传授与网络信息检索、处理、评价能力的训练，也表现为网络行为方式的引领与形塑，更体现在网络伦理与网络责任意识的培养和品格的熏陶，以及为学生营造风清气正、健康向上的网络生活环境等方面。可以说，教师通过对学生全方位的影响，不断引领学生网络生活方式朝着健康、有序的方向发展。

五、文化价值：助推网络文化可持续发展

人的生活方式与文化密不可分，两者相互影响、相互渗透。一方面，文化引导、规约着人的生活方式。“文化不仅影响人们的生活方式的一般状况，也影响他们生活方式的价值取向或进步程度。”④在某种意义上说，一个国家或一个民族有什么样的文化，就会相应地形成什么样的生活方式。文化总是潜移默化地规范、引导着人们的生活意向、生活观念和生活行为，亦即告诉人们怎样去生活、如何生活。另一方面，一定的生活方式也会不断地强化、巩固某一群体的文化传统，使文化传统通过人们的生活样式而得以传承下去。就教师网络生活方式而言，它在网络教学文化、网络社群文化的发展与演变、凝聚与创新等方面发挥着建设性作用。

① 教育部办公厅. 教育部办公厅关于做好预防中小学生沉迷网络教育引导工作的紧急通知[EB/OL]. http://www.moe.gov.cn/srcsite/A06/s3325/201804/t20180424_334106.html. [2019-05-20].

② 转引自方明. 陶行知全集（第2卷）[M]. 成都：四川教育出版社，2005：452.

③ 董宝良，喻本伐，周洪宇. 陶行知教育论著选[M]. 北京：人民教育出版社，2011：444.

④ 司马云杰. 文化社会学[M]. 北京：中国社会科学出版社，2001：436.

一是培育网络教学文化。网络教学文化是教师借助于互联网技术从事教育教学活动所形成的教学文化形态。它是由物质层、行为层、制度层和精神层网络教学文化构成的相对独立的教学文化形态。教师是网络教学文化建设直接参与者、推动者和中坚力量。教师网络生活方式尤其是网络教学方式的形成与发展有助于网络教学文化的发展和完善。在网络生活中，教师是否愿意使用互联网或网络技术，往往取决于他们对互联网的认可与接纳，以及对使用互联网利弊的考量。当网络教学得到教师的普遍认可、认同、接纳与运用，并且成为教师常态化教学行为或日常化教学实践时，就会不断孕育形成新的教学文化——网络教学文化。另外，教师网络意识与观念、网络技术知识与技能、网络伦理与道德意识的增强也有助于推动网络教学文化的孕育与发展。

二是有助于优化教师网络社群文化。现如今，在线学习、基于虚拟学习社区的协作学习等网络学习方式逐渐成为教师新的学习方式。以虚拟学习社区为例，虚拟学习社区是“由具有共同兴趣及学习目的的人们组成的学习团体在 Internet 上构建的虚拟学习环境”①。当教师在虚拟学习社区借助各种网络通信工具和平台，与他人共享思想与观点、经验与知识、信息和资源时，就有助于形成自由和民主、共建与共享、互帮互助、尊重与信任等网络文化氛围，推动虚拟学习社群文化的形成、发展和完善。有论者指出，教育虚拟学习社区有助于形成自由的、开放的、动态的“思想场域”和真诚、平等、相互信任和尊重的交往环境、良好的社区文化氛围，从而给交往主体带来温暖，使其对社区产生归属感。这种归属感在交往中逐渐增强，并且使社区技术文化得以沉淀，使技术文化得以延续和深化。②

此外，作为网络文化建设的重要参与者，教师应通过网络生活实践、在网络生活实践，自觉遵循和践行现有的网络制度文化、网络伦理文化，同时及时发现网络文化存在的缺失及其不足，通过自身良好的网络行为，构建和优化网络行为文化、重塑网络精神文化，进而推动网络文化健康有序可持续发展，从而为构建中国特色社会主义网络文化体系贡献自己的力量。

六、社会价值：推动社会生活良序发展

教师网络生活方式的社会价值是，在推动社会生活形态的转型与变革、网络

① 甘永成. 虚拟学习社区中的知识建构和集体智慧发展[M]. 北京：教育科学出版社，2005：38.
② 胡凡刚，李文波. 教育虚拟社区中技术文化形成因素的实证分析[J]. 电化教育研究，2011（1）：54-59.

文明建设等方面发挥积极作用。具体而言：一是教师网络生活方式的形成与发展有助于推动社会生活形态的转型与变革。我们知道，社会生活方式与个体生活方式密切关联。一方面，社会生活方式在一定程度上决定着个体生活方式的形成与发展，为个体生活方式的变革指明方向。另一方面，社会生活方式的转型，归根结底是建立在个体生活方式转型的基础之上的，是个体生活方式转型的社会化，倘若没有个体生活方式的转型，也就无所谓社会生活方式的转型。“在现实生活中，生活方式的体现者、实践者是每一个‘群体中的个人’，作为一个普通人，虽然无法在理论层面全面掌握生活方式的具体内涵，但每个人都有追求‘美好生活’的愿望和权利，每个人都积极地进行着生活实践，也就是说每一个‘生活者’都担负着对全社会的生活方式的建构功能的责任。”[①]如此一来，教师网络生活方式的形成与健康发展将成为社会生活方式建构的重要动力，有效推动社会生活方式的转型与变革，不断从现实生活方式延伸到网络社会生活方式，进而形塑着网络社会生活结构，推动美好社会生活的建构与发展。“如果说社会组织机构在生活方式的建构中发挥有效的‘供给侧’功能的话，那么作为具有强烈的改善自身生活条件的生活方式主体，不但通过意义建构提供真实的‘需求’，也为美好生活的建构提供深层的强大动力源。”[②]

二是教师网络生活方式的崛起与健康发展有助于推动社会文明尤其是网络文明建设进程。近年来，党中央、国务院高度重视网络文明建设。国务院于2016年印发的《“十三五”国家信息化规划》中明确提出“加强网络伦理、网络文明建设”的要求。中共中央办公厅、国务院办公厅于2017年印发的《国家“十三五”时期文化发展改革规划纲要》明确指出：“加强教育引导，进一步提升网民网络文明素养……统筹推进网络舆论引导、网络文化建设、网络文明传播、网络公益活动，增亮网络底色、激发网络正气。”习近平同志在“第二届世界互联网大会开幕式上的讲话”中明确提出，“要加强网络伦理、网络文明建设，发挥道德教化引导作用，用人类文明优秀成果滋养网络空间、修复网络生态”[③]。

作为社会存在的教师是受特定社会的委托，专门从事教育教学活动，以促进学生成长和发展以及社会发展，把学生培养成社会所需要人才的专业人员。美国教育学家舒尔曼曾指出，“一个专业首要的社会目的就是服务。专业教育工作者

① 刘冬，王雅林．发挥生活方式对社会的建构功能[N]．中国人口报，2013-09-30（03）．

② 王雅林．回家的路：重回生活的社会[M]．北京：社会科学文献出版社，2017：291．

③ 习近平．习近平在第二届世界互联网大会开幕式上的讲话[EB/OL]．http://www.xinhuanet.com/world/2015-12/16/c_1117481089.htm．[2019-02-06]．

应是那些接受了教育并且利用其知识和技能为不具备这些知识和技能的大众服务的人。他们内心要有为大众提供服务的倾向，有义务以道德理解为起点来运用复杂的知识与技能”[①]。此外，作为社会代言者之一，教师必须始终维护社会利益，完成社会赋予的各项任务，为社会稳定发展与进步服务，切实满足社会需要，成为社会的代表。“教师不是简单地从事于训练一个人，而是从事于适当的社会生活的形成。”“每个教师应当认识到他的职业的尊严；他是社会的公仆，专门从事于维持正常的社会秩序并谋求正确的社会生长。”[②]在网络社会生活中，教师是网络文明建设的主力军、先行者，能够直接参与网络文明建设，成为网络文明建设的模范和表率。作为网络文明建设的重要参与者，教师通过网络生活实践、在网络生活实践中，自觉地遵循和践行网络制度文化、网络伦理文化，同时及时发现网络文化存在的缺失或不足，通过自身的网络行为，构建和优化网络行为文化、重塑网络精神文化，积极培育和形塑健康、文明的网络社会生活方式，使网络文明建设得以稳步、持续地推进。

① 李·舒尔曼. 王幼真，刘捷. 理论、实践与教育的专业化[J]. 比较教育研究，1999（3）：36-40.

② 吕达，刘立德，邹海燕. 杜威教育文集[M]. 北京：人民教育出版社，2008：15-17.

第四章

教师网络生活方式的生成与影响

任何事物都是由特定要素构成的，既有其存在的结构方式，也有其发展的过程。任何事物的形成都经历着一个由小到大、从简单到复杂的动态过程。教师网络生活方式亦是如此。教师网络生活方式的形成与确立经历着从无到有、从弱到强、由量变到质变的发展过程，并受到内外因素的影响和制约。

第一节　教师网络生活方式的衍生过程

作为一种新型生活方式，教师网络生活方式的形成与发展并非一蹴而就的，而是经历着特定的衍生过程和阶段。从内部过程来讲，教师网络生活方式经历初始形成、耦合发展、成熟稳固三个不同阶段。从外部过程来看，教师网络生活方式经历一个由分化、冲突，再到融合的动态演化过程。

一、教师网络生活方式的内生过程

一般而言，网络生活方式的形成经历初始要素、功能耦合、结构稳定三个基本环节[①]。那么，作为网络生活方式的重要组成部分，教师网络生活方式也需要经历初始形成阶段、耦合发展阶段、成熟稳固阶段等三个不同阶段。

---

① 王雅林，何明升. 信息化：生存与超越[M]. 哈尔滨：黑龙江人民出版社，2004：328-329.

（一）初始形成阶段

初始形成阶段或孕育阶段是指教师网络生活新要素的出现及其嵌入教师生活方式系统结构后，不断引发教师生活方式的分化与变迁的环节。这些网络生活新要素主要包括网络新技术、网络生活需求、网络意识、网络活动等。那么，从发生学的角度来看，教师网络生活方式的崛起是在网络意识觉醒和网络生活需求驱动、新兴技术与新媒体促动以及网络活动嵌入过程中逐渐发展起来的新型生活方式。

一是教师网络意识觉醒和网络生活需求的驱动。从发生学的意义上来讲，引发网络生活方式崛起的基本要素是教师借助互联网来满足现实生活中难以有效满足的生活需要或是网络社会生活需要驱动。以网络社会生活需要为例，“在寻求群体生活的需要方面，人类行动的群体性特征必然导致人们在网络社会中也要求实现一种群体性、社会性的生活方式，希望自己能够为一定的网络群体或网络共同体所接纳、承认，希望能够在网上建立起一种相互理解、赞赏、帮助、体谅、促进、信任和友爱的关系，并避免陷入一种孤独、寂寞、猜疑、矛盾、冲突乃至仇视的网络生活状态”①。

二是新兴技术与新媒体的促动。教师满足网络生活需要本身并不能直接促使教师网络生活方式的崛起与形成，因为它并非现实的网络活动，对于引发教师生活方式结构和功能上的调适与分化只是初步的、表层的。教师网络生活方式的崛起还必须借助一定的网络生活中介元素，如网络新技术、网络新媒体的介入与促动。事实上，互联网技术、虚拟现实技术等新兴技术的兴起不仅为教师生活实践构筑了一个新型的虚拟世界或虚拟空间，使教师能够融入其中开展各种网络活动，同时也为教师满足生命需要及其他自我实现、自我发展与完善、实现人生价值与意义提供了数字化平台。

三是教师网络活动的嵌入。教师传统生活方式是不存在网络活动或网络行为的，但由于教师网络生活需求的驱动，或新型网络技术的崛起，抑或各种外在的、偶然的因素，网络活动作为新生活要素“嵌入”教师的现实生活中，从而成为推动教师网络生活方式崛起的新结构要素。可以说，新生活要素的嵌入为教师网络生活方式的崛起奠定了坚实的基础。

① 冯鹏志. 伸延的世界：网络化及其限制[M]. 北京：北京出版社，1998：178.

（二）耦合发展阶段

耦合发展阶段是指教师网络生活方式构成要素间的功能耦合过程，亦即各个要素之间通过交互作用、相互影响，进行功能耦合，进而建立起功能互换、长短互补关系的过程。教师网络生活的初始要素比较稳定地引入或嵌入教师日常生活中时，往往会不断寻找耦合对象，如此一来，各构成要素相互之间会逐渐建立起初始的功能耦合关系，以及相互关联的功能互换、长短互补关系。

不论是新兴技术与新媒体的促动，还是教师网络意识觉醒、网络生活需求驱动，抑或教师网络活动的嵌入，教师网络生活方式的建立都是以各个结构要素的功能耦合，从而形成新的生活方式结构而逐渐发展壮大起来的。教师网络生活方式的整体性功能则是由各个结构要素功能耦合而成的整体效应，它超出各个要素功能之和，使得教师网络生活方式整体功能倍增。在莫兰看来，“任何自主的人类生活都是由难以置信的依赖性交织而成的。肯定的，如果我们缺乏我们依赖的东西，我们就会失落、死亡”①，教师网络生活方式何尝不是如此。由于教师网络生活方式的整体功能是各结构因素功能的耦合，因而其功能的发挥必然有赖于各结构要素之间的相互衔接、相互协调，以及有赖于各结构要素功能的健全与完善程度。

（三）成熟稳固阶段

教师网络生活方式是由各个网络生活要素构成的，但并非网络生活要素的简单相加就形成了教师的网络生活方式。即便是网络生活新要素的嵌入，或是各结构要素之间的功能耦合，都只是具有一种前提性和条件性的特征和意义，还不能视为教师网络生活方式的形成与成熟。而只有将各个不同网络生活要素及其互动关系和功能结合形成一个整体性的稳定结构或有机整体，才能演化成为教师的网络生活方式。可以说，教师网络方式形成的重要标志就在于教师网络活动意识、网络活动中介、网络活动行为等结构要素之间形成相应的功能互换关系，并形成稳定的系统结构。教师网络生活方式一旦发展成熟，就演变成为复杂性系统和有机整体。这种复杂性系统将具有一定的自组织能力和抗干扰能力，能够保证教师网络生活方式系统结构稳定和功能稳定，并保持良好的内在协调、平衡和有序状态。

① 埃德加·莫兰. 复杂思想：自觉的科学[M]. 陈一壮译. 北京：北京大学出版社，2001：227.

二、教师网络生活方式的外生过程

教师网络生活方式的形成与发展过程必然受到现实生活方式的影响与制约。那么，从外部演化过程来看，教师网络生活方式是在和现实生活方式的交互作用中逐渐发展起来的，经历着分化、冲突、融合三个阶段。

（一）分化阶段

在教师生活方式的变迁与演化进程中，由于网络技术与新媒体技术的迅猛发展以及教师网络生活需要及其网络活动的开展，新的生活要素不断被嵌入教师现实生活中，从而引发教师生活方式的危机与矛盾。作为一种具有自组织功能的系统结构，教师生活方式为了消解新的生活要素引发的危机和不稳定因素，通过系统自组织功能将新生活要素整合到原有的生活方式系统结构之中，并对生活方式进行适应性调整。然而，当新的生活要素累积达到一定程度而原有的生活方式系统不能再对其进行有效整合时，就会引发生活方式的解体与重构，使其在结构和功能上发生分化，分化出新型的生活方式（如网络生活方式）。教师网络生活方式的形成首先经历了教师生活方式的结构分化和功能分化。

一是教师生活方式的结构分化，也就是教师生活方式结构要素的进一步分化。教师生活方式由生活主体、生活活动、生活中介和生活时空等要素组成。那么，在网络技术、网络行为等新生活要素的促逼下，教师生活主体从“现实生活的人”发展到“网络人”，生活媒体从旧媒体转向新媒体，生活空间从现实世界延伸到虚拟世界，生活活动从现实活动向网络活动延伸。如此一来，教师原有生活方式组成要素不断分化，那些分化出来的新要素通过相互关联、功能耦合形成新的生活方式结构，即网络生活方式。如此一来，教师生活方式就逐渐分化成现实生活方式与网络生活方式两种不同的生活方式。

二是教师生活方式的功能分化。在王雅林看来，生活方式具有作为价值导向的“意义系统”、作为主体的“调适系统”、作为社会运行的“软动力系统”、作为生活资源的“配置系统”等四大系统功能。[①]在网络生活方式崛起之前，诸如此类的生活方式功能都只能通过现实生活方式来实现。然而，新型网络生活方式的崛起能够更好地满足人们生活需要与社会发展需要，从而使得生活方式系统功能得到更好的体现，并出现分化和衍生。就教师网络生活方式而言，它有独特的

① 王雅林. 生活方式研究的现时代意义——生活方式研究在我国开展 30 年的经验与启示[J]. 社会学评论，2013（1）：22-35.

功能和作用，主要体现在满足教师基本生存需要、促进教师专业发展与自我完善、调适教师的网络行为与心理、引领学生网络生活方式健康发展、助推网络文化持续发展、推动网络社会生活良序发展等方面，其中的部分功能和作用是传统现实生活方式不能实现的。

（二）冲突阶段

在教师生活方式分化成现实生活方式与网络生活方式之后，教师网络生活方式和现实生活方式、网络社会生活方式之间往往存在发展不一致、不协调的现象，容易引发教师网络生活方式与现实生活方式的矛盾或冲突。教师网络生活方式与现实生活方式的冲突主要体现在以下两个方面①：一是网络生活方式对现实生活方式的排斥与否定、侵蚀与异化，具体体现在教师身体的“虚化”、教师身体的“去中心化”以及教师存在的数字化、技术化等方面。就教师网络生活方式而言，中心与边缘的界限日渐模糊，亦即没有了中心与边缘的严格区分，而那种以“身体为中心”的传统身体化认识与身体化实践得以解构、重构。此外，教师往往作为“技术单元”被纳入网络技术系统或网络生活世界，并按照网络技术系统或网络生活世界规则和节奏开展活动。在这里，教师的生存价值观念、思维方式、道德情感、自由意志往往受到信息技术、网络技术的控制与宰制，并被打上技术的烙印。二是教师现实生活方式对网络生活方式的钳制与桎梏、同化或拒斥。在日常生活中，教师自觉或不自觉地形成了特定的行为习惯、生活习惯。教师传统生活习惯所固有的自动性、保守型，在一定程度上影响和制约着教师网络生活方式的崛起与发展。另外，当新型网络生活方式崛起时，教师的现实生活方式往往通过自组织机制或自适应活动，对生活观念、生活行为等系统要素进行局部调整、优化，或者将自身的运行逻辑与价值观念施加于网络生活方式，以同化、取代教师网络生活方式，从而适应外部生存环境变化或者保持其稳定的“生活状态”。教师网络生活方式潜藏着生存风险与生存代价，往往对教师的现实生活方式产生一定的负面影响，因而受到现实生活主体的抵制与排斥就不足为奇了。

但需要指出的是，首先，教师网络生活方式与现实生活方式之间的冲突是网络时代教师生活方式变革以及教师网络生活方式崛起与发展过程中出现的特殊冲突现象，是客观存在且不可避免的，并可能在一定时间和范围内长期存在。在莫

① 王利，罗儒国. 教师虚实生存冲突及其调适策略[J]. 西北师大学报（社会科学版），2017（3）：116-121.

兰看来，“任何系统都包含着与它的永存对抗的力量。这种对立性或者被潜藏着或中立化，或者被不断地控制/压抑着（通过调节、负反馈），或者以建设性的方式被利用”[①]。其次，教师网络生活方式与现实生活方式冲突具有二重性：一方面，教师网络生活方式与现实生活方式冲突双方之间的关系并非绝对对立、不可调和的矛盾关系，还存在着相互依存、相互转化的共生关系；另一方面，教师网络生活方式与现实生活方式冲突对于教师个体或群体既具有建设性并发挥着积极作用，同时也具有破坏性并产生消极作用和负面影响。最后，教师网络生活方式与现实生活方式之间的冲突并非一成不变的，而是动态发展的，从其产生、发展、激化到消解、融合，总是处于动态发展变化过程之中。

（三）融合阶段

教师网络生活方式的融合意味着教师网络生活方式与现实生活方式、网络社会生活方式之间建立起互促互融、和谐共生的关系，教师生活方式系统重新达到一种新的整合、平衡状态。

一是教师网络生活方式与现实生活方式的融通与平衡。如上所述，教师网络生活方式与现实生活方式是相互依存、相互转化的关系。“人们现有的实际的生存方式与他们应有的可能的生存方式并不是互相外在的，相反，它们互相贯通互相转化，因为人的生存本来就是在人的对象性活动中自我生成和自我发展的过程。”[②]正是在相互依存、相互作用的过程中，教师网络生活方式与现实生活方式不断实现“双向转化”，即教师网络生活方式的“现实化”、日常化和教师现实生活方式的“网络化”，继而在相互转化、相互渗透的过程中不断走向融合共生。

二是教师网络生活方式与社会网络生活方式的共生。教师网络生活方式必然受到社会核心价值体系、社会网络文化、网络伦理道德规范等社会因素的影响和制约。因而教师网络生活方式必然要与社会主流的网络生活方式相协调、相符合，并尽可能地避免教师网络生活方式的异化、失序或无序，确保教师网络生活方式健康、有序、可持续地发展。当教师网络生活方式与社会网络生活方式保持协调、共生时，就能够得到社会网络生活方式的滋养，从而得到稳步发展。

总体而言，教师网络生活方式的崛起在一定程度上打破了教师原有现实生活方式的平衡，但通过网络生活方式与现实生活方式、社会网络生活方式之间的相互促进、相互影响，实现教师网络生活方式与现实生活方式、社会网络生活方式

---

① 埃德加·莫兰. 复杂思想：自觉的科学[M]. 陈一壮译. 北京：北京大学出版社，2001：211-212.

② 张曙光. 生存哲学——走向本真的存在[M]. 昆明：云南人民出版社，2001：132-133.

的和谐共生，从而使教师生活方式系统达到新的均衡状态。教师网络生活方式与现实生活方式、社会网络生活方式的共生共存也符合构建“和谐共生”人类生活方式的图景和趋势。需要说明的是，教师网络生活方式演化的内部过程与外部过程并非截然分开的，它们往往是同步进行且相互影响、相互渗透的。

第二节 教师网络生活方式的影响因素

教师网络生活方式的形成与发展经历特定的阶段和环节，不可避免地受到主客观因素的影响与制约。教师网络生活方式的影响因素是复杂多样的，既有内在因素也有外在因素，主要涉及主体因素、社会因素、技术/平台因素和文化因素四个层面。

一、主体因素

主体因素是影响教师网络生活方式形成与发展的关键所在，主要涉及教师网络认知与态度、教师个体需要与动机、教师网络素养、教师网络效能感、教师生活习惯等方面。

（一）教师网络认知与态度

教师网络认知与态度不仅影响教师互联网使用程度与水平，也制约着教师网络生活方式生成与可持续发展。芬兰学者罗斯认为，“广义的生活条件（物质条件和社会历史条件）决定这种或那种生活方式，但同时，生活方式的形成又依赖于主体自身，同主体的观点和价值目标体系直接相关”[①]。在现实生活中，如果教师不只是将互联网看作一种现成的娱乐工具或信息资源，而是将它视为一种用来批判性参与的新机遇、能够制造创造性内容的新机遇，以及自己的一种新型生活方式[②]，那么就容易促进网络生活方式的形成与发展。此外，教师对互联网技术、人机交互技术等新兴技术的感知与认同，以及对网络生活风险的认知与态度都是影响教师网络生活方式生成与发展不可忽视的重要因素。从技术接受理论来看，技术的感知有用性与感知易用性影响使用者的态度，进而影响行为意图。譬

① J. 罗斯. 文华译. 生活方式的类型学[J]. 国外社会科学，1982（9）：64-67.

② 罗儒国. 教师生存方式的境遇与变革[M]. 北京：科学出版社，2018：144.

如，网络教学的有用性与易用性是影响教师是否决定使用网络教学的最主要因素。如果网络教学可以达到更高的感知有用性和易用性，教师使用网络教学的意图将会更高。反之，如果网络教学设计过于复杂，不仅在使用上难以说明，同时也会增加教师熟悉网络教学的时间，教师使用网络教学的意图将会进一步减弱。①另外，在网络消费或购物过程中，教师遭遇消费风险（如财务风险、隐私风险、支付风险、交付风险等），尤其是对网络消费风险感知较为强烈时，就可能减少网络购物行为，进而影响教师网络消费方式的形成与可持续性发展。

（二）教师个体需要与动机

教师生活需要是教师从事各种生活活动的根本出发点，也是教师生活方式变迁与发展的重要动力。马克思曾经指出："任何人如果不同时为了自己的某种需要和为了这种需要的器官而做事，他就什么也不能做。"②如果教师有着某种特定的需要，就会通过实践活动去努力实现它，当这种实践活动定型化、惯常化，就形成相应的生活方式。在网络时代，教师虚拟性生活需要的满足是教师网络生活方式产生的直接动因，也是推动教师网络生活方式变革与发展的重要动力。"人们沉浸于网络生活、热衷于网聊也是一种幸福观的表达：人们需要有一个比现实社会更放松、更自由、更能展现真实自我的生活空间和生活方式。"③苏文列尔等认为，在互联网时代，所有的媒介使用者本质上都有五类相同的需要：一是认知需要，即增加信息、知识和理解力有关的需要；二是情感需要，即与增强美感、愉悦和情绪经验有关的需要；三是个体整合需要，即与增加可信度、自信、稳定性和地位有关的需要，是认知和情感因素的整合；四是社交整合功能，即与增加和家庭、朋友和世界的联系有关的需要；五是与逃离或释放紧张有关的需要。④如此一来，作为一种新型生活方式，网络生活方式能否有效地满足教师的认知、情感、社交整合等方面的需要，将直接影响教师网络生活方式的崛起与发展。此外，教师个体的网络使用动机在一定程度上影响着教师网络生活行为的广度、深度及其类型。相关研究表明：由于人们网络使用动机不同，网络生活方式类型也不尽相同。⑤当教师网络

① 刘宇伟. 高校教师网络教学接受意图的整合模型初探[J]. 现代教育技术，2010（8）：106-108.

② 马克思，恩格斯. 德意志意识形态[M]. 中共中央马克思恩格斯列宁斯大林著作编译局译. 北京：人民出版社，1982，276.

③ 上官子木. 网络交往与社会变迁[M]. 北京：社会科学文献出版社，2010：328.

④ 雷雳. 互联网心理学：新心理与行为研究的兴起[M]. 北京：北京师范大学出版社，2016：460.

⑤ 赵国栋，王珠珠，原帅. 大学生网络生活方式之聚类分析：以北京大学为例[J]. 北京大学教育评论，2010（4）：147-162.

使用动机存在差异时，其网络生活行为也会有所不同，从而使得教师网络生活方式呈现出不同的类型。

（三）教师网络素养

教师网络素养也是影响教师网络生活方式生成与发展的核心因素，它是由网络意识、网络知识、网络能力、网络伦理等四方面内容构成的整体。教师网络素养直接决定着教师网络生活方式的质与量，决定着教师究竟能过什么样的网络生活，可能成为什么样的人，扮演什么样的网络身份或角色，以及如何让网络生活更有价值、更加美好等。那么，何谓教师网络素养？它包括哪些内容？美国学者莱茵戈德将“网络素养”概括为注意力、对垃圾信息的识别能力、参与力、协作力、联网智慧五个层面。[①]在喻国明和赵睿看来，网络素养是一种基于媒介素养、数字素养、信息素养等，再叠加社会性、交互性、开放性等网络特质，最终构成的一个相对独立的概念范畴；并相应地将衡量和判定网络素养的标准归结为个人的注意力分配习惯，是否具有独立的价值判断，是否具有筛选、甄别、整合信息的能力，是否进行了社会化生产、参与程度如何、与他人的协同合作程度如何等层面。[②]事实上，在网络社会，教师也只有具备良好的网络素养，才能有效应对网络社会的不确定性及其带来的各种冲击、挑战或风险，以确保网络生活方式的良序发展。此外，教师是否具备良好的网络技术能力及其网络技术水平直接影响教师网络教学活动的开展，以及教师网络教学方式的形成与发展。有论者指出，“信息素养与教师对网络教学的易用性感知与网络教学接受呈正相关，教师的信息素养越好，越容易接受网络教学，网络教学的实际行为也就越主动”[③]。

（四）教师网络效能感

教师网络效能感是教师在网络生活中对自己使用网络能力的知觉和信念。教师网络效能感是制约教师网络生活方式的生成与发展的重要因素。从网络自我效能感与网络使用状况的相关研究来看，作为网络使用能力的预测指标，网络自我效能影响到网络使用中的行为选择，面对困难时的坚持和努力程度。有研究发现，网络自我效能与网络使用呈正相关（相关系数为0.54）。对于新手来讲，网

---

① 莱茵戈德. 网络素养：数字公民、集体智慧和联网的力量[M]. 张子凌，老卡译. 北京：电子工业出版社，2013：279.

② 喻国明，赵睿. 网络素养：概念演进、基本内涵及养成的操作性逻辑——试论习总书记关于“培育中国好网民”的理论基础[J]. 新闻战线，2017（3）：43-46.

③ 方旭. 高校教师网络教学影响因素和对策研究[M]. 北京：科学出版社，2015：109.

络使用的过程中需要一系列较为先进的技能，他们在刚接触网络时可能存在适应性障碍，使其满意感较低，有时甚至感到沮丧，这可能是由于他们的自我效能缺失。[①]此外，教师网络效能感也影响教师网络使用中的行为选择以及遭遇障碍时的努力和坚持程度。有研究者就自我效能感对教师网络教学行为的影响展开实证研究发现：计算机自我效能感在影响教师网络教学易用性感知方面扮演着非常重要的角色，与教师网络教学和易用性感知存在显著正相关关系，在所有易用性感知影响因素中影响是最大的。[②]

（五）教师生活习惯

在现实生活世界中，教师总是自觉或不自觉地形成特定的行为习惯、生活习惯。教师生活习惯“形成于‘感觉规定’的 ‘重复’‘练习’。它是跟着‘感觉规定’照着做、反复如此所形成的一种‘感觉规定’的结果”。可以说，生活习惯是个人生活行为模式的固化、常态化，是“心灵秩序与行为秩序的直接统一”。[③]教师生活习惯是在长期的生活实践中逐渐沉淀下来的，带有自觉性、潜意识性的行为定势，它一经形成就内在地具有稳定性，并内化生成为教师的生活图式或生活习惯。教师生活习惯一般包括外在形态习惯、行为活动习惯和精神心理习惯等。[④]可以说，教师的既定生活习惯不仅影响教师现实生活方式的顺利开展，也在一定时期和范围内对网络生活方式的形成与发展产生重要影响。

由于传统生活习惯具有异常的稳定性，所以它能够让教师自在地生活而不会让教师产生陌生感、恐惧感，使教师停留在日常生活的“舒适地带”。教师一般不会轻易改变这种日常生活中形成的习以为常的生活习惯、生活图式，它们对教师的网络生活行为继续发挥规范、调节作用。有学者曾指出：“日常生活之所以能够作为一个重复性思维和重复性实践的领域而自在地、周而复始地、成功地运行，其主要原因在于它的运演遵循着一些给定的自在的规则，其中最主要的是传统、习惯、风俗、经验、常识，等等，它们自发地调节和支配着日常生活的运行，构成了日常生活的自在图式。”[⑤]然而，网络生活世界存在着特定的行为准则和规则，当融入网络世界的教师逐渐习惯于网络世界中的各种规则，并逐渐内化为自己的行为准则时，那些传统的生活习惯、生活准则将受到冲击，不断得以优

① 梁晓燕，魏岚，章竞思. 网络自我效能研究述评[J]. 教育研究与实验，2007（2）：52-55.
② 方旭. 高校教师网络教学影响因素和对策研究[M]. 北京：科学出版社，2015：99.
③ 高兆明. 论习惯[J]. 哲学研究，2011（5）：66-78.
④ 肖正德. 教师概论[M]. 杭州：浙江大学出版社，2013：228.
⑤ 衣俊卿. 现代化与日常生活批判[M]. 北京：人民出版社，2005：41.

化、重构，甚至被遗弃，转化形成与新型网络生活方式相适应的生活图式、生活习惯。这种新的生活习惯或生活图式反过来会对教师网络生活行为加以规约、引导，确保教师网络生活方式的稳定发展。

二、社会因素

在现实生活中，人的生存总是在特定的社会关系和社会环境中进行的，因而是一种社会性生存。教师网络生活方式的形成与发展不可避免地受社会因素的影响，这些社会因素主要有社会核心价值体系、社会制度与网络伦理规范体系、社会支持程度、社会心态以及社会生活方式等。

（一）社会核心价值体系

社会价值体系是社会的深层结构，是价值观念体系和活动规范体系的统一。教师网络生活方式的形成与发展必然受到社会核心价值体系尤其是网络社会价值体系的影响和制约。网络社会价值体系作为网民活动的基本根据，它从根本上规定着网民的价值判断和选择、价值取向与追求，对网民成为什么样的人、过什么样的网络生活起着决定性作用。其中，网络社会核心价值观在网络社会的所有价值观念中处于统领和主导地位，引领网络社会的各种不同价值目标、价值观念、价值追求与价值取向朝着既定的方向发展，以确保网络社会有序、健康发展。就我国网民个人价值体系而言，其价值取向主要有三种：一是以网络在线为基础的个体自由本位价值取向；二是以网络社区或社群为基础的群体道德本位价值观；三是以国家和民族根本利益为基础的社会本位价值取向。这三种网民价值取向无疑都在塑造网民核心价值意识时起到了关键的影响作用。①就教师网络生活方式而言，网络社会核心价值观不仅影响教师网络生活环境、网络生活中介，还影响教师网络生活观念、网络生活行为，进而影响教师网络生活方式的有序发展。

（二）社会制度与网络伦理规范体系

健全、完备的社会制度与网络伦理规范体系是教师网络生活方式形成和有序发展的重要保障。伴随着网络社会的崛起和发展，网络世界逐渐建立起一套与网络社会相适应的伦理规范体系。它是人们在网络生活中应遵循的基本行为准则与

---

① 唐魁玉. 虚拟社会人类学导论[M]. 哈尔滨：哈尔滨工业大学出版社，2015：94-95.

道德规范，包括网络角色伦理、网络关系伦理、网络行动伦理等。网络伦理规范体系不同于现实社会生活中伦理规范体系，两者存在较大的差别。戴森曾经指出："网络像任何一个家一样，它有自己的规矩，但也有一定的准则……网络给我们提供了一个掌握自身命运、在地方社区和全球社会中重新定义公民身份的机会。它也把自我治理、自主思考、教育后代、诚实经商以及同其他公民一起设计我们身份中所应遵循的规则的责任交给了我们。"①戴森针对数字化时代的生活设计了基本的规范或原则，包括参与、判断、公开、清晰、诚实以及尊重自己和他人等。②同样，教师网络生活实践除了受到现实生活世界中社会伦理道德规范的影响，还受到网络伦理道德的规约。譬如，在网络教学实践中，教师应公平、公正地对待每位学生；教师应切实保护学生隐私、相关数据和信息，避免泄露；在下载使用课程与教学资源时，教师应自觉地在自己的课件、科研成果中注明出处等。

（三）社会支持程度

社会支持尤其是网络社会支持是影响教师网络生活方式的重要社会因素。网络社会支持是借助言语或非言语方式传递情绪、信息等，以帮助他人降低不安或压力的活动，包括信息支持、工具性支持、情绪情感支持、社会化性质的支持。③就教师而言，一是工具性支持或技术支持对教师网络生活行为的影响。譬如，在网络教学中，是否有良好的便利条件或技术支持往往影响教师网络教学行为的开展。有论者指出，"便利条件"主要是指教师认为学校计算机、网络等硬件条件较好，学校组织推动 Moodle 网络教学使用、在教师安装 Moodle 时会有专人帮助、运用 Moodle 开展网络教学会有专家提供帮助与指导等。研究发现：便利条件对教师使用 Moodle 网络教学平台行为有直接影响。④二是社会组织支持对教师网络生活行为的影响。以教师网络教学为例，学校组织提供的支持和帮助将影响着教师网络教学的积极性，从而影响网络教学方式的形成与发展。有研究表明：在教师个人对于网络教学的使用性与易用性上，组织的协助支持起到相当重要的作用，例如，学校主动提供教师进修相关计算机网络教学的课程，提供教师相关的网络教学新的知识，以及同事之间交流协助。⑤另外，教师培训管理部门制定科学合理的培训政策、教师培训实施机构按照教师的硬件条件与时间开

① 埃瑟·戴森. 2.0 版数字化时代的生活设计[M]. 胡泳，范海燕译. 海口：海南出版社，1998：12.
② 埃瑟·戴森. 2.0 版数字化时代的生活设计[M]. 胡泳，范海燕译. 海口：海南出版社，1998：350.
③ 雷雳. 互联网心理学：新心理与行为研究的兴起[M]. 北京：北京师范大学出版社，2016：302-303.
④ 张思，李勇帆. 高校教师使用 Moodle 网络教学平台影响因素研究[J]. 电化教育研究，2014（8）：49-56.
⑤ 刘宇伟. 高校教师网络教学接受意图的整合模型初探[J]. 现代教育技术，2010（8）：106-108.

发课程和组织培训、中小学校按照校本研修规划为教师参与培训提供支持与帮助都将有利于教师积极使用网络学习空间进行学习。[①]

（四）社会心态

社会心态是在特定的历史时期、特定社会群体中存在的较为普遍的、共同的社会心理特征、心理状态或心理倾向、心理态势。社会心态虽然产生于社会个体心理，但它一经形成就以整体的形态存在，并影响社会个体的价值取向、情绪态度以及行为方式。显然，那些积极、健康向上的社会心态不仅有助于促进社会的发展与进步，也有助于促进和引导个体生活方式的变革与优化；同样的道理，那些不良的社会心态也会影响社会个体的生活观念与行为方式。譬如，有论者指出，当今社会心态演变趋势有以下几个倾向："社会心态中的非理性因素逐渐减少，理性因素逐渐增多。当前，社会心态中的不适应感、不公平感、困惑感、矛盾感、浮躁焦虑、急功近利等非理性因素和改革开放初期相比，有增有减；传统的身份感、地位感和归属感趋向分化和多元化；心理的稳定感、方向感和未来感由迷茫渐趋明确；对社会公平的心理预期明显增强"；该论者进一步指出，当下也存在"浮躁、喧嚣、忽悠、炒作、炫富、装穷、暴戾、冷漠"八种不良社会心态。[②]这些不良社会心态的长期存在，势必对教师情感态度、生活方式产生不良影响，容易使教师产生不良情绪或焦虑心理，继而影响教师生活方式（包括网络生活方式）的健康有序发展。可以说，良好社会心态的形成既有利于最大限度地促进社会和谐与稳定发展、减少社会生活中的各种不和谐、不稳定因素，也有助于为教师网络生活方式发展创造良好的社会氛围。为此，2010 年，中国共产党第十七届中央委员会第五次全体会议通过《中共中央关于制定国民经济和社会发展第十二个五年规划的建议》，首次明确提出"弘扬科学精神，加强人文关怀，注重心理疏导，培育奋发进取、理性平和、开放包容的社会心态"[③]的要求。

（五）社会生活方式

社会生活方式是人们在社会生活中形成的较为稳定的、确定的、规律性的活动样式。[④]事实上，社会生活方式彰显了社会占主导地位的生活方式的典型或本

① 张思，刘清堂，黄景修，等. 中小学教师使用网络学习空间影响因素研究——基于 UTAUT 模型的调查[J]. 中国电化教育，2016（3）：99-106.

② 夏学銮. 当前中国八种不良社会心态[J]. 人民论坛，2011（4）：48-50.

③ 中共中央. 中共中央关于制定国民经济和社会发展第十二个五年规划的建议[J]. 求是，2010（21）：3-16.

④ 张洪兴. 张洪兴文存：系统劳动价值论 社会哲学新论[M]. 济南：山东人民出版社，2012：273.

质特征，体现了群体或个体生活方式的本质与主流。“生活方式实在是一个社会群体文明状态的集中体现，是联系着社会生态和人们精神世界的中介。而一个社会中，人们形成怎样的生活方式，不仅决定着人们的生活质量，而且也决定着这个社会的价值取向，并进而决定着这个社会的未来。”①就社会生活方式与教师个体生活方式而言，社会生活方式影响教师个体生活方式（包括教师网络生活方式）的形成与发展，为教师网络生活方式的变革与发展指明方向。也就是说，社会生活方式在一定程度上为教师决定选择什么样的生活、创造怎样的生活、不要怎样的生活指明方向，并提供可资借鉴、参考的行为方式。譬如，1984 年召开的中国共产党十二届三中全会颁发的《关于经济体制改革的决定》指出：“努力在全社会形成适应现代生产力发展和社会进步要求的，文明的、科学的、健康的生活方式”的号召。2015 年，《中共中央 国务院关于加快推进生态文明建设的意见》颁布，提出“倡导勤俭节约、绿色低碳、文明健康的生活方式和消费模式，提高全社会生态文明意识”的要求。②习近平同志在党的十九大报告中指出：“中国特色社会主义进入新时代，我国社会主要矛盾已经转化为人民日益增长的美好生活需要和不平衡不充分的发展之间的矛盾”，因此要“永远把人民对美好生活的向往作为奋斗目标”。③可以说，不同时期主导的社会生活方式都对教师生活方式产生特定的影响。现如今，“美好生活”不仅是党和政府的执政理念与奋斗目标，也为教师个体网络生活方式的构建描绘出美丽蓝图，从而影响着教师网络生活方式的发展。

三、技术/平台因素

由于教师网络生活方式是借助网络技术和平台开展的实践活动样式，因而互联网技术和平台属性及其发展水平将在一定程度上影响教师网络生活方式的形成和发展。

（一）互联网变迁与发展

伴随着互联网技术、虚拟现实技术的创新与更迭，我国互联网应用大致经历

① 李长莉. 中国人的生活方式：从传统到近代[M]. 成都：四川人民出版社，2008：3.

② 中共中央，国务院. 中共中央 国务院关于加快推进生态文明建设的意见[EB/OL]. http://politics.people.com.cn/n/2015/0506/c1001-26953754.html. [2018-12-15].

③ 习近平. 决胜全面建成小康社会 夺取新时代中国特色社会主义伟大胜利——在中国共产党第十九次全国代表大会上的报告[M]. 北京：人民出版社，2017：11.

三个不同发展阶段，即 Web1.0 阶段、Web2.0 阶段、Web3.0 阶段。互联网形态的每一次更迭与发展都深深地影响着教师的工作、学习、社交、娱乐、购物等生活领域，不仅改变着教师生活观念、存在方式，也丰富了教师的网络生活工具，拓展了教师网络生活空间，从而影响着教师的网络生活质量。一方面，互联网的增长速度与普及率影响教师网络生活方式的崛起与发展。互联网的迅猛崛起与扩张使得互联网的普及率提升，网民规模日趋增大。互联网普及率是使用互联网的人在全国总人数中的比率。比率越高，表明网络生活越具有普适性。比如，上网率（网民人数占全国总人数的比例）是衡量国民网络生活的重要指标，可以折射出网民网络生活方式的水平。毫无疑问，互联网发展水平及其扩张速度极大地影响教师网络生活方式的形成与发展。另一方面，互联网形态变迁影响教师网络生活方式的质与量。互联网的迅猛崛起与扩张，使其不断从“生活工具”演变发展成为“虚拟空间”“网络社会”，为教师提供广阔的“网络生活空间”，并发挥着休闲、学习等功能，从而使教师网络生活的日常化成为可能。“今天的网络社会，包含四个子网络：终端网络、内容网络、关系网络以及服务网络。其中，由在线购物、在线教育、在线医疗、在线金融等构成的服务网络是近年来互联网发展的新重心，尤其在移动互联网技术的推动下，它们使得互联网真正变成‘生活空间’，正如尼葛洛庞帝所说‘数字化生存不再是虚拟化生存的代名词’。”①

（二）网络效能与平台性能

网络效能是整个网络为提供功能或使命所需的性能水平和服务能力。网络效能水平的衡量可以从不同维度展开。从网络的技术指标来看，其包括性能参数、可用性、可扩缩性、安全性、可管理性、适应性、可购买性，网络性能指标则包括时延、吞吐量、差错、时延抖动、带宽、响应时间、利用率和效率等。②此外，网络平台属性也是影响教师网络生活行为（如教师网络学习、教师网络交往等）的重要因素。比如，网络架构是否合理、是否方便教师查找所需信息和资源，界面是否简洁明了、友好，链接是否有效，沟通渠道是否可用，多媒体的性能水平如何，等等。相关研究表明：是否具有个人电脑或可供个人随时使用的电脑、网速的快慢、网上学习资源的丰富程度、网站的安全性、平台的总体布局、平台的界面设计风格、导航的设计、社区平台功能模块的完善和社区交往平台动

① 彭兰. 从网络媒体到网络社会——中国互联网 20 年的渐进与扩张[J]. 新闻记者，2014（1）：15-21.

② 刘昭斌，曹钧尧，谭方勇. 网络工程设计实用教程[M]. 北京：清华大学出版社，2010：75-76.

态资源库的建设对学习者的网络学习有明显的影响。[①]

四、文化因素

从某种意义上说，生活方式是文化的外在化和现实体现，亦即文化传统的价值观念、思维方式等核心文化的外在体现。正如衣俊卿所说："文化是历史地凝结成的稳定的生存方式……它像血脉一样，熔铸在总体性文明的各个层面中，以及人的内在规定性之中，自发地左右着人的各种生存活动。"[②]如此一来，作为一种特殊的生活方式，教师网络生活方式不可避免地受技术文化、网络文化、教师文化等文化因素的影响和制约。

（一）技术文化

技术文化是"以技术为中心并由此衍生的社会化了的思维方式和集体行为方式的通约语码、准确内涵的前提和共同所指，是由处于无意识状态的技术思想观念、操作方法、团体心理、传统习俗、时代意识和主体意绪融汇交织、积淀升华所组成"[③]。技术文化发展与演进经历了传统技术文化、现代技术文化、当代技术文化等不同阶段，不同技术文化形态都在一定程度上影响着教师生活方式的变革与发展。"技术文化是人类的基本文化现象，每一种技术文化形态都标识并决定着人的一种特殊生活方式与存在样式。因此，伴随着技术的深刻变革的，必定是人的生活方式与存在样式的深刻变革。"[④]在互联网时代，互联网技术、人工智能技术、虚拟现实技术等新兴技术为技术文化发展注入了新的文化元素，使得当代技术文化与传统技术文化出现较大差异，并存在冲突或断裂现象。正是传统技术文化与当代技术文化之间的断裂，使得教师生活方式的连续性出现断裂，从而增加了教师网络生活方式生成与发展的难度，还可能引发教师现实生活方式与网络生活方式间的矛盾和冲突。

（二）网络文化

网络文化主要指存在于赛博空间的人类精神文化形态，包括存在于网络空间

---

① 胡凡刚，李文波. 教育虚拟社区中技术文化形成因素的实证分析[J]. 电化教育研究，2011（1）：54-59.

② 衣俊卿. 文化哲学十五讲[M]. 北京：北京大学出版社，2004：18-19.

③ 曾鹰. 技术文化意义的合理性研究[M]. 北京：光明日报出版社，2011：26.

④ 曾鹰. 技术文化意义的合理性研究[M]. 北京：光明日报出版社，2011：53.

内的一切人的知识、信息、思想、心理、行为和活动方式等。[①]在虚拟网络世界中，教师的网络生活方式不可避免地受到网络文化尤其是网络亚文化（包括网络学习文化、网络消费文化、网络阅读文化、网络语言文化、网络社群文化）的影响。比如，在虚拟网络社区，教师网络行为受到虚拟社群文化的影响。一方面，网络社群的信任氛围影响教师网络购物行为、教师政治参与行为等。另一方面，网络社群文化影响教师网络学习共同体、网络学习社区发展，从而影响教师网络生活方式的质量。研究发现，网络学习社区有助于促进教师开放、支持性友谊关系的发展，并使得教师学习团体更具凝聚力。[②]此外，倘若不良网络文化长期存在，就会影响教师网络生活认同及其网络生活行为，从而阻碍网络生活方式的发展和完善，因而构建积极向上的网络文化对于教师网络生活方式的发展和优化至关重要。

（三）教师文化

教师文化是教师基于其特定的职业角色而形成的独特的价值观念和行为模式，并发挥着社会区隔、人格塑造、团体凝聚、学校民主管理、社会伦理发展等方面功能。[③]教师文化一经形成就像一种无形的力量，以“集体无意识”的方式对教师个体或群体行为进行激励和规约，促使教师个体形成特定的职业价值观念和思维方式，并形成与之相适应的教学生活行为。在教学生活中，教师的网络生活方式尤其是网络教学方式和网络学习方式在很大程度上受教师文化的影响。有研究表明：教师网络生活就彰显着“积极向上的主流文化气息”。譬如，从教师所起的网名“师途无悔”“沉默思想者”等都可以看出他们对教育的抱负和信念。这些教师都是靠对教育的热爱与执着追求站立在网络上的辛勤耕耘的劳动者、充满智慧的思想者，整个网络凸显的是教师文化中积极向上的一部分。[④]以教师网络教学方式为例，当教师所在群体或学校的大部分教师从事网络教学时，教师个体为了顺应潮流，开始尝试进行网络教学或信息化教学，并不断促使网络教学日常化，从而发展成为教师的日常教学生活方式。事实上，教师文化不仅影响教师教学行为，还影响教师日常生活行为。长此以往，教师的日常生活行为也往往被打上职业特征，映射教师文化的职业特征。

---

① 李文明，李爱娟. 网络文化教程[M]. 北京：北京大学出版社，2016：21.

② Bierema L L，Merriam S B. Virtual mentoring：Using technology to enhance the mentoring process[J]. Innovative Higher Education，2002，26（3）：211-227.

③ 肖正德. 教师概论[M]. 杭州：浙江大学出版社，2013：185-192.

④ 万伟. 课程变革中的教师文化[M]. 南京：南京师范大学出版社，2010：175.

第五章

教师网络生活方式的现实样态考察

在网络智能时代，教师网络生活方式的崛起与发展对于网络社会生活的发展和教育信息化 2.0 行动计划的推进具有重要意义。及时深入地了解和揭示教师网络生活方式的现实样态，准确把握不同人口学特征教师网络生活方式的主要特点，揭示教师网络生活方式面临的问题、风险，能够为教师网络生活方式的优化提供现实依据。

第一节 研究设计

一、样本选择与构成

笔者采取随机抽样的方式，选取广东、浙江、湖北、湖南、内蒙古等省（自治区）的部分中小学教师为调查对象，共发放调查问卷 1650 份，回收问卷 1500 份，其中有效问卷 1315 份，问卷回收率为 90.9%、有效率为 87.67%。调查对象基本信息主要涉及地区、性别、婚姻状况、年龄、职称、学历、学科等。就调查对象的基本构成情况来看：①性别结构：女性教师比例为 75%，男性教师的比例为 25%，女性教师明显多于男性教师。②婚姻状况：已婚教师的比例为 75.6%，未婚教师的比例占 21.7%，离异和丧偶教师的比例分别为 0.3%和 2.3%。③年龄结构：40 岁以下教师占被调查样本数的六成以上，其中，年龄在“31～40 岁”“25～30 岁”“25 岁以下”教师的比例分别为 33.7%、18.8%和 12.2%。年龄在“41～50 岁”教师的比例为 28.8%，而“50 岁以上”教师比例仅为 6.5%。④学历结构：“硕士及以上”和“大专以下”学历教师所占比例较小，分别为 9.1%和

1.2%，本科学历教师的比例为72.8%、大专学历教师比例为16.9%。⑤职称结构：高级职称教师占被调查样本数的20.6%，中级职称、初级职称教师比例分别为47.3%和19.0%，其他的为13.1%。⑥所在地域：东部地区教师的比例为40.4%，中部地区教师的比例为33.4%，西部地区教师的比例为26.2%。

二、研究工具与方法

采用的调查工具为自编中小学教师网络生活方式调查问卷和教师访谈提纲。我们在参照国内外网络生活方式相关研究成果，结合中小学教师网络生活方式特点，编制了中小学教师网络生活方式调查问卷，收集数据之后运用SPSS 22.0统计软件对不同层次的统计变量进行单变量统计描述等统计处理，对抽取样本中的大量数据资料进行分析，并对统计结果进行推论，得出相关结论。

1）问卷调查的内容与范畴。问卷旨在对中小学教师网络生活方式状况进行调查。问卷内容主要涉及两大方面：①调查对象的基本情况。②调查内容部分，主要包括教师网络生活总体情况（包括教师上网设备、上网地点、上网时长与网龄、网络行为，以及教师网络生活方式评价等），教师网络生活方式各领域（包括网络教学、网络社交、网络学习、网络休闲、网络消费）的基本情况。

2）调查工具的编制与完善。结合教师网络生活实际，通过反复讨论设计出问卷初稿，在征求有关专家意见的基础上对问卷进行修改，并在部分中小学校进行预调查，在预调查中听取了部分教师的建设性意见，再次对研究工具进行修改和完善。

3）数据的处理与分析。主要运用SPSS 22.0统计软件进行数据统计分析，所使用的统计方法能较好地满足研究需要，所得的统计结果能较好反映教师网络生活方式的基本状况。

第二节　教师网络生活方式的总体分析

教师网络生活方式的总体分析主要是从整体上把握教师网络生活的总体状况，具体内容包括教师上网设备、上网地点、上网年限、上网时长、教师网络活动类型、教师网络生活方式的影响及其评价等，并对不同人口学特征教师网络生活方式的差异性进行比较和分析，力图勾勒出教师网络生活方式整体图景。

一、教师上网设备日趋智能化、便携化，但上网设备使用率总体偏低

总体来讲，教师常用的上网工具与设备主要是智能手机、台式电脑，比例分别为78.7%、61.8%，其次是笔记本电脑（36.2%）和平板电脑（19.5%），此外，使用电视机顶盒、iTouch等其他设备上网的教师比例依次为7.9%和2.5%（图5-1）。

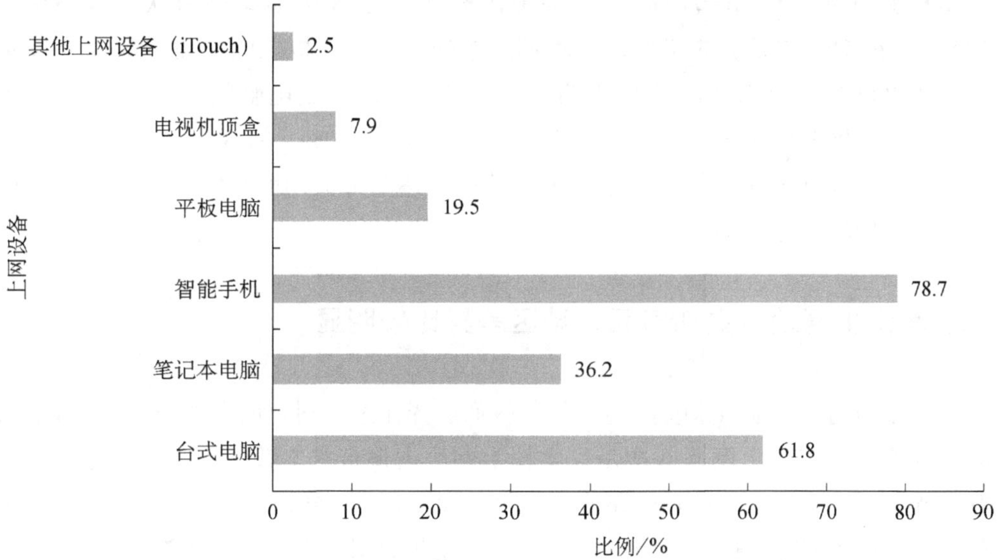

图5-1　教师常用上网设备情况

与中国其他网民相比，教师使用智能手机上网的比例低于其他网民，而使用台式电脑、笔记本电脑的比例高于其他网民。2020年9月，中国互联网络信息中心发布了第46次《中国互联网络发展状况统计报告》，报告显示：截至2020年6月，我国手机网民规模达9.32亿，网民使用手机上网的比例达99.2%；使用电视上网的比例达28.6%，使用台式电脑上网、笔记本电脑上网、平板电脑上网的比例分别为37.3%、31.8%和27.5%。①

在对教师上网工具与设备的差异性分析中，我们发现：年龄在“25岁以下”“25～30岁”“31～40岁”“41～50岁”“50岁以上”教师使用台式电脑的比例分别为53.2%、56.6%、65.1%、66.7%、62.7%，而选择使用笔记本电脑的比例依次为“56.3%、51.6%、34.5%、24.2%、18.1%”，使用平板电脑的比例为27.2%、25.4%、20.0%、13.4%、13.3%；在智能手机的使用上，“25岁以下”

① 中国互联网络信息中心. 中国互联网络发展状况统计报告[EB/OL]. http://www.cnnic.net.cn/hlwfzyj/hlwxzbg/hlwtjbg/201808/P020180820630889299840.pdf. [2018-12-10].

"25～30 岁""31～40 岁""41～50 岁""50 岁以上"教师的比例分别为 84.8%、79.5%、78.6%、75.5%、78.3%。由此看来，随着教师年龄的增长，笔记本电脑和平板电脑的使用率逐渐降低；而台式电脑的使用率逐渐升高；智能手机的使用在年龄上差异不明显。此外，在地区差异上，75.9%的东部地区教师选择经常使用台式电脑上网，中部地区和西部地区的教师比例分别为 45.7%、60.6%；在笔记本电脑使用上，东部地区、中部地区和西部地区教师比例依次为 41.8%、37.0%、26.5%；76.5%的东部地区教师经常使用智能手机上网，而中部地区教师比例为 84.0%，西部地区教师比例则为 75.2%；在平板电脑的使用上，东部地区、中部地区和西部地区教师比例分别为 19.6%、18.0%、21.3%。由此可见，东部、中部、西部地区教师的笔记本电脑使用率逐渐降低，而智能手机和平板电脑的使用在地域上无明显差异。

二、教师上网地点更加多元，地区差异比较明显

从教师的上网地点来看，绝大部分教师选择在家上网。调查数据显示，86.2%的教师通常在家里上网；其次是在学校上网，占调查样本数的 67.1%；而在"朋友、亲戚家"以及"上下班路上"上网的教师比例分别为 11.4%和 8.4%。此外，选择在"网吧、咖啡厅等公共场所"上网的教师比例为 7.2%（图 5-2）。

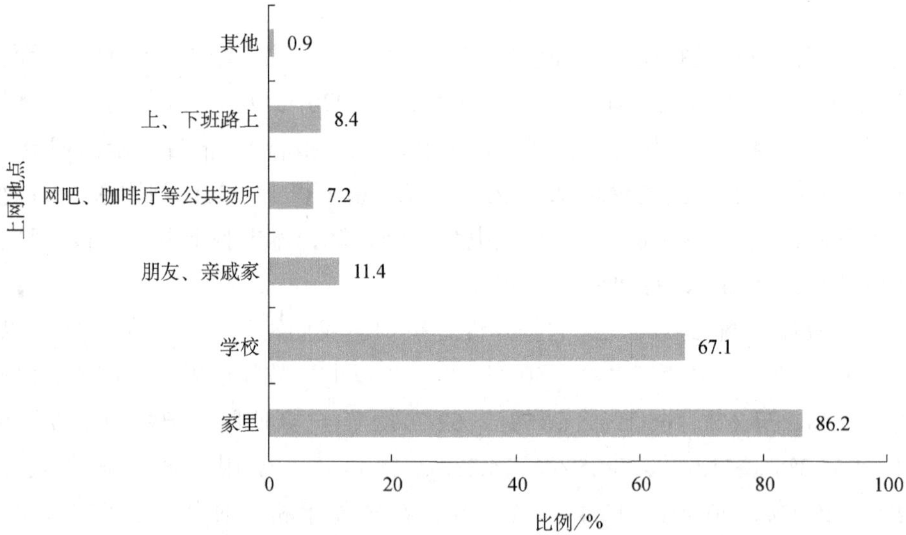

图 5-2　教师平时上网地点

在教师上网地点的年龄分布上，差异较大的是“学校”“网吧、咖啡厅等公共场所”、“上下班路上”，其中，年龄段为“25 岁以下”“25～30 岁”“31～40 岁”“41～50 岁”“50 岁以上”的教师选择在学校上网的比例为 59.5%、65.0%、66.2%、71.4%、75.0%；选择上下班路上上网的比例分别为 20.3%、11.9%、7.8%、3.5%、2.4%；另外，不同年龄段教师选择在家上网的比例略有差异，但总体差异不大，“25 岁以下”“25～30 岁”“31～40 岁”“41～50 岁”“50 岁以上”教师比例依次为 88.6%、82.3%、86.4%、87.8%、86.9%。由此看来，伴随着互联网的普及与应用，人们可以随时随地上网，而不再受时空条件的限制，教师尤其是年轻教师上网地点更加多元。

从教师上网地点的地区分布上看，不同地区教师在上网地点的选择上存在着差异。其中，92.4%的中部地区教师选择在家上网，东部地区和西部地区的教师比例则依次为 83.9%、81.7%；选择在学校上网的东部、中部和西部地区教师比例分别为 83.6%、56.7%、55.1%；另外，东部、中部、西部地区教师选择在上下班路上上网的比例分别为 13.8%、6.7%、2.3%。以此来看，东部地区教师在家里和学校上网的比例明显高于西部地区教师。这可能与我国区域经济发展不均衡、互联网发展和教育信息化建设存在的地区差异有关。

三、近四成教师的网龄在 10 年及以上，东部地区教师的网龄明显高于中部、西部地区教师

总体来看，近四成教师的上网年限在“10 年及以上”，上网年限在“5～<8 年”、“8～<10 年”、“3～<5 年”的教师比例分别为 20%、18%、13%，而上网年限在“1～<3 年”、“少于 1 年”的教师比例偏小，分别为 6%和 2%（图 5-3）。

从教师上网年限的年龄分布上看，网龄在“10 年及以上”的“25 岁以下”“25～30 岁”“31～40 岁”“41～50 岁”“50 岁以上”的教师比例分别为 20.4%、40.9%、47.8%、40.1%、35.4%；网龄在“5～<8 年”的不同年龄段教师比例依次为 33.1%、15.3%、20.3%、19.5%、13.4%，而网龄在“1～<3 年”的不同年龄段教师比例分别为 8.3%、5.4%、2.8%、6.5%、12.2%。由此可见，青年教师上网年限普遍比中年教师上网年限要长。

从教师上网年限的地区分布上讲，不同地区教师上网年限存在着较大差异。上网年限在“10 年以上”的东部、中部、西部地区教师的比例分别为 51.3%、41.6%、19.6%；选择上网年限在“3～<5 年”的东部、中部、西部地区教师比例

为 6.7%、9.7%、25.8%；而上网年限在“1～<3 年”西部教师比例为 14.1%，东部地区和中部地区教师比例偏低，分别为 2.9%、3.0%。由此看来，东部地区教师的网龄高于中部、西部地区教师。

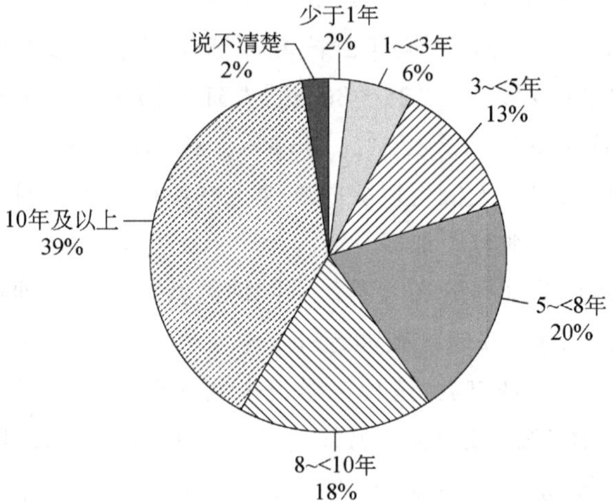

图 5-3　教师上网年限

四、教师每天上网时长总体上偏短，但年轻教师、高学历教师、低级职称教师以及东部地区教师上网时间相对长些

就教师上网时长来讲，教师平均上网时长偏短，主要在 2 小时左右。从图 5-4 可以看出，教师上网时长在“1～<2 小时”“2～<3 小时”的比例分别为 33%、21%，其次是上网时长在“0.5～1 小时”的教师比例为 18%；上网时长在“3～4 小时”“4 小时以上”的教师比例依次为 10%、11%；而上网时长在“半小时以内”的教师比例最小，比例为 7%。

和中国其他网民相比，教师每天上网时长明显低于其他网民。2018 年 7 月，中国互联网络信息中心发布的第 42 次《中国互联网络发展状况统计报告》显示：2018 年 6 月，中国网民的人均周上网时长为 27.7 小时，平均每天上网时长约为 3.95 小时，相比 2017 年末提高 0.7 个小时。[①]其中重要原因就是教师工作繁忙、负担过重，闲暇时间偏少。

---

① 中国互联网络信息中心. 中国互联网络发展状况统计报告[EB/OL]. http://www.cnnic.net.cn/hlwfzyj/hlwxzbg/hlwtjbg/201808/P020180820630889299840.pdf. [2019-11-12].

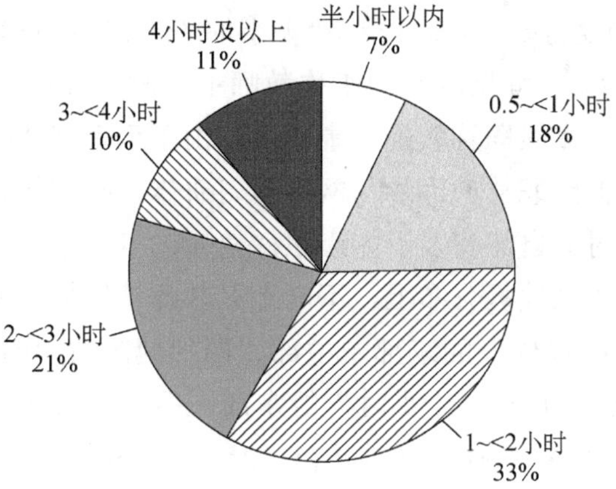

图 5-4　教师平均每天上网时长

在教师年龄分布上，不同年龄段教师上网时长存在差异。对于年龄在“25岁以下”“25～30岁”“31～40岁”“41～50岁”“50岁以上”教师，上网时长在“半小时以内”的比例分别为3.8%、4.1%、6.7%、8.4%、19.5%；而上网时长在“1～< 2小时”的比例分别为24.4%、28.0%、36.5%、37.6%、31.7%。对于年龄在“25岁以下”“25～30岁”“31～40岁”“41～50岁”“50岁以上”教师，选择上网时长在“2～<3小时”的比例分别为34.0%、23.9%、20.3%、17.7%、17.1%；而选择上网时长在“4小时及以上”的教师比例为14.1%、15.6%、11.3%、7.4%、6.1%。由此可见，年轻教师平均每天上网时长普遍比年长教师的上网时长要长些。

在教师的学历分布上，不同学历水平教师上网时长也存在一定的差异。硕士及以上、本科、大专和大专以下学历的教师上网时长在“半小时以内”的比例分别为5.1%、6.4%、9.7%、13.3%，而上网时长在“0.5～< 1小时”的比例为13.7%、16.2%、24.0%、53.3%；硕士及以上、本科、大专、大专以下学历的教师选择上网时长在“2～<3小时”的比例依次为23.9%、22.2%、19.8%、6.7%；而选择上网时长在“4小时及以上”的教师比例为16.2%、11.2%、8.3%、0。由此看来，与低学历教师相比较而言，高学历教师平均每天上网时间会更久一些。

在教师上网时长的职称分布上，高级、中级、初级和其他职称教师上网时长在“半小时以内”的比例分别为10.7%、8.0%、5.3%、0.6%，而上网时长在“1～< 2小时”的比例为41.6%、34.8%、27.0%、25.9%；上网时长在“2～< 3小时”的高级、中级、初级和其他职称教师的比例依次为19.1%、20.6%、

24.2%、27.7%；而选择上网时长在“4 小时及以上”的教师比例为 5.7%、9.5%、12.3%、22.3%。可见，不同职称教师上网时长存在较大差异，低级职称教师上网时间要多于高级职称教师。事实上，由于承受着评职、晋升以及教研等诸多方面的压力，低级职称教师参与网络学习研修、网络教研等方面活动较为频繁，平均每天上网时间自然要多于高级职称教师。

在教师上网时长的地区分布上，不同地区教师平均每天上网时长不尽相同。上网时长在“半小时以内”的东部、中部、西部地区教师的比例分别为 6.3%、4.8%、11.5%，而在“0.5～< 1 小时”的东部、中部、西部地区教师比例分别为14.6%、16.6%、24.0%；选择上网时长在“2～< 3 小时”的东部、中部和西部地区教师相差不大（比例分别为 23.1%、20.0%、21.0%）；而选择上网时长在“3～< 4 小时”“4 小时及以上”的东部、中部、西部地区教师的比例存在着差异，前选项的比例分别为 13.4%、6.5%、7.7%，后选项的比例则依次为 15.7%、12.7%、1.5%。由此不难发现，东部地区教师上网时长总体上要高于西部地区教师上网时长。

五、教师网络活动存在偏好明显，以网络教学、网络社交为主

网络活动是人们在虚拟网络世界中开展的各种感性活动。随着网络通信技术和网络应用的迅猛发展，人们在网络世界中开展的网络活动日趋丰富多元。另外，人们上网动机和目的、兴趣和爱好的差异，也使得网络活动类型更加复杂多样。就教师网络生活而言，在“互联网+”行动计划和国家信息化发展战略的推动下，教师上网的机会和频率日趋增多，网络活动类型更加丰富多样，如网络社交、网络教学、网络学习、网络娱乐、网络消费等。我们对教师网络活动频率进行了调查，调查数据显示（图 5-5），网络教学、网络社交成为教师网络生活的主要内容，均值分别为 3.90、3.73，其次是网络学习、网络消费，两者的均值依次为 3.55、3.36，而教师网络娱乐频率相对较低，均值为 3.00。

与学生网络生活内容相比，教师的网络娱乐活动频率和时间明显偏少。有调查表明，学生网络生活中，花费时间最多的领域是网络娱乐（平时每周平均为 55 分钟、周末平均为 138 分钟）；其次是网络社交（平时花费大约为 37 分钟、周末花费大约为 75 分钟）、网络学习（平时花费大约为 38 分钟、周末花费大约为 68 分钟）；而花费最少的是网络购物（平时每周花费 15 分钟、周末每周花费

46 分钟）。[①]造成师生在网络娱乐方面形成较大反差的重要原因之一就在于：娱乐已成为作为“N 世代”学生的关键特征。美国学者泰普斯科特将“娱乐”视为“N 世代”呈现出的典型特征。“N 世代想把娱乐融入工作、学习和社会生活中。这代人是在互动中长大的，工作的时候都会带着娱乐的心态。”“对 N 世代来说，社交、教育的娱乐性和游戏性至关重要。”[②]

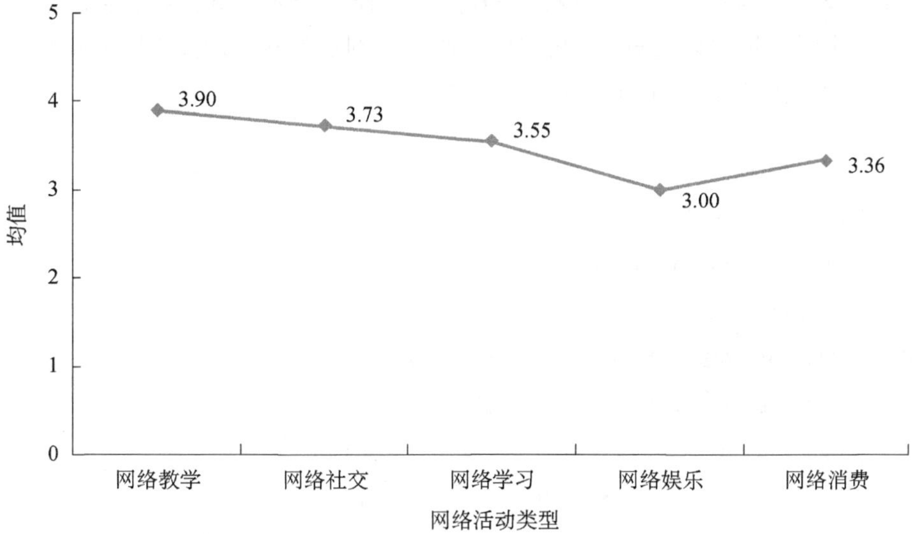

图 5-5 教师网络活动类型均值

六、教师网络生活方式创代价并存，教师网络生活认同感日趋增强

（一）教师网络生活方式创代价矛盾日渐突显，对教师的影响日趋复杂多样

作为一种新型生活方式，网络生活方式的崛起与发展对教师的工作、生活、学习以及身心健康等产生了深远影响，既产生积极影响，也带来消极影响。有论者曾探讨了电脑网络对网民心理健康带的双重影响，从积极影响来看，主要包括普及心理健康知识、情感宣泄、建立良好的人际关系、提供心理健康援助、激发个体潜能与创造性的发挥等方面；从消极影响来讲，主要体现在情感冲突、安全

① 王珠珠. 中国学生网络生活调研报告[M]. 北京：人民教育出版社，2016：22.

② 唐·泰普斯科特. 数字化成长（3.0 版）[M]. 云帆译. 北京：中国人民大学出版社，2009：35，165.

焦虑、由电脑网络引发的心理障碍、心理误导等方面。①

从教师网络生活方式对教师产生的积极影响来看，突出表现在"生活内容更加丰富、充实"（75.9%）；其次体现在"购物更加方便、快捷"（34.7%）、"激发了我的创造力，更有成就感"（31.9%）、"提高了工作/生活效率"（30.7%）、"工作生活技能得到提升"（30.3%）、"获取更多知识/讯息，拓宽视野"（29.0%）、"激发了我的参与意识"（27.0%）等方面。而在"个人爱好兴趣得到更好发展""工作与生活质量得以提升""社交更方便，交到更多知心朋友""主体性得到了发挥"等方面的积极作用并不明显（图5-6）。

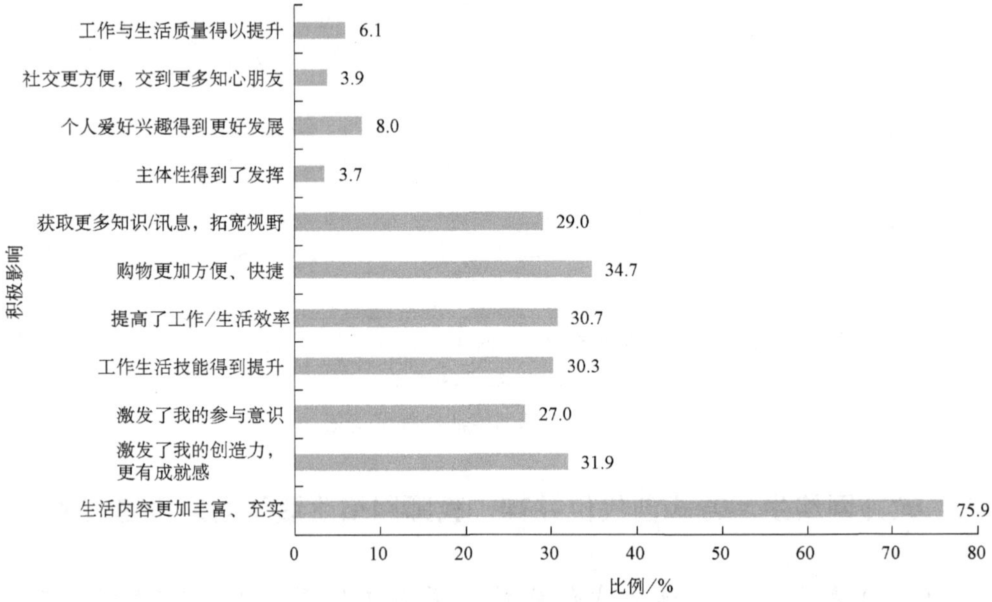

图5-6 教师网络生活方式的积极影响

从网络生活方式给教师带来的消极影响来讲，首先体现在"身体健康问题（如电脑病）"（53.1%）、"记忆力下降、思维钝化"（42.3%）、"网络技术发展过快，无法及时掌握"（40.6%）等方面；其次表现在"网络信息良莠不齐，有时难辨真假"（36.7%）、"个人信息/隐私泄露"（20.9%）、"海量信息与精力有限间的矛盾"（19.3%）、"收到垃圾信息"（17.3%）、"网络依赖/网络成瘾"（11.9%）、"网络病毒/恶意软件攻击"（11.3%）等方面；此外，"角色/身份冲突""网上欺诈""网络欺凌（如侮辱/暴力/恐吓/诽谤）""恶意邮件（含教唆/色情/暴力等内

① 陈志霞. 电脑网络与网民心理健康[J]. 自然辩证法研究，2001（4）：67-71.

容）”等也是不可忽视的负面影响（图 5-7）。

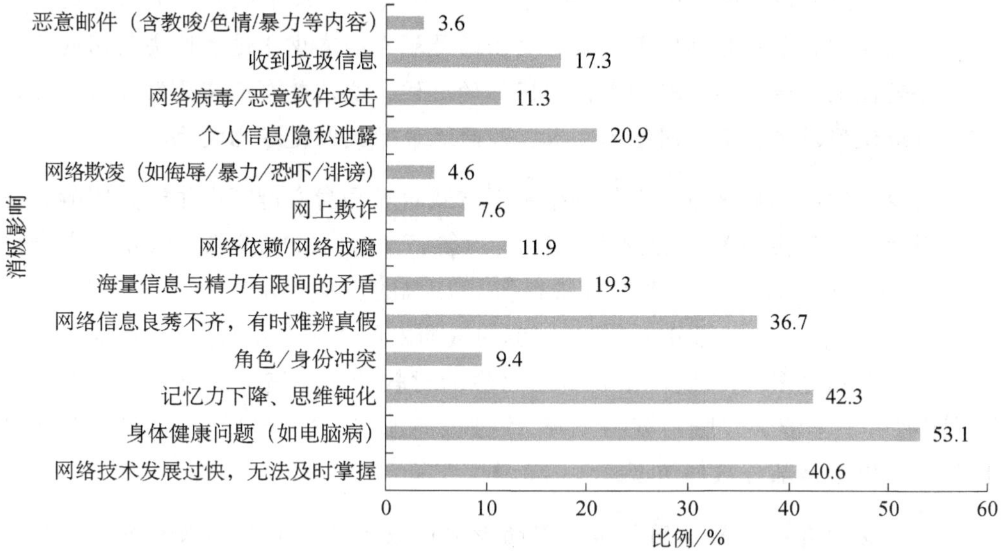

图 5-7　教师网络生活方式的消极影响

总体来讲，互联网是一把双刃剑，给人类生活带来积极效益的同时，也带来消极影响。教师的网络生活是在虚拟网络世界中开展的感性活动，不可避免地存在创价和代价，教师对网络生活利弊关系有着较为清醒的认识、能够正确对待，这可从教师的访谈中得以证实。

访问者：您是如何看待互联网或“网络生活”的？您认为网络生活的利弊关系是怎样的？

LT 老师：网络生活是一把双刃剑，主要还是取决于用网人的自控力，要善于甄别网络信息，去其糟粕，留其精华，使其更好地为生活、工作服务。

BL 老师：我认为网络生活给人们的日常生活带来极大便利的同时，也带来一些不良影响，如网络诈骗等。这就需要我们全面、客观地对待网络生活。一方面要尽情地享受网络生活带给我们的便利，另一方面也要清醒谨慎地防范各种风险。

CY 老师：网络跟我们现在的生活息息相关，基本上我们现在的工作和生活都离不开网络。显然，网络给我们的生活带来了很大的便利，例如我们可以足不出户地了解这个社会，我们可以有更多与朋友联系的方式，我们可以在网络上更好地提升自己的专业水平，等等。但是网络生活是一把“双刃剑”，在给我们带来很大便利的同时，也给我们带来了很大的负面影响。且不说我们的个人信息容易泄露，更多的是现在的青少年过多地去使用网络，导致他们沉迷网络。我们在使用网络的时候，要清楚自己需要做什么，要正确地使用网络，成为网络的主人，让网络帮助我们更好地成长。

就身心健康影响来看，教师网络生活方式对教师身心健康产生一定影响。在被问及“网络生活对教师的身体产生不良影响”时，18.9%的教师表示“完全符合”，29.0%的教师表示“大部分符合”，27.1%的教师表示“一半符合”，只有19.0%的教师表示“少部分符合”、6.0%的教师表示“完全不符合”。对此，我们进一步对教师进行了访谈，了解到网络生活对教师身体造成的不良影响主要有“眼睛疲劳、干涩、发胀，视力下降”“颈椎病加重”“久坐导致肥胖”“头昏目眩”等。以下是部分教师访谈：

访问者：经常上网是否给您的身体造成不良影响？如果有影响请具体谈谈。

ZY 老师：现在工作和生活都离不开网络，由于上网时间较长，眼睛经常会疲劳、酸胀。

HW 老师：上网令我的颈椎很不舒服，还有鼠标手等情况，有时候上网时间过久还会有头昏目眩的症状。

SW 老师：有影响的，自己上网时间太长导致脊椎不是很好，眼睛也会干涩，并且运动也少了，胖了不少。

SF 老师：经常上网使我有了颈椎病，长时间保持一个姿势有些受不了，近视的度数也在上涨。

此外，在回答“当减少上网时间或停止上网，我会感到不安、无所适从”这一问题时，有 23.5%的教师表示“少部分符合”，15.4%的教师表示“完全不符合”，27.7%的教师表示“一半符合”，另有 22.0%的教师表示“大部分符合”，11.4%的教师表示“完全符合”。

在教师访谈中，在问及“当您减少上网时间或停止上网，会有焦虑、烦躁不安等感受吗？是否产生网络依赖？”时，部分教师表示减少上网或停止上网，会感觉不太适应、烦躁不安，甚至出现网络依赖等情况。

NJ 老师：如果减少上网时间我会有点不习惯，对网络还是有一定的依赖，因为平时和朋友的沟通交流很多时候是靠手机，习惯了拿着手机看新闻。

LW 老师：不上网会有所不适应，对网络依赖性虽然不算大但还是会有。无论是工作备课还是日常生活，很多时候都需要用到网络，如果不能上网，就会给课件制作等工作带来不便。另外，各种图片、音乐、参考资料等无法下载对于课堂形式的多样化也产生较大阻碍。

ZX 老师：减少或停止上网可能会感觉有些无聊。对网络会有依赖。我工作的一部分是要依靠网络，便于信息的传递。另外，在外工作时，我需要网络来跟家人朋友保持联系。如果停止上网，感觉容易跟外面的世界脱节。

此外，也有部分教师表示停止或减少上网，不会感到不习惯或是出现网络依赖等情况。比如：

AN 老师：没有依赖，我已养成定时、定量上网的习惯，平时会比较多地参与现实生活的活动，以获得现实世界的成就感。

TL 老师：我对网络没有什么依赖，因为我在现实生活中比较忙，还有很多可以做的事情。如何防范这样的网络上瘾，我觉得关键就是得有一个正确的使用态度，把网络当作工具就好了。

（二）教师网络生活成为日常生活的重要内容，网络生活满意度依然存在提升空间

一方面，教师网络生活呈现出日常化发展态势，成为教师日常生活领域不可或缺的重要组成部分。从教师网络生活方式的发展趋势来看，在互联网技术、人工智能技术、大数据技术等新兴技术，以及“互联网+”行动计划的推动下，教师网络生活得到进一步发展，呈现出日常化发展态势，成为教师日常生活领域的重要组成部分。在回答“网络生活已成为自己日常生活不可或缺的组成部分”这一问题时，45.8%的教师表示“非常同意”，34.2%的教师选择“比较同意”，只有 8.1 的教师表示“基本不同意”和“完全不同意”。此外，与传统现实生活相比较而言，教师网络生活的优势也越来越明显，极大地方便了教师工作、生活、学习等。在回答“与传统现实生活相比，网络生活的优势越来越明显”这一题项时，近七成的教师认为网络生活的优势越来越明显。其中，27.2%的教师表示“非常同意”，38.7%的教师表示“比较同意”，分别只有 7.4%、2.9%的教师表示“不太同意”和“完全不同意”。

另一方面，教师对网络生活总体感到满意，但依然存在着较大的提升空间。

从教师对网络生活的满意度来看，七成以上的教师对网络生活感到满意。调查数据显示，30.2%的教师表示“非常满意”，46.6%的教师表示“基本满意”，另有17.2%的教师表示“一半满意”，6.0%的教师表示“基本不满意”和“完全不满意”（图 5-8）。

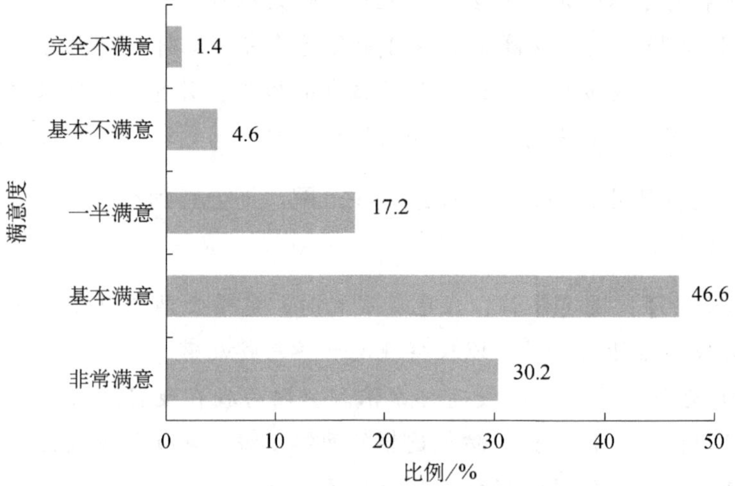

图 5-8　教师网络生活方式满意度情况

在访谈中，绝大部分教师表示对自己网络生活感到满意，并谈到了满意的理由。比如：

LW 老师：对自己网络生活满意。网络给予日常生活很多方便，无论是工作还是学习、生活都能真切体会到网络带来的便利。

WZ 老师：感到满意。网络越来越发达，使我们的生活越来越方便，同时国家对网络的监管也更加严格了，能让我们更加安全地上网。

TW 老师：满意，网络促进了经济的进一步发展，人们可以足不出户就买到自己需要的东西，也可以通过网络视频见到很久不见的亲人或是朋友。

同时，也有部分教师认为网络生活存在着亟待改进和完善的地方，譬如：

SQ 老师：网络是获取资源的渠道、是家校沟通的桥梁。但是网络也会给生活造成负担，特别是在和家长沟通时，会害怕自己的言辞不被理解和接受而留下所谓的“把柄”。

AN 老师：满意，但仍有需要改进的地方，要更加合理地利用时间，更加合理地利用网络获取自己所需。

第三节　教师网络生活方式的领域分析

如前所述，教师网络生活方式是由网络教学、网络社交、网络学习、网络娱乐、网络消费等不同领域构成。在对教师网络生活方式展开总体考察之后，我们对教师网络生活方式的各领域进行深入分析，以便更好地了解教师网络生活方式现状，为教师网络生活方式的优化与发展创造条件。

一、教师网络教学

作为一种新型教学方式，网络教学是教师网络生活的重要组成部分。何谓网络教学？学界对此有不同观点。譬如，有论者认为，网络教学是指在一定的教学思想和理论的指导下，应用多媒体和网络技术，通过教师、学生、媒体等多边、多向互动和对多种媒体教学信息的收集、传输、处理、共享，来实现教育教学目标的教学模式。[①]也有学者持同样的观点，将网络教学界定为利用计算机和宽带网络等硬件环境，依托专业的网络教学平台，实现异地、同时、实时、互动教学和学习的新的教学模式。[②]有学者从广义和狭义角度对网络教学进行了阐释。从广义的层面上来看，网络教学是指在教与学的过程中运用了网络技术的一切教学活动。从狭义的层面上来看，网络教学是指将网络技术作为构成新型学习生态环境的有机因素，充分体现学习者的主体地位，以探究学习作为主要学习方式的教学活动。[③]还有学者指出，凡是在教学中使用了各种各样的网络系统、平台、软件或网络资源的教学形式，都可以被称为网络教学。[④]总体来看，研究者的观点虽然不尽相同，但大多是基于信息技术或教学媒介的技术视角对网络教学进行的界定，缺少从生存论、价值论等多元化视角对网络教学进行深入解读。倘若过度关注网络教学的技术特性，就容易忽视师生的真实需求、轻视师生的存在价值。[⑤]从宽泛意义上说，教师网络教学是教师为了更好地满足学生生命发展、教师工作与发展等多方面需求，在现代教育教学理念与思想指导下，以网络教学工

① 李剑萍. 大学教学论[M]. 济南：山东大学出版社，2008：120.

② 田慧生. 网络教材开发概论[M]. 北京：教育科学出版社，2015：16.

③ 李方. 课程与教学论[M]. 南京：南京大学出版社，2016：232.

④ 梁林梅，李逢庆. 中外大学教师网络教学研究[M]. 南京：南京大学出版社，2014：20.

⑤ 李芒，张华阳. 对人工智能在教育中应用的批评与主张[J]. 电化教育研究，2020（3）：29-39.

具、平台/系统和资源为中介和载体进行的各种教学活动，包括课程资源开发、教学活动设计与实施、教学评价与管理以及其他教学支持服务等。我们从教师网络教学态度与动机、网络教学能力、网络教学工具、网络教学行为、网络教学环境等维度对教师网络教学方式进行了考察与分析。

（一）教师网络教学认可度较高，网络教学意愿较强

在日常教学生活中，教师能否主动、持续地开展网络教学受教师网络教学态度或网络教学认同感的影响。教师网络教学态度是教师以持续赞成或不赞成的方式对网络教学做出评价性反应的习得性心理倾向，由认知、情感和行为意向三部分构成。①

从网络教学价值认知来看，调查结果显示（图 5-9），互联网给教师教学工作带来的益处主要集中在“丰富教学资源与手段”“提高教学工作效率”“提高了学生的教学参与度”“工作交流、研讨更方便有效”等方面，比例依次为 87.3%、76.1%、63.9%、47.3%；此外还体现在“提升专业素养和网络素养”（25.8%）、“更有信心胜任教学工作”（12.9%）、“师生关系更为密切”（12.0%）、“增强了教学工作成就感”（10.9%）等层面。

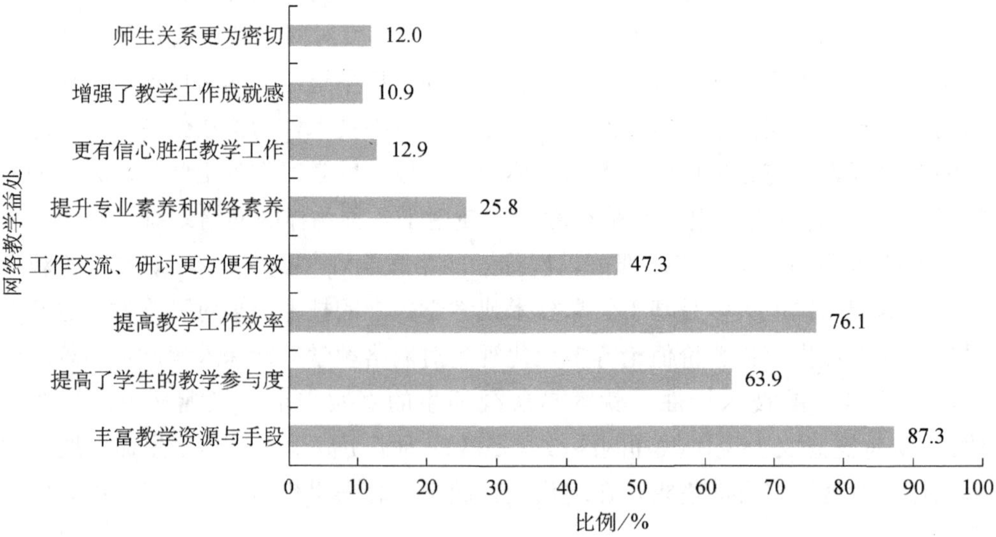

图 5-9　教师网络教学益处统计

在访谈中，不少教师提到互联网给教学工作带来的好处主要有“提高工作效

① 尹弘飚，靳玉乐，马云鹏. 教师认同感的结构方程模型[J]. 教育研究与实验，2008（3）：62-66.

率”“丰富教学资源与手段”“激发学生学习兴趣”“丰富课堂学习方式”“有利于专业学习与专业素养提升”等。譬如：

BL 老师：最主要的好处是能有效提高教学的工作效率；网络资源丰富，方便我们随时获取教学资源，如下载优质课 PPT、下载相关知识点的微课；还能有效地提高学生课堂积极性，同时对老师自身专业素养也是一种积淀和提升。

ZY 老师：我觉得有三个方面的好处：一是节省时间，避免自己制作教学资源；二是丰富教学手段，提高学生积极性和教学效果，有些情感渗透的内容可以让学生通过网络自己学习体会，远比教师讲述效果好，也会让学生觉得生动有趣；三是有利于自己学习，我有了更多学习渠道，很多数学名师的教案和上课视频都可以在网上找到。

HW 老师：能进一步拓展课堂形式，使课堂学习的方式多样化，如分享学生作品、进行互动性评价，能大大提高学生学习的积极性；使课堂学习的生成深度化，高年级的语文课堂学习除了听说读写等基本训练，能接触到更广泛的文学世界，进行文本对比，有利于学生的学习。

作为一种新型教学形态，网络教学在给教师带来便捷的同时也造成一些困扰，在实施过程中还存在缺失和不足。有论者将其概括为网络教学理论不完善，传统习惯、教育观念、管理体制有待改善，网络教学资源不丰富、人才资源短缺，网络教学的管理、评价机制有待完善，学习氛围单调、缺乏学习效果的认同，影响学生的性格发展等方面。[①]那么，现实生活中的教师在使用互联网开展教学工作时究竟遇到哪些困难、困扰呢？我们能够从教师访谈内容中对此有大致的了解。比如：

SQ 老师：在使用过程中容易出现问题，导致课堂节奏紊乱，为了保险起见，重要时刻一般不轻易使用。比如投屏，受网速限制，经常出现投屏不成功的情况。

AN 老师：课堂难以管理，运用手机学习通软件进行测试时，学生偷偷玩手机，微信等通信软件消息提醒不断，干扰课堂。

HY 老师：用互联网开展教学比较依赖设备。如偶然遇到病毒、网络不顺畅等问题，往往影响教学效果。

---

① 杨宗凯. 信息化环境下教学创新研究与实践[M]. 武汉：华中师范大学出版社，2012：263-264.

WQ 老师：一些网络软件用到课堂教学会增加老师和学生的负担。一方面，老师在用网络软件备课时程序烦琐，很多东西与教材解读、教学专业无关。另一方面，学生在课堂上容易被互联网吸引注意，无法集中注意力和专心学习。

ZX 老师：由于对网络技术的不熟悉，利用互联网开展教学工作会增加备课上课的难度。利用互联网开展教学也有局限性，教师难以实时观察学生的情况，这给课堂有效和及时的管理添加了难度。

从教师对网络教学前景的认同度来看，大部分教师对网络教学前景较为乐观。在被问及“网络化教学前景好，将成为主导教学方式”这一观点时，33.7%的教师选择“非常认同”，42.7%的教师表示“比较认同”，只有 7.8%的教师选择“不太认同”或“完全不认同”。通过教师访谈我们也了解到：既有部分教师对网络教学前景持乐观态度，也有部分教师比较理性对其进行了分析。以下是部分教师的访谈内容：

ZY 老师：信息技术发展迅猛，教育教学无法阻挡，网络化教学前景广阔。现在的学生都受到了网络的影响，课堂中如果不用是不可能的，否则无法激发学生的兴趣。现在的教学比赛中对网络化教学这方面有些专门的评分。而且网络化教学很方便，比如可以及时上传学生的作品、吸引学生的注意力、节省上课时间等。

BL 老师：我比较看好网络化教学的未来前景，虽然不可避免地会带来一些负面影响，但不可否认网络化教学有其自身不可比拟的优势。不过，我们也应该看到网络化教学只是一种手段，而不是目的。我们应该更好地发挥网络化教学作为一种现代化教学手段的优势，并与传统教学手段相配合，更好地为课堂教学服务。

GJ 老师：我觉得网络化教学是整体社会大环境的产物，不可否认的是，网络化教学会提高教学效率，提高学生的学习兴趣等，只要我们把握好网络与实际教学的度，让网络成为工作而不是取代老师。

从教师使用网络开展教学工作的意愿来看，调查数据显示，47.0%的教师表示“非常愿意”使用网络开展教学工作，选择“比较愿意”的教师比例为 37.1%，仅有 4.3%的教师表示“不太愿意”或“完全不愿意”使用互联网开展教学工作（图 5-10）。

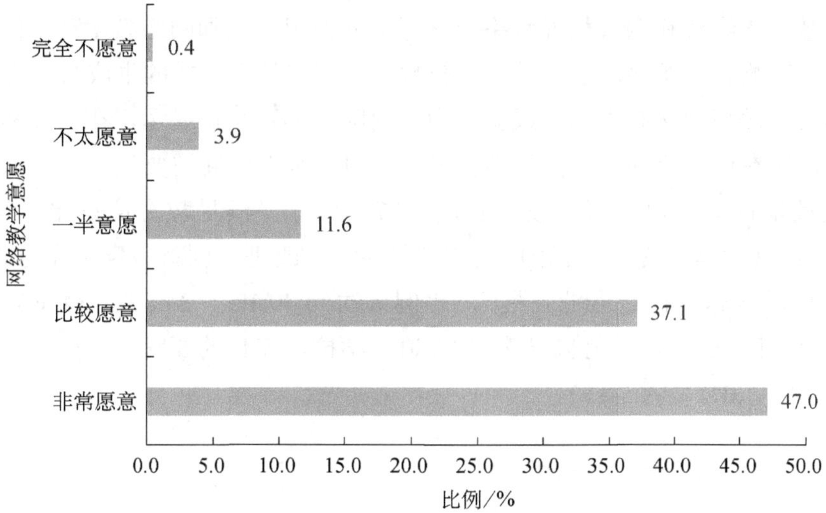

图 5-10　教师网络教学意愿统计

在教师访谈中，不少教师表示愿意在日常教学生活中利用互联网开展教学工作，并纷纷说出各自的理由：

AN 老师：网络教学资源丰富，方便备课查资料，充实教学内容，取长补短。在线测试答疑，教学管理系统方便快捷，可以更好地呈现学生学习情况，利于监督管理和线性分析。

LH 老师：网络上有非常丰富的资源可以学习和参考，对我平时的教学工作是非常有帮助的，通过观看其他老师的教学视频，也能学到更多的好的教学方法。

ZX 老师：一方面，互联网资源丰富，查找资料方便快捷，能有效帮助解决一些教与学的问题。例如，备课的时候可以上网搜索相关备课资料，出练习卷时可以上网搜索相应的练习题。另一方面，可以实现资源共享，可以通过互联网学习别人优秀的教学经验和技巧等。例如，看看网上优秀班主任分享的班级管理经验和故事等，也可以把我们认为有价值的教学经验等分享到网上。

（二）教师网络教学动机丰富多样，以外部动机为主、内部动机偏弱

网络教学动机是引起、维持教师开展网络教学活动，以达到预期教学目标、满足教学需要的内部心理状态，是驱动或推动教师网络教学行为的内部动力，它

发挥着激活、维持和调节教师网络教学行为的作用。教师网络教学动机的强度和大小不仅影响教师网络教学效果，也影响教师网络教学方式的生成与发展。

那么，教师网络教学动机或驱动力如何呢？调查数据显示，在教师网络教学动机中，排在前三位的是“满足学生灵活学习与个性发展需要”（74.7%）、“更好地完成教学任务，提高课堂教学质量”（73.4%）、“满足教育信息化建设需要”（58.2%）；其次是“提高自己的教学工作效率”“改进、创新教学工作方式”“提升网络技术素养，促进专业发展”，比例依次为 49.1%、34.8%、34.6%；另外，“学校同事都在使用，避免自己落伍”“迫于学校、家长的要求”等比例较低，分别为 4.6%、1.8%（图 5-11）。

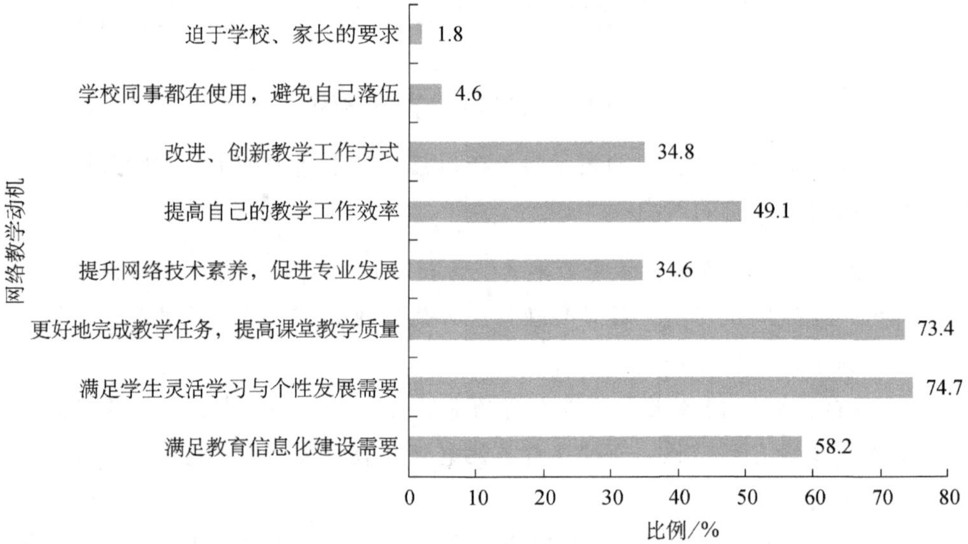

图 5-11　教师网络教学动机统计

在教师访谈中，被访谈教师表示利用互联网开展教学工作的主要目的集中在“提高教学工作效率”“满足学生发展需要”“促进教学方式多元化”等方面。部分教师访谈内容如下：

ZY 老师：主要目的是提高教学工作效率，一是可以及时搜集所需要的课件、教案，节省时间；二是自己能力有限，有些视频无法自己制作，互联网可以很好地解决这一问题。

HW 老师：利用互联网展开教学，主要动机是满足学生发展需要。随着科技的进步和人们生活方式的迭代，学生自身所拥有的知识储备大大增加，学习思维模式也得到了充分发展。因此，要适应学生个体发展的需求，传统的粉笔字加课本的模式很难让学生将充分的热情和兴趣投入课堂。

GJ老师：为了使教学方式更加多样化，也符合当代学生的心理，更好地开展教学工作，也有较好的教学效果，同时也是顺应整体教育环境的要求。

（三）教师网络教学能力有所提升、网络教学创新能力略显不足

教师网络教学能力是教师通过互联网或网络技术平台进行网络资源开发，以及教学设计、实施、评价和管理时所表现出来的能力，主要包括网络教学资源获取和利用能力、网络教学设计能力、网络教学实施能力、网络教学评价与管理能力等。那么，日常教学生活中的教师网络教学能力水平如何？教师对自己的网络教学能力是否感到满意？

调查发现，教师对网络教学能力较为满意，但仍有较大的提升空间。调查数据显示：20.7%的教师对自己的网络教学能力感到“完全满意”，49.3%的教师表示“比较满意”，另有22.7%的教师表示“一半满意”，7.3%的教师表示“不太满意”或“完全不满意”（图5-12）。

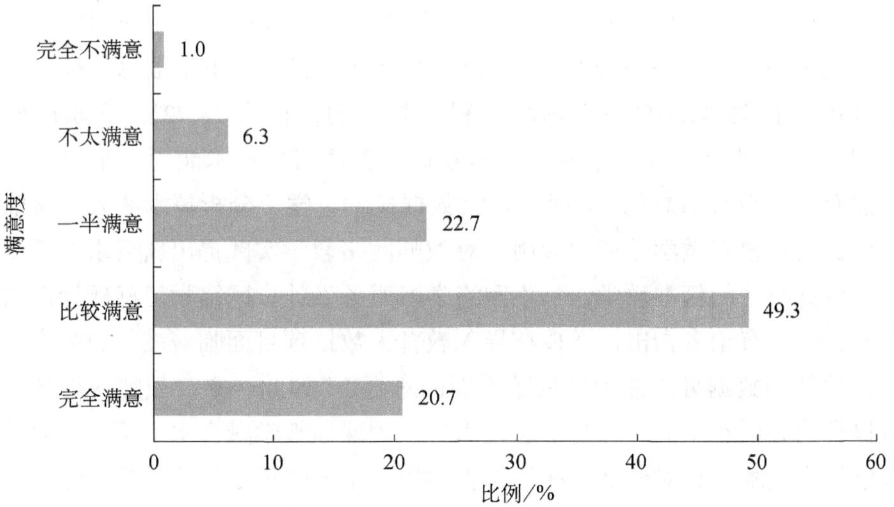

图5-12　教师网络教学能力的满意度

在教师访谈中，部分教师表示对自己的网络教学能力较为满意，但有些能力也亟待提升。譬如：

ZY 老师：比较满意，因为基本上想要的内容能自己找到，还会自己稍加修改以更符合自己的需要。不过对于视频这种东西，自己不会做也不会改，这种比较专业，平时要改的时候也不多。如果要提升，网络资源的开发能力希望可以更好一些，能够制作更精美的图片和视频。

BL 老师：还算满意，基本上能有效利用丰富的网络教学资源为自己的课堂教学服务，但网络教学资源质量参差不齐，我还缺乏快速甄别网络资源质量的能力。显然，这与自身网络素养缺乏有关系。

ZK 老师：我对自己的网络教学能力感到满意。本身作为青年教师，对于网络的使用就非常熟悉，也十分愿意采用网络进行资源的获取和教学设计，但在网络教学评价与管理能力方面还需要提升。

教师之所以对自己的网络教学能力感到比较满意，究其原因可能有二：一是教师信息技术相关培训的有效开展，大大提升了教师网络教学能力。2013 年以来，教育部先后印发《教育部关于实施全国中小学教师信息技术应用能力提升工程的意见》（2013）、《教育部关于实施全国中小学教师信息技术应用能力提升工程 2.0 的意见》（2019），并启动了“全国中小学教师信息技术应用能力提升工程”，旨在提升教师信息技术应用能力和水平。有研究表明：截至 2017 年底，全国各地累计完成 1000 余万名中小学（含幼儿园）教师信息技术应用能力培训，基本实现了 2013 年工程启动实施时制定的目标。我们中小学信息化校本培训覆盖教师的比例为 81.81%，专项培训覆盖教师的比例为 58.72%。[①]通过校本研修、网络研修以及混合式培训等多种方式，教师信息技术能力水平得到整体提升。然而，在教育信息化 2.0 时代，大数据技术、学习分析技术和人工智能技术的涌现及其在教育教学领域的应用，对教师网络教学实践提出新要求，需要教师开展大数据驱动的精准教学、学生网络学习服务设计、网络学习问题诊断与改进等方面工作。有论者指出，学校在导入教育大数据项目面临着教师数据意识相对保守、教师的数据处理能力较低等方面的难题。[②]如此一来，教师网络教学能力仍有提升的必要和空间。二是信息技术与学校课程教学融合水平不高，对教师网络教学能力要求也相对较低。在日常教学生活中教师更多使用的是初级信息技术和网络教学工具，如教学资源搜索工具、课堂教学演示工具、文字处理工具等，

---

① 教育部教育信息化战略研究基地（华中）. 中国教育信息化发展报告[M]. 北京：人民教育出版社，2018：30.

② 杨现民. 中国基础教育大数据 2016—2017：走向数据驱动的精准教学[M]. 北京：科学出版社，2018：143.

而较少使用促进学生学习、认知工具，以及教学管理工具等较高水平的教育信息技术和网络教学工具。调查发现，52.7%的教师表示“从未使用”或“偶尔使用”计算机网络指导学生开展协作学习、探究学习等，72.8%的教师表示“几乎未使用过”学科工具和软件开展教学活动，而选择“经常使用”或“总是使用”的教师比例仅为24%。另外，66.9%的教师几乎从未使用过学生管理系统或办公自动化系统等平台管理学生事务，而经常使用 Excel、SPSS 等软件统计分析学生成绩、以及在线考试系统进行考试的教师比例分别为29.2%、26.4%。①

此外，在访谈中，我们也了解到，部分教师对自己目前的网络教学能力并不满意，觉得自己的网络教学能力亟待提升。譬如：

YG 老师：不满意。可能是文科型的人掌握电脑技术比较不在行，所以虽然有很多想做的事情，但由于技术能力不足而不得不放弃，例如微课、微视频的制作等。

HW 老师：作为一名语文老师，我对于自己的网络教学能力不满意。目前，我所具备的网络技能暂限于制作课件及使用多媒体资源进行教学，像网页设计、网络评价与管理乃至于一些新的教学管理软件，都接触得很少。我觉得教师倒未必具备开发程序的能力，但要学会使用各种教学或班级管理软件，这是必不可少的。

CY 老师：我对自己的网络教学能力不是特别满意，我认为自己在网络教学设计能力方面亟待提升。因为网络教学设计能力，是一种取材于我们书本，但是又高于书本的一种能力。我们学校之前也有过这类型技能的评比，通过一系列的制作评比，我发现自己目前的网络教学能力还处于获取和实施阶段，还需要去学习和摸索设计技巧。

总体来看，教师网络教学基本能力在稳步提升，但相对于课堂教学而言，教师在课外沟通、辅导以及教学管理等方面使用信息技术的频次和机会要少很多，教师的网络教学评价与管理能力、网络教学创新能力等略显不足，亟待提升。

（四）教师网络教学工具以信息获取和交流工具为主，网络教学系统/平台使用频率偏低

教师网络教学是借助一定的网络教学工具或网络教学系统/平台开展的教学活动，具有技术依赖性。伴随着计算机技术、信息通信技术、虚拟现实技术以及

① 罗儒国. 教师生存方式的境遇与变革[M]. 北京：科学出版社，2018：155.

新媒体的发展，各种各样的网络工具和手段被应用于教育教学实践中，助推了网络教学工具的丰富和发展。现如今，网络教学工具类型复杂多样。祝智庭根据通信工具的功能之不同，将常用网络教学通信工具分为三类：用于支持用户间信息传输的工具；用于支持信息空间共享的工具；用于支持远程用户之间协同作业的工具。对众多的工具，从时间和空间的角度看，又可分为同步和异步两种工作方式。①

从教师网络教学常用工具和平台来看，主要集中在信息获取与交流/通信工具上。其中，排在前三位的网络教学工具是“即时通信工具（如 QQ、微信等）”“浏览器/搜索引擎”“电子邮件”，比例分别为 72.0%、60.8%、42.1%；其次是“综合性门户网站/专题资源网站”（34.6%）、校园网（24.0%）、网络教学平台（如 Moodle）（19.6%）、“交互式电子白板”（15.7%）、“数字图书馆/专业数据库”（11.8%）；再者是“在线文字处理工具（iWork）”“区域教育云平台”“博客/播客”，比例依次为 8.8%、8.3%、7.1%；而教师平时较少使用“网络教务管理系统”（6.0%）、“在线音视频制作工具/平台”（5.0%）、“网络视频会议系统”（0.9%）等工具和平台（图 5-13）。

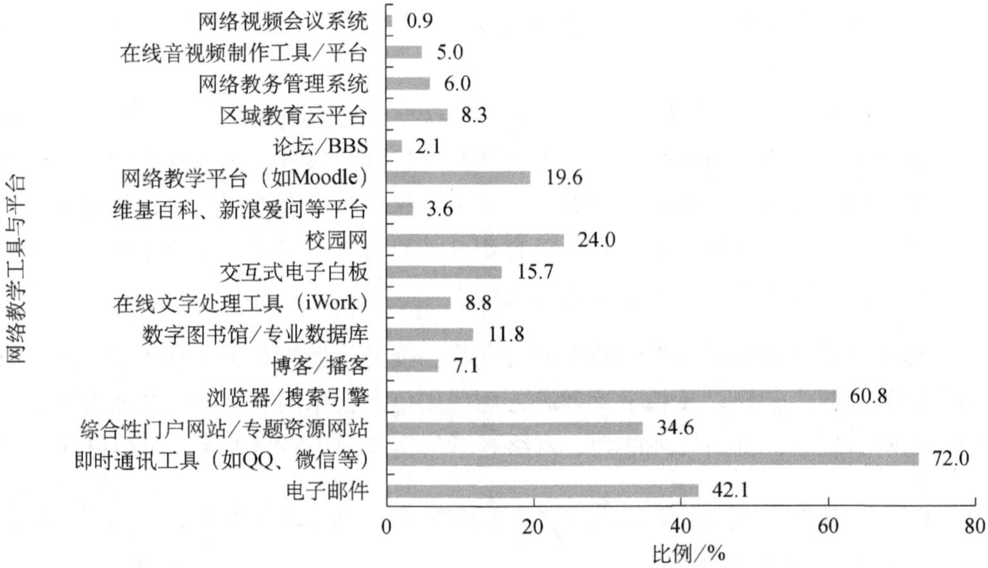

图 5-13 教师常用网络教学工具与平台

为了进一步了解教师在日常教学生活中使用的网络工具、平台情况，以及教

① 祝智庭，王陆. 网络教育应用[M]. 北京：北京师范大学出版社，2012：175.

师利用网络工具、平台开展教学活动的情况，我们对部分教师进行访谈后发现，教师常用的网络工具主要有即时通信工具、校园网、综合门户网站、专业数据库、教育云平台等，主要用于查找资料备课、观看教学视频、制作教学课件、交流研讨等。部分访谈内容如下：

ZX 老师：经常使用的，一是微课掌上通、腾讯 QQ、微信。在线与学生家长沟通和发布班级和学校通知、与同事交流研讨教学问题。二是百度文库、第一课件网等，查找备课及练习资料，学习别人的教学设计。三是中国大学 MOOC（慕课）网，主要学习一些自己感兴趣的知识。

XJ 老师：经常使用的有教育云、综合门户网、校园网等。利用网络平台开展的教学活动主要是查找资料备课、制作网络教学课件、与同事同行交流研讨等。

FZ 老师：我主要用到的工具，一是 QQ。这个主要是工作群，另外还有一个化学群。在群里经常有老师提出问题，有大伽答疑，这种形式非常好。通过与优秀的同行交流，可以提升自己的专业能力，大伽的分享为我们提供了新的思维方式，让我们看到不一样的天空。二是教学专业网站，主要是备课、出试卷。这些网站更新很快，我们可以最快地获取最新的信息。三是教育云，有时间我会看一看，但看得不太多。

通过分析我们发现，教师网络教学工具的使用也呈现出特定的倾向：一是网络教学工具使用的常态化、日常化。目前，教师网络教学工具使用频率和使用水平均有所增加，各种类型网络教学工具在教学实践中均得到不同程度的应用，网络教学也成为教师网络生活方式的重要组成部分。相关调查表明：2008 年，我国中小学教师教育信息技术的总体使用频率偏低，经常使用教育信息技术的教师只占教师总数的 11.4%。[①]截至 2017 年底，我国中小学利用信息技术开展教学的学科教师比例为 78.98%。其中，城区中小学利用信息技术开展教学的学科教师比例最高，超过 90%。[②]二是网络教学工具使用以辅助教学工具为主、网络在线教学平台为辅。在日常教学生活中，教师往往利用网络技术工具进行辅助教学，如利用搜索引擎查找资料备课、利用网络课件制作工具制作课件和微视频等；而教师利用网络教学平台或虚拟教学系统开展网络在线教学和在线协同教学的比例

① 丁钢. 中国中小学教师专业发展状况调查与政策分析报告[M]. 上海：华东师范大学出版社，2010：127.

② 教育部教育信息化战略研究基地（华中）. 中国教育信息化发展报告[M]. 北京：人民教育出版社，2018：23.

依然偏低，其中，网络教学平台、网络教务管理系统、网络视频会议系统等工具和平台的使用比例仅为10.9%。

（五）教师网络教学行为存在明显偏好，侧重于辅助性教学、创新性教学偏少

教师网络教学行为是教师为实现教学目标在网络教学过程中展现出来的各种行为，它是教师网络教学方式的核心内容。事实上，教师网络教学行为是复杂多样的，根据不同标准可以分为不同类型。譬如，有学者按照教师在课堂教学情境中的行为方式及其发挥的功能来划分，可分为以课堂教学的目标与内容为定向的主要教学行为、以课堂教学中的学生和教学情境为定向的辅助教学行为，以及为课堂教学的顺利进行创造条件的课堂管理行为。①也有论者根据行为的对象指向不同，将教学行为分为以学生为对象的行为、以教师自身为对象的行为、以资源和环境为对象的行为；根据师生在教学中的协作程度，又可分为教师独立的行为、学生协助下的行为。②此外，还有不少学者依据教学时间或教学流程将教学行为分为课堂教学前的教学行为、课堂教学中的教学行为、课堂教学后的教学行为。③我们以教学时间、教学流程以及行为对象为参照点，从课前、课中、课后以及线上和线下等维度重点考察教师教学行为。

从图5-14可以看出，在教师经常开展的网络教学行为中，排在前五位的网络教学行为依次是“搜索、查找教学资源备课”（85.3%）、“设计在线教学活动、作业等”（57.7%）、“设计在线测试/考试试题”（32.0%）、“在线协同备课”（26.3%）、“上传、发送/共享教学材料 /资源”（21.9%）；其次是“制作网络教学课件或视频”（19.3%）、“基于网络的合作、探究学习等”（19.0%）、“对学生表现、成绩给予反馈”（15.4%）。而“课程教学网站/平台创建、维护”“开发网络教学软件/应用”等教学行为比例相对偏低，比例分别为2.5%、1.5%。

通过对教师网络教学行为的深入分析，我们不难发现，教师网络教学行为存在明显偏好，且呈现出以下几方面特征：第一，以网络辅助式教学或混合式教学为主，完全在线式教学为辅。根据网络在教学过程中所充当角色的不同，教师网络教学可分为补充式网络教学、混合式网络教学、完全在线的网络教学三种方

① 施良方，崔允漷. 教学理论：课堂教学的原理、策略与研究[M]. 上海：华东师范大学出版社，1999：149.

② 裴娣娜. 教学论[M]. 北京：教育科学出版社，2007：200.

③ 胡炳元，黄晓. 物理课堂教学行为研究及案例[M]. 南昌：江西教育出版社，2009：9.

式。①调查结果表明，教师网络教学行为主要是利用网络搜索、查找教学资源备课，利用网络工具制作网络教学课件或视频，利用网络上传、发送/共享教学材料/资源等，而教师利用网络教学平台开展教学活动的频率并不高。也就是说，教师完全在线网络教学占比较小。第二，以课前准备行为为主、课中实施行为和课后评价反思行为为辅。调查数据显示：搜索和查找教学资源备课、设计在线教学活动与作业，以及设计在线测试或考试试题等课堂前教学行为占比较大，而课堂教学中教学行为和课堂教学后的教学行为占比较小。第三，以网络促学行为为主，网络教研行为为辅。从调查结果来看，教师网络教学行为主要是以促学行为为主，如基于网络的合作、探究学习，在讨论区/聊天室组织学生在线讨论，在线指导学生或答疑解惑，对学生表现、成绩给予反馈等，而教师利用博客等平台开展教学反思、和同行在线教学交流和研讨等网络教研行为比例较低。

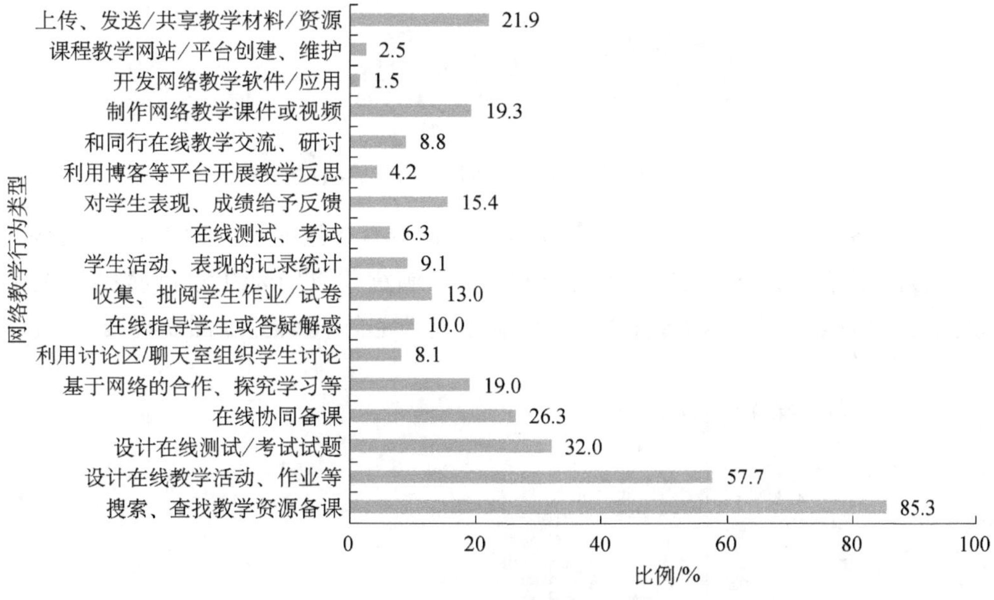

图 5-14　教师网络教学行为统计

（六）教师对网络教学支持与保障较满意，网络教学支持/服务依然有限

教师网络教学支持主要是学校网络教学设施与支持服务以及教师培训、研修

① 高峰. 高校教师网络教学方式的采纳和使用——基于技术接受与使用整合理论的研究[J]. 开放教育研究，2012（1）：106-113.

等方面条件支持和保障。

就教师网络教学培训满意度而言，调查数据显示：25.5%的教师表示对参与网络教学培训与研修感到“非常满意”，选择“比较满意”的占 45.0%，另有 8.0%和 0.8%的教师分别表示“不太满意”或“完全不满意”（图 5-15）。

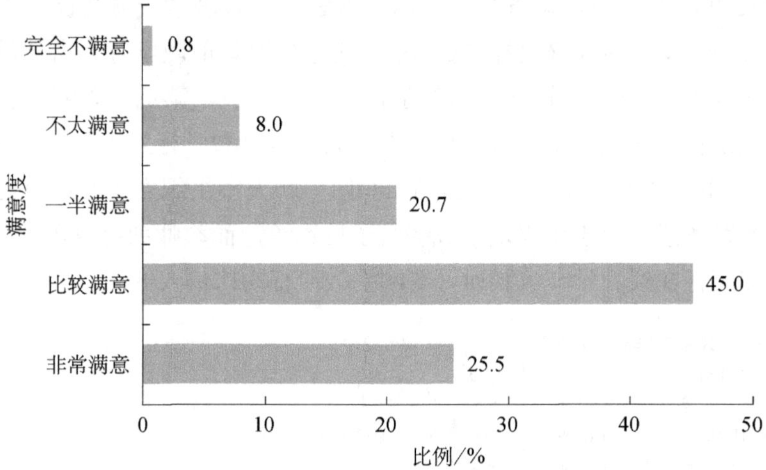

图 5-15　教师对网络教学培训、研修的满意度情况

从网络教学平台和支持服务满意度来看，调查数据显示，29.3%的教师表示对学校网络教学平台及其支持服务感到“非常满意”，43.1%的教师则表示“比较满意”，另有 8.5%的教师选择“不太满意”或“完全不满意”（图 5-16）。

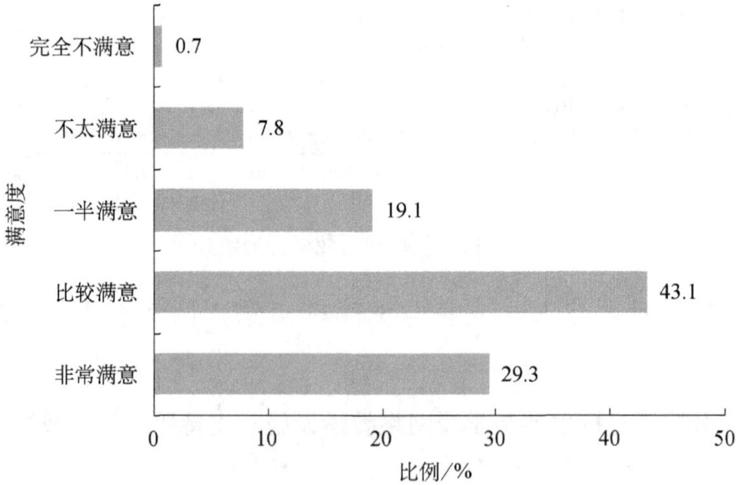

图 5-16　教师对学校网络教学平台与支持服务的满意度情况

在教师访谈中，当问及“您对目前学校的网络教学设施、网络教学支持与激励机制等是否感到满意”这一问题时，绝大部分教师表示感到满意，但也指出存在的不足和有待改进的地方。部分教师访谈内容如下：

ZX 老师：还可以，仍有提升空间。学校在硬件设备上对网络教学有着大力的支持。例如教师人手配备一台电脑，每间教室配备的多媒体设施有效地帮助师生教与学。但网络教学激励机制尚不成熟、有待改进。

FZ 老师：目前在学校，大家都有网线直接上网，这非常好。网络出现问题，也有专业的同事及时解决，这方面非常不错。但是教室没有网络，还是会有一些不方便。网络上有很多好的资源，有时候希望和学生分享，但是资源不能下载，教室没有网络确实不方便，很遗憾！可能学校是担心学生上网，所以教室没有网络不仅限制了学生，也限制了我们。

TW 老师：学校的网络教学设施感到满意，学校有专门的学科网账号供使用，还有各类信息化教学的比赛，但网络教学支持和激励机制还不够。

但也有教师反映网络教学保障存在网络教学基础设施亟待改善，网络教学支持与服务存在着范围有限、服务不到位、可持续性不强等方面问题，不能有效满足教师网络教学需要，从而影响到教师对网络教学支持的满意度。譬如，有教师表示学校网络教学设施不足，不能很好地满足教学需要。

ZZ 老师：不是很满意，教室内的网络教学设施不足，智能化教学设备也没有，无法促进网络教学的有序发展。

SQ 老师：不太满意，有些比较新的智慧教学的配套没有跟上。学校在这块投入不算大，设备更新得也比较慢，和有些学校比算落后的了。

YY 老师：虽然有网络教学设备，但网常常断开，等于摆设。

（七）教师网络教学影响因素主要集中在平台资源易用性、时间精力有限等方面

影响教师网络教学的因素是多方面的，既有主观方面的因素，也有客观方面的因素。学者吴正己将信息技术融入教学的影响因素归纳为教师实施信息技术融入教学的意愿、教师所需具备的计算机技能、教学设计时的需求性、专业技术的支持及同事之间的互动等方面。[①]那么，在日常教学生活中，影响教师网络教学

① 解月光. 信息技术教学应用研究[M]. 北京：人民教育出版社，2005：70.

的因素究竟有哪些呢？

调查数据显示，排在前三位的是“网速慢、平台不好用等”（60.0%）、“缺少有效的网络教学资源”（59.4%）、“需花费较多时间和精力”（41.9%），其次是“缺少必要的软硬件条件”“缺少技术性支持和服务”“缺乏经验或不熟悉网络技术”，比例依次为34.6%、34.5%、25.7%；此外还包括“缺乏领导支持与激励机制”“担心影响学生考试成绩”“学生的积极性和投入不够”“教学效果不好，不想再使用”等其他方面因素，比例分别为8.0%、5.9%、5.8%、3.2%（图5-17）。

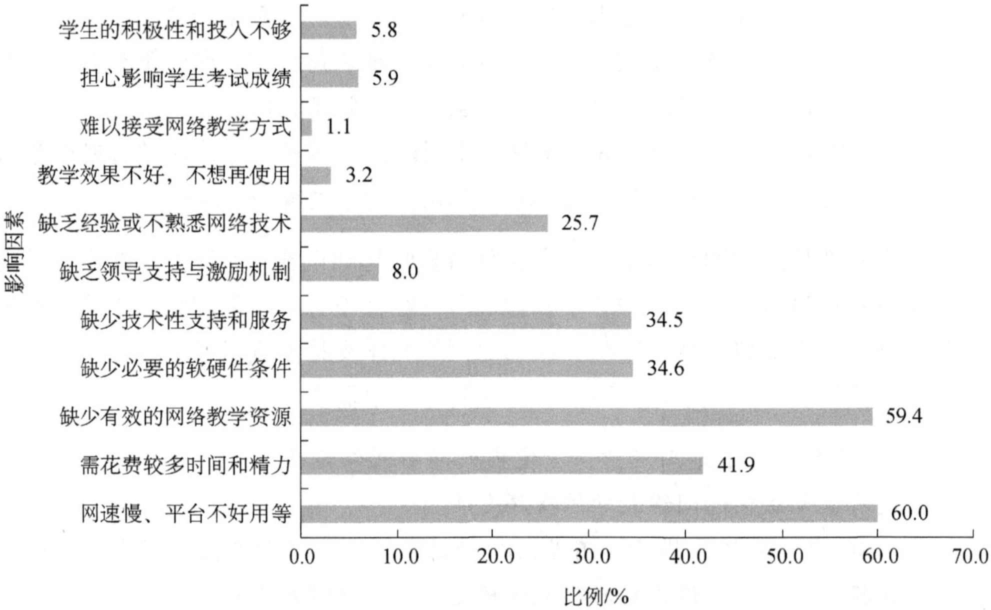

图5-17　教师网络教学的影响因素统计

在教师访谈中，教师们在回答“影响和阻碍自己使用互联网开展教学工作的主要因素是什么”时，主要集中在“意愿不强”“对网络技术不熟悉”“网速慢、平台闪退”“需要耗费太多时间和精力”“缺乏领导支持与激励机制”“习惯传统教学方式”“课堂教学难管理”等方面。具体如下：

SQ老师：意愿不强，传统课堂有其优势，再加上经验不足，不太愿意使用。另外，平台网络不太稳定，这也是我不愿轻易尝试的原因。

TL老师：我觉得主要还是网速不是很快、不太稳定的问题，会对我的教学工作产生一些负面的影响，比如说，我上网查阅资料的时候突然网络就中断了。

ZX 老师：我觉得主要是三个方面的因素：首先是缺乏经验以及对网络技术不熟悉。学校未定时组织教师一起学习网络技术，大部分教师对网络技术都一知半解，一般只会使用最简单的基础功能。其次是学校对网络教学工作的推广度不高。最后是教师对网络教学方式未完全接受，仍比较倾向传统教学模式。

TW 老师：主要存在四个方面的因素：一是硬件设施不完备；二是教学任务重，使用计算机互联网开展教学工作需要大量的精力；三是网络技术不娴熟；四是网络课堂教学难管理。

事实上，与传统教学相比而言，网络教学需要教师投入更多的时间和精力，当开展网络课程开发与网络教学平台设计时则投入时间和精力会更多，这是影响教师开展网络教学的重要因素。此外，网速慢、平台不好用等网络教学经历也影响教师开展网络教学的积极性，从而影响教师网络教学活动的有序开展。

二、教师网络社交

网络社会交往是指在虚拟网络世界中，借助符号化中介而进行的信息、知识、精神的传递与共享，达到相互沟通与理解，优化和建构人际关系的交往活动。它是一种“身体不在场”“主体文化剥离”“虚幻与现实并存”“多点并存互动”式的人际交往，具有交往主体的虚拟性、自主性、交互性，交往的超越时空性，交往形式的多样性，交往对象的无限性，交往指向的全球性等特点。①

（一）教师网络交往对象仍以“熟人”为主，对象选择呈现出同质化、职业化倾向

随着互联网的崛起和新媒体技术的推广应用，人们的交往对象更加复杂多元化，不再局限于传统的血缘、地缘和业缘范围内，而是不断拓展到趣缘关系和网缘关系等。从学生的网络社交来看，主要是以朋友、同学等为交往对象。有调查数据显示：85.13%的中学生网络交往的对象主要来自现实生活中熟悉的同学或朋友，家人、亲戚和老师占 56.82%，在网上通过社交网站和网络游戏等途径认识

① 周若辉. 虚拟与现实——数字化时代人的生存方式[M]. 长沙：国防科技大学出版社，2008：150-152.

的朋友占27.98%。[①]另有调查数据显示：大学生网络交往的主要对象是同学、朋友，其次是家人，九成以上的受访大学生表示会经常性地同他们进行网上交流，但较少通过网络与教师互动。[②]

那么，在网络社交中，教师的交往对象主要是哪些人呢？调查数据显示，教师网络交往对象排在前三位的是"家人/亲戚""学校领导、同事""学生"，比例分别为82.7%、80.1%、57.1%；其次是"熟悉朋友或同学""学生家长/社区人员"，比例依次为44.9%、24.4%，再次是"志趣相投的网友"（15.5%）、"教育部门管理人员"（5.1%）、"专家、学者"（4.6%）；"网上偶遇的陌生人"的比例仅为2.3%。由此看来，教师的网络交往对象虽有所拓展，但主要是以血缘、业缘关系为主，而网缘、地缘关系比例相对较低。也就是说，教师网络交往对象仍然是以现实生活中的熟人圈为主，并非完全脱离现实社交关系（图5-18）。

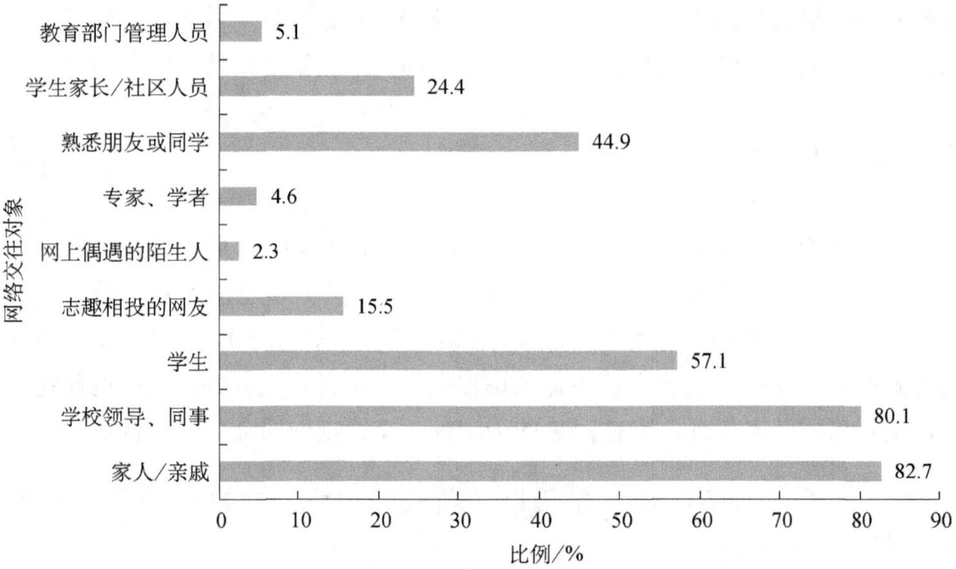

图5-18 教师的网络交往对象统计

另外，网络交往中教师选择交往对象的依据是什么呢？从图5-19看来，教师网络交往首先考虑的是"对工作、生活/专业发展有所帮助"，占调查样本的74.7%；其次是"志趣相投"（48.3%）、"对问题的看法和自己相近"（44.0%）、"学识渊博、见识广"（40.7%）、"职业（如同行）"（30.7%）；再者是"性格好，

① 王珠珠. 中国学生网络生活调研报告[M]. 北京：人民教育出版社，2016：44.

② 滕建勇，严运楼，丁卓菁. 大学生网络行为状况分析及教育对策[J]. 思想理论教育，2015（5）：81-84.

容易接触”“说话幽默/机智健谈”，比例分别为18.2%、13.7%；另外，地域、年龄、性别等比例普遍不高，仅分别为2.6%、2.2%、2.1%。

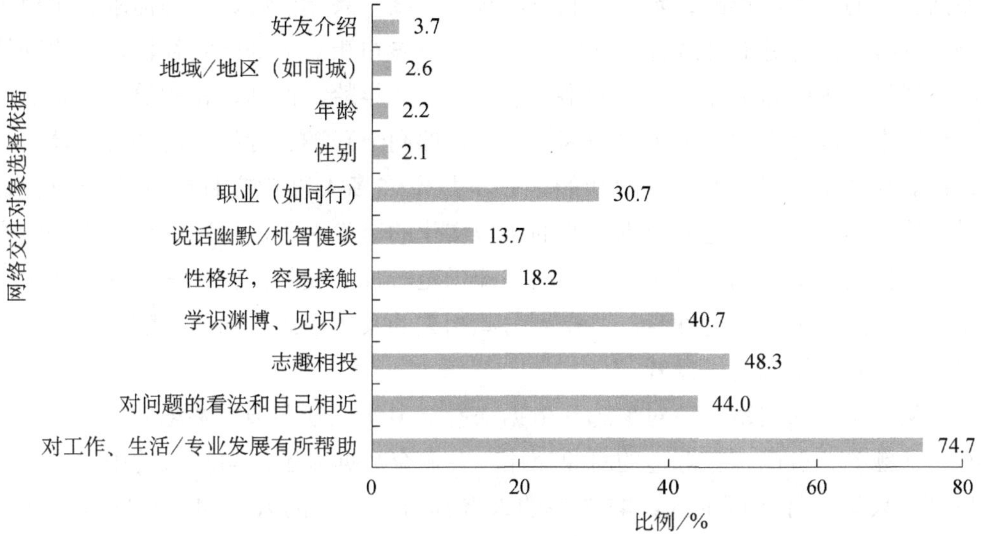

图5-19 教师网络交往对象的选择依据

在教师访谈中，当被问及“网络交往对象主要是哪些人，选择主要依据是什么”时，教师提及的交往对象最多的是同事、家人、学生及其家长等，但也涉及网友、微商等；选择依据主要是“对工作生活有帮助”“志趣相投”“学识和人品”“三观相近”等。教师访谈摘录如下：

BL老师：主要的交往对象是同事、学生。更多的是工作上的交流，有时遇到难以解决的问题会在线上求助同事，也会与学生交流，更多的是为了深入了解学生最近的学习和思想动态。

GJ老师：交往对象主要是同事和家人，主要看中的是人品、学识以及三观一致。

CY老师：我在网上交往的对象主要是家人和同事、朋友。网络交往对象的选择比较看重志趣相投以及对问题有比较全面看法的人。因为志趣相投的话，相处起来会比较容易，也比较不容易起冲突。当然，我还比较注重的一方面是，我喜欢跟一些对事情看法比较全面的人交流。跟他们交流，会让自己收获很多，也能让自己学会全面地想事情，成为更好的自己。

HB老师：交往对象有同事、学生、朋友，依据是志趣相投、对工作生活发展有所帮助。

事实上，人们在选择网络交往对象时并非随意而为，而是有着特定的倾向和选择依据。“网络交往的选择性是建立在一定的基础上，即网络交往时人们总是根据各自的性别、年龄、阶层、职业、教育程度、兴趣爱好、心理需求、价值观等自身特点而有针对性选择交往的对象，以及参与相对应的网络社群，并将网络群体视作一种组织依靠。”①在网络生活中，诸如年龄、性别、相貌等已不再是网络交往中人际吸引的至关重要的因素，而是偏向于兴趣、爱好、志趣等个体内在特征。申克曾指出：“网络的功能，并不是像许多人喜欢宣称的那样会孕育社群，恰恰相反，它会促成更为狭窄的微型文化的诞生……尽管网络允许人们拥有极为多样化的信息浏览经历，最终结果却仍是一种极度的区位化——冲浪者多半在他们个人兴趣范围内搜索，并得到与此相关的具体信息，而与他们进行电子交往的人也多半是志趣相投者。”②

从中学生的网络交往对象选择依据来看，中学生倾向选择熟悉的、有共同爱好和话题的、自己感觉舒适的对象交往。有调查数据显示：44.93%的中学生选择与自己兴趣爱好相同的人，43.52%的人选择自己认识的人，34.54%的人选择性格好、容易接触的人。而认为年龄和性别很重要的人，分别只占 18.4%和13.38%。③就教师网络交往对象的选择依据而言，主要选择的是家人/亲戚、同事、学生及其家长等与教学工作、生活密切相关以及志趣相投的同一类人群，交往对象选择呈现出同质化、职业化倾向。正如黄少华所说：“人们在网络空间中的联系，常常呈现出‘物以类聚、人以群分’的同质性倾向。除了大量陌生人之间的浅层次交往外，互动和信任程度较高的网络交往，大都局限在那些兴趣相同、观点相似、利益一致的人群之间。”④

（二）教师网络交往动机侧重于获取和交流信息、工作需要、寻求帮助与支持等方面

在网络生活中，人们是否愿意与他人进行网络交往、朝什么方向交往，以及交往持续多长时间、交往能否再次发生等，往往受到网络交往动机的影响。作为驱动网民网络交往行为的基本力量，网络交往动机是分析网络交往的重要维度。人们的网络交往动机是多种多样的。黄少华曾将青少年的网络交往动机概括为找

① 上官子木. 网络交往与社会变迁[M]. 北京：社会科学文献出版社，2010：229.

② 戴维·申克. 信息烟尘：在信息爆炸中求生存[M]. 黄锫坚，朱付元，何芷江译. 南昌：江西教育出版社，2001：122-123.

③ 王珠珠. 中国学生网络生活调研报告[M]. 北京：人民教育出版社，2016：46.

④ 黄少华. 城市居民网络政治参与行为研究[M]. 北京：科学出版社，2017：4.

人聊天、打发时间，与熟悉的朋友联络，结交新朋友，扩展自己的见识，交流信息，向他人倾诉或发泄情绪，消除寂寞，追赶潮流，获得别人的认可。①

教师的网络交往动机是怎样的呢？调查数据显示，教师网络交往动机主要集中在“了解社会时事新闻、增长见识”（80.6%）、“与朋友保持联系，增进感情”（42.9%）、“发表观点、展示才华，以获得认可”（32.9%）、“分享工作/生活经验与知识”（31.9%）、“结识学术伙伴，提升教研水平”（31.3%）、“获取工作/生活中有用的知识和帮助”（29.8%）等方面（图 5-20）。此外，教师网络交往的其他动机涉及“找人聊天、消磨时间”“与他人交流倾诉、宣泄情绪”“结交志趣相投的新朋友，扩大朋友圈”等。

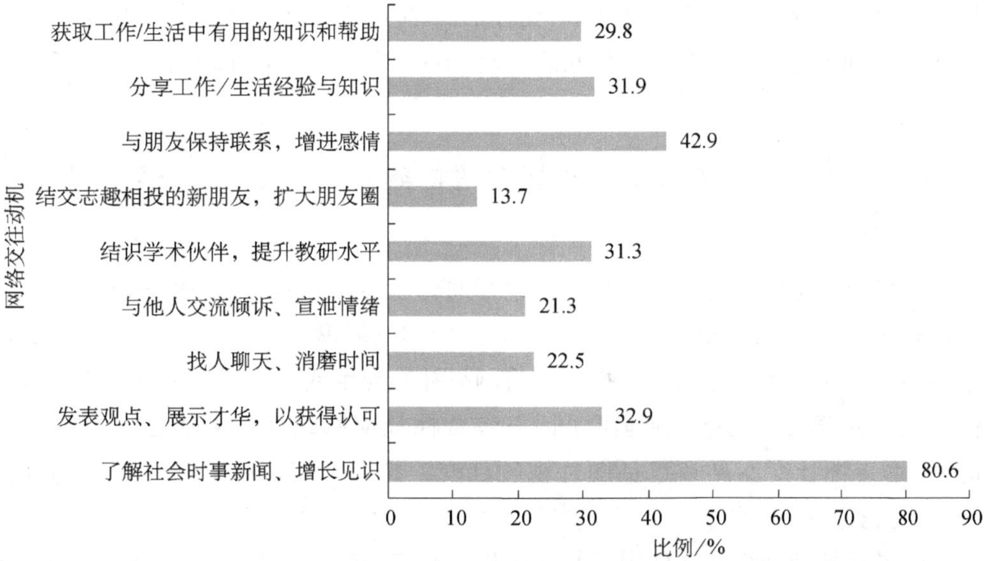

图 5-20　教师网络交往动机统计

在教师访谈中，我们也了解到教师进行网络交往的主要动机和目的，主要是获取和分享信息、工作需要、专业发展、向朋友倾诉以缓解压力等。

访问者：您进行网络交往的主要动机和目的是什么？请具体谈谈。

SQ 老师：网络交往动机主要有三个方面：一是学校传递工作信息；二是和家长进行沟通；三是获取教学资料，遇到不懂的问题可以请教同行。

AN 老师：和学生家长交流学生在校学习状况，寻求家长的支持；和同事交流学生问题，寻求帮助，倾诉压力等。

① 黄少华. 网络空间的社会行为——青少年网络行为研究[M]. 北京：人民出版社，2008：153.

ZG老师：主要是获取信息、向他人倾诉、寻求帮助、促进专业发展、结交网友。

ZX老师：一方面是日常联系和通信，可以及时、方便地与亲人、朋友、学生和家长等沟通，同时也便于工作信息的传递，提高工作效率；另一方面是信息资源共享，可以学习别人优秀的地方，也能分享自己认为有价值的东西，在增值自己的同时，也可以传递和分享信息。

综上可知，教师网络交往动机与目的主要是获取和分享信息、工作需要、寻求帮助和支持、向他人倾诉等。这与网民的网络社交目的与动机存在一定的差异。中国互联网络信息中心发布的《2016年中国社交应用用户行为研究报告》显示：网民使用社交应用进行网络交往的目的主要集中在“和朋友互动，增进和朋友之间的感情”“关注及获取感兴趣的内容”“及时了解新闻热点”三个方面[①]。

（三）教师网络交往工具以即时通信类工具为主，综合类、垂直类社交工具使用偏少

网络交往是借助特定的社交工具进行的交往实践。那么，网民在网络交往中通常使用的社交工具类型主要有哪些呢？中国互联网络信息中心发布的《2016年中国社交应用用户行为研究报告》将网络社交应用或网络社交工具分为即时通信工具（如微信、QQ、阿里旺旺）、综合性社交网站（如QQ空间、新浪微博）、垂直性社交网站（包括图片视频社交、婚恋社交、社区社交、职场社交等）三大类。[②]

通过对教师网络交往使用工具的分析，我们发现：大部分教师使用“即时通信工具（如QQ、微信）”进行网络社交，占样本数的92.2%，其次是电子邮件，比例为53.9%；再者，教师使用的社交工具是微博（5.8%）、论坛/BBS（17.7%）、博客（13.2%），而选择使用“图片视频社交应用（如美拍）”“综合社交类应用”“社区社交应用（如知乎）”的教师比例普遍不高，仅为11.3%、6.9%、5.8%（图5-21）。

---

① 中国互联网络信息中心. 2016年中国社交应用用户行为研究报告[EB/OL]. http://www.cnnic.cn/hlwfzyj/hlwxzbg/sqbg/201712/P020180103485975797840.pdf. [2019-01-08].

② 中国互联网络信息中心. 2016年中国社交应用用户行为研究报告[EB/OL]. http://www.cnnic.cn/hlwfzyj/hlwxzbg/sqbg/201712/P020180103485975797840.pdf. [2019-01-08].

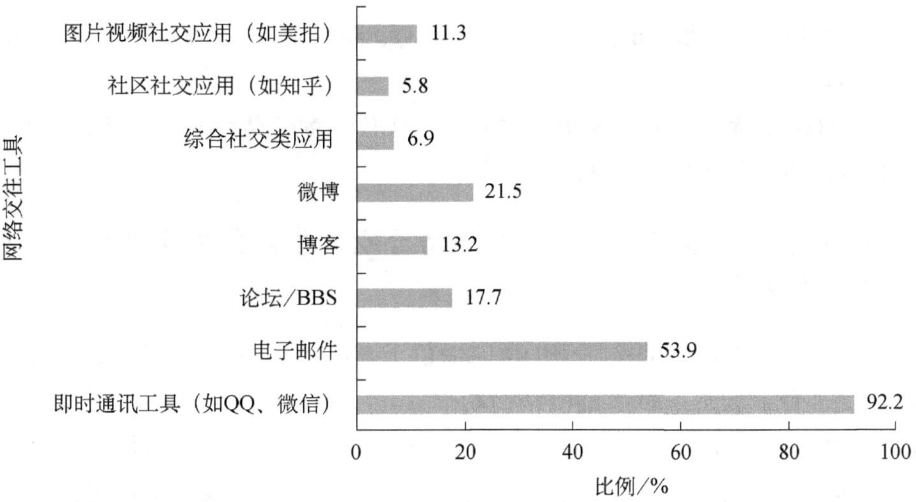

图 5-21　教师网络交往工具统计

由此看来，教师网络交往工具使用偏向于即时通信类工具，而使用综合类社交工具和垂直类社交工具比例相对偏低。从中国其他网民的网络社交应用和工具使用情况来看，调查数据显示：即时通信（instant messaging，IM）工具用户中，分别有 92.6%、87.0%的人使用微信、QQ，用户规模遥遥领先于其他应用。微信朋友圈、QQ 空间、新浪微博等综合社交应用的使用率分别为 85.8%、67.8%、37.1%；垂直类社交应用中，百度贴吧使用率为 34.4%，相对较高。[①]

在访谈中，教师也纷纷表示经常选择微信、QQ 等即时通信工具进行网络交往，并说出各自选择的理由。譬如：

CY 老师：我常用的网络交流工具主要是 QQ 和微信。原因有两个：一是现如今这两种即时聊天工作的使用人群比较多，基本上的交流都使用到这个工具；二是这两个工具都比较方便，它们既可以实现文字、语音等功能，还可以传送文件、编辑文件，对我们来说还是非常方便的，有时候在手机上就可以处理好一些简单的文件而不需要找电脑了。

SW 老师：常用微信和 QQ，用微信是因为身边的人们都在使用，它使得我们距离拉近，QQ 在办公社交中运用十分广泛，文件能保存一个月以上，方便实用。

① 中国互联网络信息中心．2016 年中国社交应用用户行为研究报告[EB/OL]．http://www.cnnic.cn/hlwfzyj/hlwxzbg/sqbg/201712/P020180103485975797840.pdf．[2019-01-18]．

ZY 老师（也表示主要交流工具是 QQ 和微信）：能够及时回复、沟通效率高。

HW 老师：就 QQ 来讲，作为工作软件，方便传输文件；就微信而言，生活应用功能丰富，快捷。

（四）教师网络交往以共时性互动为主，内容集中在教育生活类、新闻热点类话题

在网络交往中，教师往往借助即时通信工具、社交网站进行的人际交往。从网络社交平台上教师所从事的网络活动来看，主要集中在“关注感兴趣的信息”“收、发消息”“关注/查看好友动态”“分享/转发信息”等四个方面，比例分别为78.5%、64.1%、57.4%、35.5%；其次参与的社交活动是“参与群组讨论”“上传照片/建相册”“发布日志/日记/评论”等，所占样本比例分别为13.4%、11.6%、10.9%；对于“参与网站组织的活动”“发布/更新状态”等，教师参与较少（图5-22）。

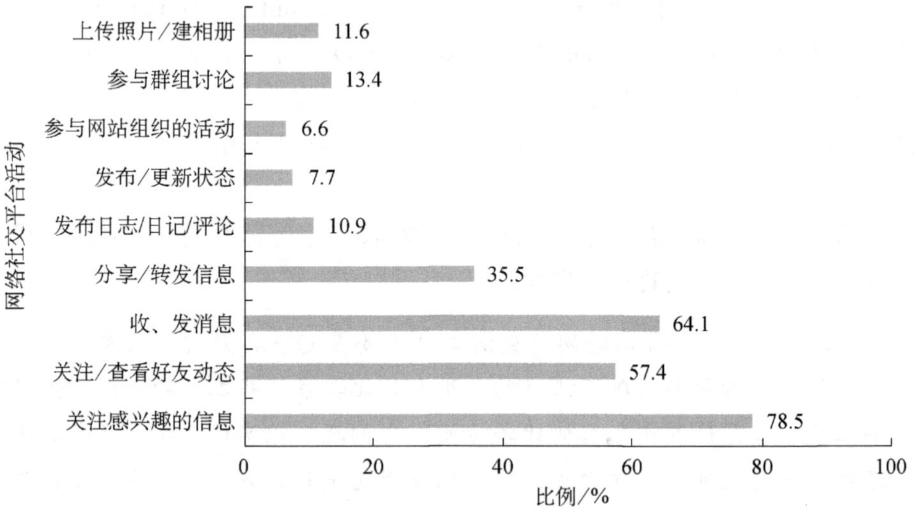

图 5-22　教师网络社交平台活动情况统计

网络聊天是网络交往的最主要的形式，是新型网络人际沟通方式，有别于现实聊天。根据不同标准，网络聊天有不同的类型，比如，从网络聊天的方式来看，主要有键盘聊天、语音聊天和视频聊天三类；从网络聊天的时间特征来讲，可以分为共时聊天和异时聊天；就网络聊天的工具特征而言，主要有专门

聊天室聊天和专用聊天软件聊天两种。[①]我们主要对教师网络聊天内容进行了调查。

调查数据显示，教师网络聊天的话题丰富多样，排在前三位的是“学习/工作中遇到的各种问题”“学校教育/校园生活类”“社会时事新闻与热点”三类话题，比例分别为73.0%、71.3%、57.2%；教师谈论的话题还涉及“运动、健康类话题”（24.5%）、“兴趣爱好类话题”（20.2%）、“人生理想和感悟类话题”（16.3%）、“情感或爱情类话题”（15.4%）、“人生理想和感悟类话题”（15.4%）等（图5-23）。

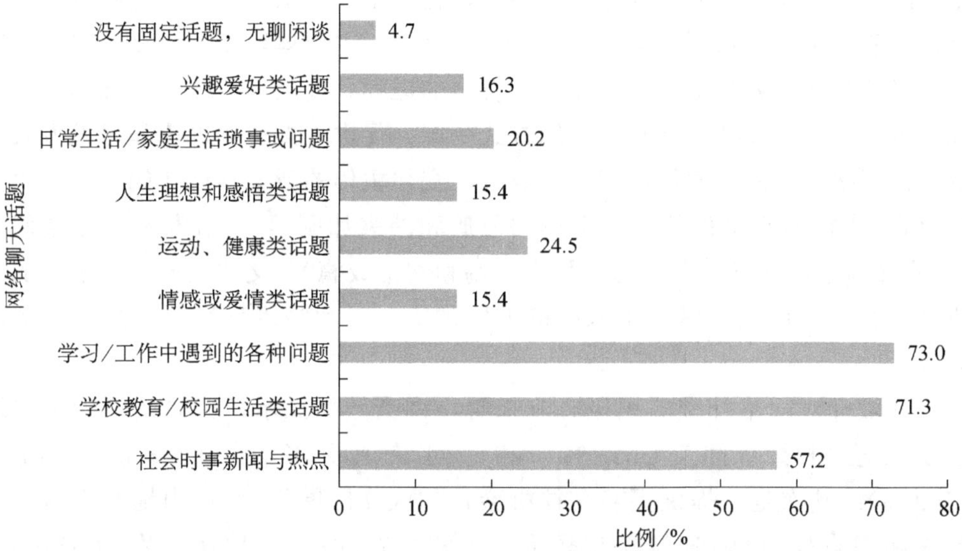

图5-23 教师网络聊天话题统计

由此可见，教师网上聊天主要是围绕工作和学习中遇到的问题、学生教育、时事新闻等话题展开的，这也可从教师访谈中得到进一步印证。

SQ老师：与同事，一般是围绕教学中的问题和自己上下级传递信息等。与家长，主要围绕学生，比如学生在校出了哪些问题需要家长知晓的，上课不认真听，作业完成得不认真等。

AN老师：交流工作中遇到的问题，找寻解决方法。互相传递信息，了解学生状态。

LW老师：话题基本上涵盖了所有话题，包括围绕生活、工作等各方面

① 王晓霞. 现实与虚拟社会人际关系的文化探究[M]. 北京：中国社会科学出版社，2010：184-187.

内容都会有。如生活上与人沟通某些事宜，如某件事需要出来当面谈，协商时间、地点等，工作上某些任务的传达也会通过上网的形式进行。

ZX 老师：①时事新闻，例如最近的爱国主义等相关新闻。②书籍类，例如听别人分享读书的心得体会，最近听书《父母的语言》的读者体会。③教育类，关注身边和国家的教育故事，学习有关教师的相关法律法规。

（五）教师网络交往有其独特优势，但也存在信息泄露、影响身心健康等弊端

网络社交在给人们带来便利的同时，也产生一些负面影响，具有双重性。有论者研究指出，从网络交往的正面价值来看，主要体现在拓展和开辟交往时空、提高交往能力和水平、加速社会发展的进程、促进人类经济基础和生产方式变革、促进人类社会结构和组织方式变革、促进人类文化价值和思维方式变革等；网络交往的负面价值则主要包括：交往主体的新型异化（如主体的“空心化”、主体的网络孤独感、主体间矛盾和冲突加剧等），引发新的社会问题（如隐私问题、网络安全问题、网络沉溺和网络成瘾），交往生态环境恶化的可能性，社会阶层间、民族国家间的差距加大，导致技术理性与人文精神的冲突等。①

从教师对网络社交的积极影响来看，调查数据显示，首先是“能更快地了解社会时事新闻”（63.6%）和“可获取更多有用的知识与帮助”（59.0%）；其次是“提供更多交往机会，扩大交际圈”“可自由地发表自己的看法和观点”“可随时与好友联系、了解好友动态”，比例分别为 55.6%、49.8%、40.5%；选择“想聊就聊，不想聊可随时离开”“更易找到志趣相投的新朋友”“隐蔽、匿名性好，更能保护隐私”等方面好处的教师比例相对较小（图 5-24）。

在教师访谈中，不少教师认为除了及时沟通、方便联系、节省时间之外，网络交往还具有其他的优势，如获取有用知识与帮助；增加交往机会，扩大交际圈；隐蔽性好等。教师纷纷说出各自观点，具体如下：

HW 老师：一方面是节省时间，能在碎片化时间内使用；另一方面是能提供更丰富资源，有更多的交往机会。

BL 老师：网络社交的主要优势是一方面能扩大自己的交际圈，认识更

① 常晋芳. 网络哲学引论——网络时代人类存在方式的变革[M]. 广州：广东人民出版社，2005：210-220.

多志同道合的朋友，另一方面能增进与同事之间的情感交流。

ZY 老师：第一，提供更多交往机会，就算不能见面也能增进感情；第二，提高工作效率，能够及时沟通和解决问题；第三，获得乐趣、增长见识，网上一些新闻、表情包会给我带来一些欢乐。

CY 老师：跟现实社交相比，我个人认为网络社交的好处有很多，最主要的好处有两个：一是可以方便地获取更多的有用知识与帮助；二是为我们提供了更多的交往机会。

XS 老师：隐蔽性好。可以聊得轻松一些，聊一些较为隐私的问题，例如情感等，不用顾虑太多。

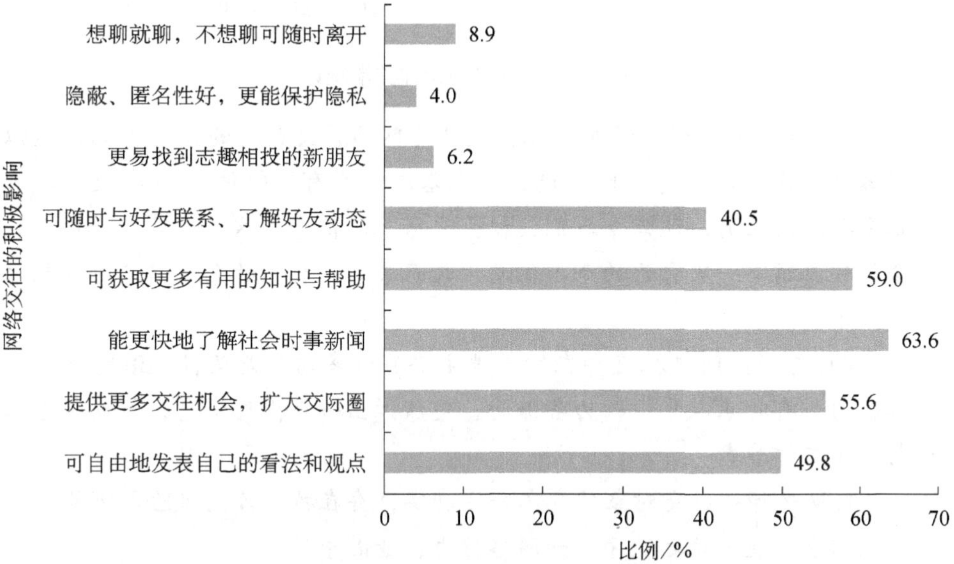

图 5-24　教师网络交往积极影响统计

毫无疑问，网络社交也给教师造成困扰或带来消极影响。调查数据显示：68.6%的教师认为网络社交的最大弊端是“个人信息容易被泄露”，其次是“因久坐不动，影响身心健康”“太耗费时间，影响正常工作生活”“虚拟的网络社交，容易被欺骗”；此外“易出现抵制或逃避现实交往等问题”“网络交往缺乏信任，无法深入”也是不容忽视的问题，亟待引起重视（图 5-25）。

在教师访谈中，当被问及“与现实社交相比，您认为网络社交主要存在哪些弊端”这一问题时，教师们从各自角度表达了自己的观点。譬如：

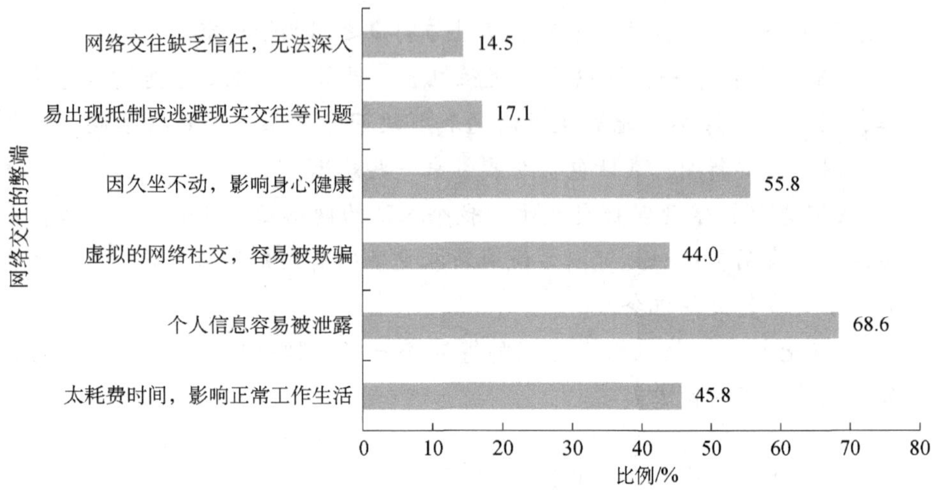

图 5-25　教师网络交往弊端统计

CY 老师：与现实社交相比，我认为网络社交存在的最大弊端是虚拟社交容易泄露个人信息。比如说，现在基本上所有的软件 App 在使用之前，都需要我们注册，还需要我们授权获取很多的信息。这种情况下，每下载一个软件都填写一次自己的个人信息，久而久之，我们的个人信息泄露就比较严重了。

BL 老师：网络社交存在的弊端主要有过多的无意义社交浪费很多时间和精力。有时正在集中精力备课时，突然弹出一个微信消息，打断了思路，打乱了工作节奏。

HW 老师：社交对象信息不一定真实，存在被欺诈的风险与可能；网络发表信息不规范缺乏秩序，如网络暴力、造谣等。

ZK 老师：使青少年容易沉迷于网络，而忽视面对面的交流，亲人间情感淡漠；个人身份信息容易被暴露，有安全隐患，易发生网络诈骗。

三、教师网络学习

网络学习是伴随着信息通信技术、网络技术等新兴技术的迅速发展而兴起的一种新型学习方式。教育部在 2012 年印发的《教育信息化十年发展规划（2011—2020 年）》中强调指出“逐步普及专家引领的网络教研，提高教师网络学习的针对性和有效性，促进教师专业化发展”，并在 2013 年印发的《教育部关于实施全国中小学教师信息技术应用能力提升工程的意见》中进一步提出“各地要根据信息技术环境下教师学习特点，有效利用网络研修社区，推行网络研修与现场实践相结合的混合式培训”等要求。教师网络学习是为学习特定的课程知识与内容、满足学习发展与教学需要等，利用各种网络学习工具和软件、系统或平台以及网络资源开展的各种学习活动。那么，在“互联网+教育”的进程中，教师网络学习方式现状如何呢？笔者从教师网络学习动机、时段、工具、形式与途径、影响因素等不同维度进行了调查分析。

（一）教师网络学习动机呈多元化态势，主要偏向于晋升与发展、满足教学需要方面

网络学习动机是引起、维持教师开展网络学习活动，以达到预期学习目标、满足学习需要的内部心理状态，它是驱动或推动教师网络学习行为的内部动力。那么，作为教师学习的重要形式，教师网络学习的动机和目的是什么呢？

从调查数据来看，86.4%的教师是为了“提高教学知识/技能，更好胜任工作”，51.4%的教师选择“适应学习化社会建设需要，避免落伍”，33.1%的教师是为了“满足职称评定/岗位晋升需要”，另有38.6%的教师旨在“解决某一具体教学问题”；而选择“发展个人兴趣爱好，丰富业余生活”“结识更多的同行”“完成教育主管部门的继续教育任务”的教师比例分别为19.5%、18.6%、18.0%（图5-26）。由此看来，教师网络学习动机主要集中在晋升与发展、满足教学需要两大层面。

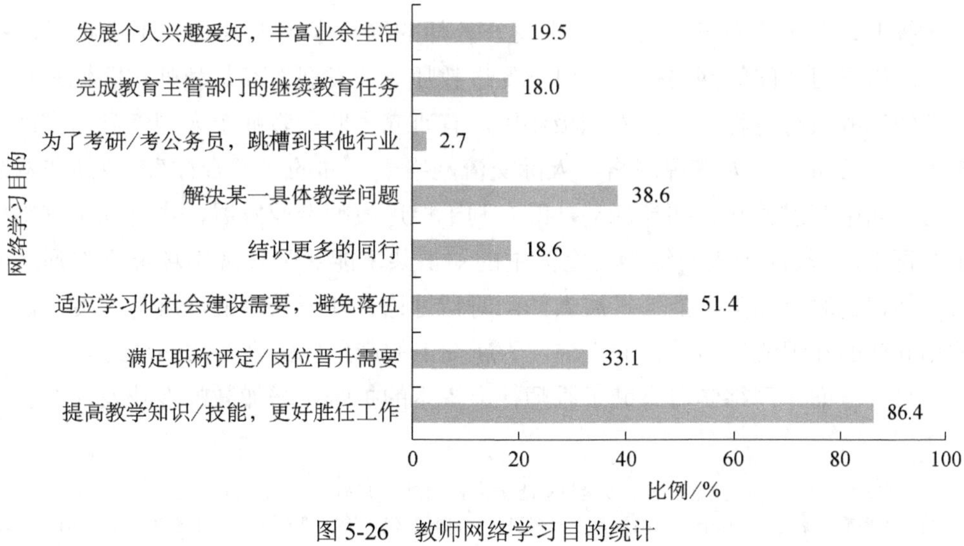

图5-26　教师网络学习目的统计

在访谈中，教师表示愿意开展网络学习和研修，他们开展网络学习的目的主要是为了提高教学技能、晋升与发展等。教师访谈内容摘录如下：

BL 老师：开展网络学习的主要目的是提升专业知识，给自己“充电”，但有时也迫于学校下达的任务，如完成教育主管部门的继续教育任务。

ZY 老师：我会通过网络查找优秀教案和优秀老师的上课视频进行学习模仿，提高教学技能。

HW 老师：当前的主要目的是提高教学能力。当今社会是一个快速发展的社会，教师岗位所需的素质在不断改变，如果不能及时进步，就很难适应日新月异的形式、称职地完成本职工作。

GJ 老师：提高教学技能和知识，同时也是顺应整体教育环境的需要。

ZK 老师：满足教师职称评定、岗位晋升需要，使每年的继续教育学分达标；适应教育信息化建设需要，学习最新的教育理念和信息化教育技术。

事实上，教师网络学习在提升教师知识与专业资本、社会资本，促进专业发展等方面也发挥着独特作用。一方面，网络学习是教师获取知识资本、专业资本的有效途径。在专业资本理论看来，“教学在技术上是复杂的，教师既需要经历长期的培训，接受多种理论的系统熏陶，也需要通过对实践的钻研和反思使自己的技能不断精熟与完善；教学过程充满着各种不确定性，且只有教师最清楚，因此行政部门应支持教师结合经验与证据来做出自主、明智的判断；教学是一项集体事业，需要教师团结协作、相互支援与挑战，才能永续推进”①。那么，如何有效提升教师专业知识与专业资本呢？教师的网络学习尤其是基于虚拟学习社区、网络学习空间的网络研修，对于促进教师专业发展尤其是教师实践性知识、隐性知识的获得过程中发挥着积极作用。有研究表明：教师个人网络学习空间是集工具、服务、个人资源网络、人际交流网络于一体的“混合体”。教师在网络学习空间中开展的知识共享活动，既有利于促进教师专业发展，也有助于网络资源的再生。“教师个人网络学习空间中的知识共享能够弥补现实环境下教师之间共享知识的时空局限，能够扩展教师间对话讨论、知识共享的深度与广度，满足教师旺盛的知识流通与转化的需求，为新知识的产生提供强有力的动力。”②

另一方面，网络学习有助于教师社会资本的扩张，增加教师专业发展机会。

① 高振宇. 教师专业资本的内涵、要素与建设策略[J]. 教师发展研究，2017（1）：72-78.

② 张丽霞，秦丹. 教师个人网络学习空间知识共享机制及优化策略研究[J]. 电化教育研究，2017（4）：36-40.

美国学者科尔曼认为："社会资本是指嵌入在社会结构或人际网络的社会联系中，为个人或组织所控制和利用，有助于实现其行动目的的显在或潜在的各种资源。"①社会资本在很大程度上影响了人们完成任务和实现目标的能力，在人们的网络关系中扮演着重要的角色。就教师而言，良好社会资本的形成有助于增加教师专业发展机会、为教师专业发展提供重要支持性条件。"优质的社会资本能够帮助教师树立良好的教育声望，建立融洽的工作关系和人际关系，赢得更多的代币奖励和物质待遇，进而获取更大的专业发展机会。"②那么，教师该如何获得或扩展社会资本呢？相关研究发现：社交网站能够提供独特的机会增加线下较弱的链接，并增加社会资本。③如此一来，教师在虚拟学习社区或网络学习空间，通过在线交流、沟通，合作与分享，增进彼此信任、形塑互惠规范与关系网络，从而使得教师的社会资本得以形成、扩张。

（二）教师网络学习时段比较集中，网络学习工具使用相对单一

在移动互联时代，互联网的崛起为人们的学习提供便捷，不断突破传统学习的时空限制，使得任何人在任何时间、任何地方，只要他愿意都可以获取他所需要的任何信息。移动学习、碎片化学习逐渐发展成为人们的重要学习方式。但从教师网络学习时段来看，教师主要是在"晚上回家后""课余时间""周末"等相对集中的时间开展网络学习的。

调查数据显示：67.2%的教师选择"晚上回家后"进行网络学习，有57.5%的教师选择"学校课余时间"开展网络学习，分别有52.7%、34.9%的教师选择"周末"和"寒暑假/节假日"进行网络学习；而选择"在上下班路上"和"随时/需要时"学习的教师比例相对偏低，分别只有16.1%、15.2%（图5-27）。

教师网络学习总是借助特定的网络工具、软件或平台展开的。从教师网络学习工具使用情况来看，排在前三位的分别是"浏览器、阅读器软件""即时通信工具（QQ、微信等）""综合学习资源网、专业数据库"，其比例分别为80.6%、58.8%、45.4%；选择"电子订阅（RSS）""在线翻译工具""在线文字/图片/音视频处理工具""云存储工具（如百度云）"等学习工具的教师比例分别为21.0%、13.2%、9.7%；另外，选择"个人效能工具（如iHour）""电子学档（ELP）""电子绩效支持系统（EPSS）"等学习工具的教师比例总体偏低，均不足1%（图5-28）。

---

① 詹姆斯·科尔曼. 社会理论的基础[M]. 邓方译. 北京：社会科学文献出版社，1999：354.
② 刘国艳. 社会资本视角下的农村教师专业发展[J]. 当代教育科学，2018（6）：72-76.
③ 雷雳. 互联网心理学：新心理与行为研究的兴起[M]. 北京：北京师范大学出版社，2016：55.

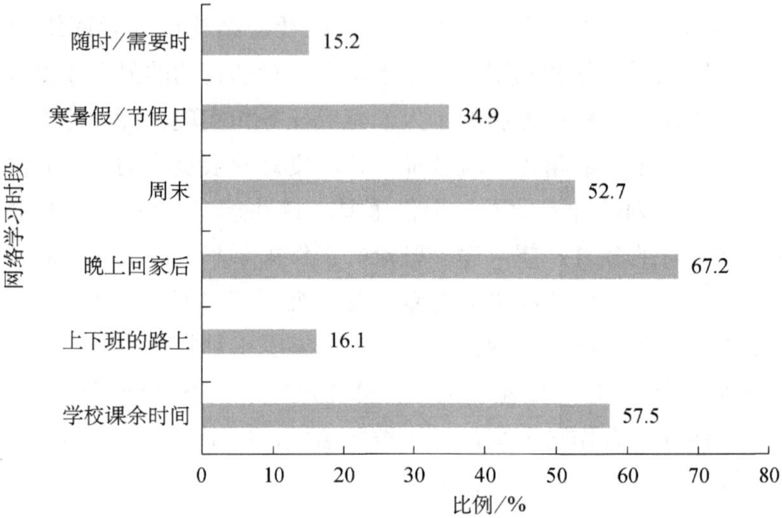

图 5-27　教师网络学习时段统计

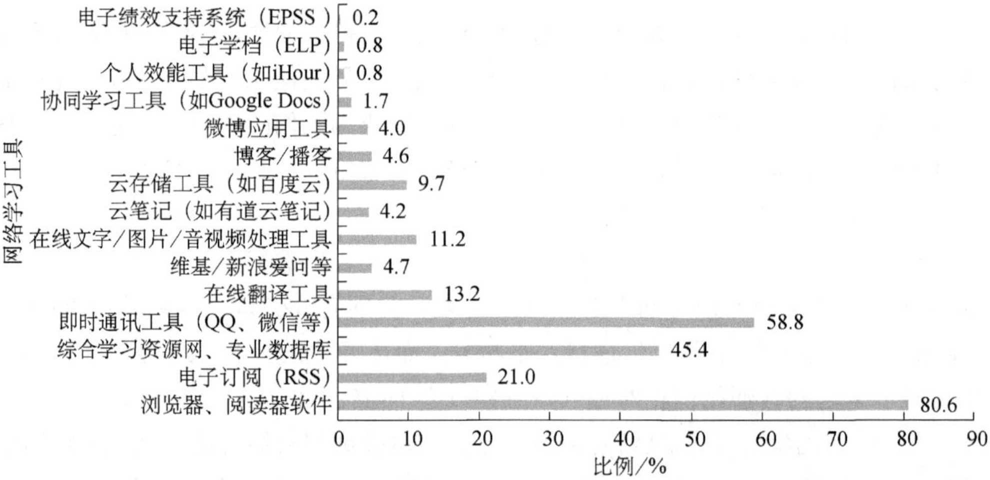

图 5-28　教师网络学习工具统计

总体来看，目前教师网络学习工具使用相对单一、存在特定的使用偏好。教师常用的网络学习工具主要是“查找与获取”“交流与分享”两类工具，而“组织与呈现类”“社会性网络协作类”“管理与评价类”工具的使用频率并不高。究其原因，可能有二：一是教师网络技术素养水平总体不高，缺乏对新兴网络学习工具的必要了解、认同与基本使用能力。在网络智能时代，教师如果能够深入地认识到新兴网络学习工具对教学活动支持与价值，并融于到日常教学活动中，从而更好地满足学生日益增长的个性化发展需求。二是新兴网络学习工具的使用可能受教师“媒体心理定式”的影响。事实上，虽然网络学习工具的转换在一定程度上能有效满足日益增长的网络学习需求，但同时也需要教师花费更多的时间和精力来学习、适应新学习工具，而频繁的转换也可能造成教师认知超负荷或筋疲力尽，因而教师不太愿意转换或使用新的网络学习工具也就不难理解了。

（三）教师网络学习途径日趋丰富，但仍以自主学习、集中式研修为主

在互联网时代，教师网络学习的途径和形式日趋多元。网络学习与研修成为教师新的学习方式。网络研修是以信息技术和互联网为基础，以网络学习工具或网络学习系统和平台为依托，通过在线学习、同伴互助、专家引领等方式，以提高教师教育教学能力、促进教师专业发展的一种新型研修模式。与传统教师研修模式相比，网络研修在投入成本、研修范围、资源占有、资源复制共享、满足个性化需求、时效性、参与性、交互性等方面具有优越性①，正因为如此，网络学习与研修正成为教师尤其是农村教师专业发展的有效途径，日益受到教师的青睐。近年来，国家也相继出台系列政策文件，对教师网络研修提出明确要求。比如，《中共中央 国务院关于全面深化新时代教师队伍建设改革的意见》明确提出：“全面提高中小学教师质量，建设一支高素质专业化的教师队伍”，“转变培训方式，推动信息技术与教师培训的有机融合，实行线上线下相结合的混合式研修”。②

在访谈中，教师普遍认为，开展网络学习与研修非常必要，自己也很愿意开展网络学习。譬如：

> ZX老师：我认为很有必要开展网络学习、网络研修。我自己也愿意参加。主要有两个方面的理由：一是网络自主学习有助于拓展教师的课外知识量；二是利用互联网的优势，网络研修和远程培训可以促进教师的专业发展，大大地降低空间对培训的局限，让更多教师受益。
>
> LX老师：我认为教师有必要开展网络学习与研修，因为这不仅可以帮助教师解决教学中遇到的很多疑难问题，提升教师的师德修养、教育理念、教育方法等，还可以帮助教师拓宽视野，与国家的教育政策方针保持一致，是一项有利于我们教师进步的学习。

---

① 张乐. 教师网络研修影响因素及保障体系研究[M]. 北京：科学出版社，2018：21.

② 本书编委会. 中共中央国务院关于全面深化新时代教师队伍建设改革的意见[M]. 北京：人民出版社，2018：13.

WZ 老师：有必要。愿意。网络学习十分方便，足不出户就可以进行学习，并且可以自由选择时间、地点来学习。

FZ 老师：有必要。我们每个人都需要不断学习，需要不断成长。能线下学习效果肯定最好，但是没有条件的时候，利用网上资源进行远程培训也是非常必要的，也是线下学习培训的一种补充。它不受时间、空间的限制，非常灵活，所以网络培训非常好。当然，网络培训也有一定的局限性，缺少上课的环境和氛围，人容易走神，除非课程做得非常好，自己也特别感兴趣，否则网上课程容易走过场，收获会小一些。

就教师网络学习形式和途径而言，调查数据显示：62.6%的教师的网络学习形式是“基于学习网站/研修平台的自主学习”，另有 57.0%的教师参加的是“教育主管部门组织的远程集中式培训”；也有相当一部分教师选择“基于移动设备的碎片化学习”和“学校组织的网络校本研修”，比例分别为 44.2%、37.7%；而选择“基于局域网的区域网络教研”“基于教师工作坊等平台的在线协同研修”“基于虚拟社区的社会交互学习”的教师比例分别为 16.3%、15.9、3.3%（图 5-29）。

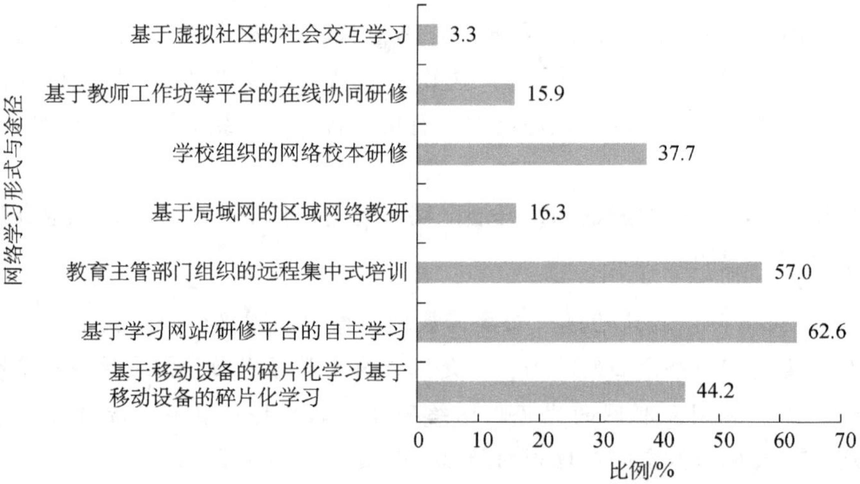

图 5-29 教师网络学习形式与途径统计

可见，在教师网络学习中，既有自主学习也有远程培训，但大多教师倾向自主学习。这可以从教师访谈中得以证实。在回答“您开展的网络学习是以自主学习为主还是以有组织的网络培训/研修为主？您更喜欢哪种形式？”时，教师如是说：

HW 老师：我更喜欢自主学习，因为个体学习始终有差异，而有组织的网络培训很难兼顾这种差异性，不能将授课最大效率化。另外，网络培训的质量并不能得到保证，很多培训其实在老生常谈，浪费了我们的宝贵时间。

BL 老师：我更倾向自主学习，因为自主学习给了我很多自由的空间和时间，我可以更有针对性地进行学习。

ZK 老师：两者都有。我更喜欢自主学习，因为时间可以不受限制地灵活安排。有时集中、有组织的网络培训的时候可能与繁重的教学任务相冲突。

ZY 老师：主要以自学为主，我也比较喜欢自学。我觉得学习提升主要靠自觉，而且自己比较清楚自身的不足，能够进行个性化学习。

当然，也有少部分教师比较喜欢有组织的网络研修或网络培训。他们认为，有组织的网络培训针对性要强，可以学习系统知识、少走弯路等。譬如：

SW 老师：我更喜欢有组织的网络培训，因为针对的问题会更集中，学习到的东西会更全面，并且可以节省时间。

GJ 老师：我更喜欢有组织的网络培训，比较有针对性。

CY 老师：我开展的网络学习以有组织的网络培训、研修为主，我挺喜欢这种形式的。因为我是一个年轻的教师，我的各方面都需要进步，那么如果由我自主地去寻找学习课程，可能会走不少弯路。而学校统一组织的研修会更加有针对性地面向我们新老师，也会更准确。

从教师网络研修活动形式来看，调查数据显示："专题讲座""集体备课""观课评课"是教师网络研修的主要形式，比例分别为 60.9%、56.1%、46.4%；其他网络研修形式包括"专题研讨""课题研究""实践反思"等，比例依次为 22.9%、16.1%、11.1%（图 5-30）。

远程集中式研修与培训能够在一定程度上解决教师工学矛盾，传授给教师系统的专业知识，但却难以转化生成为教师的实践智慧或实践性知识，也不能很好地满足教师个性化发展需要。有论者曾指出"培训班式"和"专家讲座式"教师培训存在着两个方面的问题：一方面，教师没有机会去实践新学的技能，另一方面，即使教师当时能够接受"说教"，但是缺乏必要的后续实践的支持，因此这些模式往往以失败告终。[①]在教师访谈中，不少教师披露出目前网络研修与培训存在的问题和不足，影响到教师网络研修与培训的积极性和满意度。譬如：

① 顾小清. 面向信息化的教师专业发展——行动学习的实践视角[M]. 北京：教育科学出版社，2006：110.

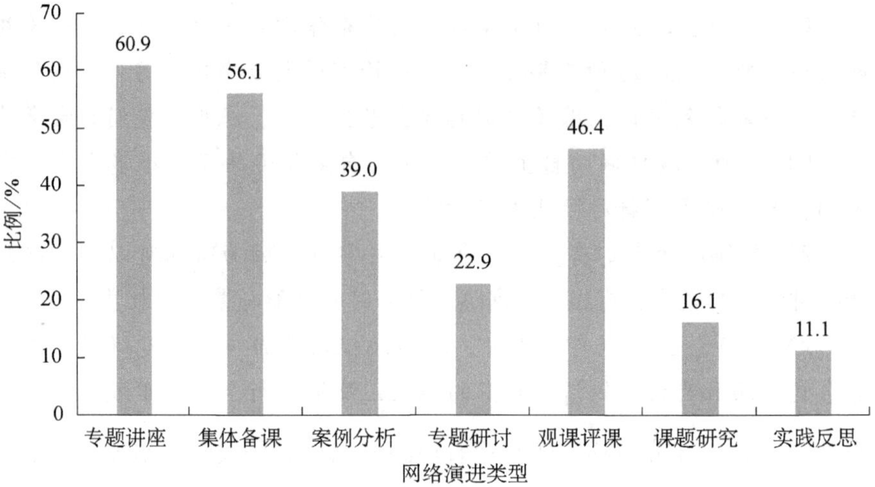

图 5-30　教师网络研修类型统计

LH 老师：我觉得培训的内容实用性不强，另外没能调动老师的主动性进行学习，更多的是流于形式。

ZX 老师：教师网络培训主要存在三个问题：一是培训的方法主要以看视频，说教为主，互动少，枯燥无趣，激不起学习者的内部动机；二是培训管理系统不完善，学习起来有阻碍；三是培训内容实用性不强，学习者学习后得不到后期巩固，遗忘率高。

YY 老师：主要问题是无检查。网络学习时只以视频学习时间为检查手段；内容学没学无法检查；方法还是单纯地讲与听，自主性不够。

SQ 老师：缺乏互动，培训内容普遍性较强，但缺乏适合培训区域与对象的有针对性培训，应结合各地的具体情况开展培训，使培训更有针对性。

LW 老师：我认为主要的问题是网站服务器不太稳定，容易出现卡顿、没有录入学时等。

总体来看，教师网络学习形式主要是自主学习和集中式培训，而基于虚拟学习社区或在线实践社区、教师工作坊的在线合作、协作式学习的比例明显偏低。事实上，基于虚拟学习社区、教师工作坊的在线协同研修等新型网络学习方式促进教师实践性知识获得与创生、教师网络学习文化培育等方面发挥着积极作用。邓肯-豪厄尔曾强调指出，网络学习社区不仅为教师提供了活跃的学习环境、丰富的学习资源，还提供了同伴支持和指导，它是教师专业学习的有效形式。①2013

① Duncan-Howell J. Teachers making connections：Online communities as a source of professional learning[J]. British Journal of Educational Technology，2010，41（2）：324-340.

年教育部印发的《关于深化中小学教师培训模式改革全面提升培训质量的指导意见》明确提出“营造网络学习环境，推动教师终身学习；积极推进教师网络研修社区建设；开展区域间教师网上协同研修，促进教师同行交流；培养网络研修骨干队伍，打造教师学习共同体；丰富研修主题，通过集体备课、观课磨课、课题研究等方式，促进教研与培训有机结合”①等系列要求。

（四）教师网络学习行为倾向网络信息行为，高层次网络学习行为明显偏少

教师网络学习行为是教师基于特定的学习目的，在网络学习环境中开展的各种与学习相关的行为。调查数据显示，教师网络学习行为主要是“浏览/下载/收藏网络资源”和“自制、分享网络学习资源”，比例分别为78.5%、41.9%；其次，选择“网络信息检索”和“网络信息选择/加工”的教师比例依次为36.7%、23.0%；另有部分教师选择“完成、提交作业”（17.6%）、“发布/展示学习成果/作品”（15.9%）；只有少部分教师选择“撰写学习日志、博客”（9.9%）、“在线学习评价（如自评/互评）”（7.8%）、“查看学习记录、成绩”（6.5%）、“向他人提问或接受解答”（4.8%）、“在讨论区、聊天室交流讨论”（3.3%）等学习行为（图5-31）。

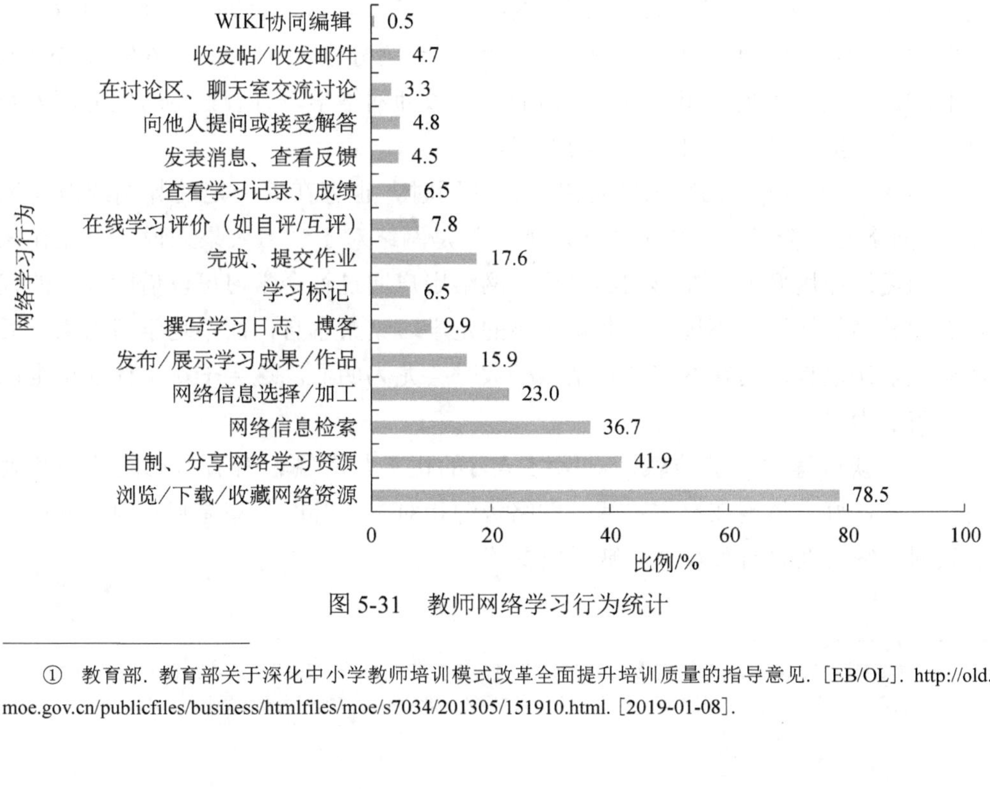

图5-31　教师网络学习行为统计

① 教育部. 教育部关于深化中小学教师培训模式改革全面提升培训质量的指导意见.［EB/OL］. http://old.moe.gov.cn/publicfiles/business/htmlfiles/moe/s7034/201305/151910.html.［2019-01-08］.

我们不难发现，教师网络学习行为以网络信息行为为主，主要是教师在信息需求的驱动下，利用网络工具和平台进行网络信息查询、选择、利用、交流与发布等网络行为。事实上，就个体网络学习行为而言，它是一个多层次、多维度的结构体系，存在不同的层次和水平。有论者依此将网络学习行为划分为低级、中级、高级三个等级。其中，低级网络学习行为（如浏览、点击、注释、保存等）是反映一种单纯的操作活动，而中级网络学习行为（如查询信息、精读、评价、质疑等）、高级网络学习行为（如协作、探究、反省等）是对低级网络学习行为的复合和序列化，反映的是更为高级的认知活动。①依此来看，教师网络学习行为主要处于中低级层次，以低层次为主，而高级网络学习行为明显偏少。

（五）教师网络学习优势较为明显，但受教师“工作繁忙、缺少时间”等因素的牵制

调查数据显示：教师认为网络学习的好处主要是“网络学习资源丰富、更新快”“自主灵活，有效缓解工学矛盾”“为广大教师提供平等的学习机会”三大方面，比例依次为83.1%、56.1%、45.5%；另有33.6%的教师认为“网络学习比较经济（如节省路费）”、32.8%的教师选择的是“便于知识/经验分享、交流”；而选择“丰富了教师学习研修方式”“网络学习工具丰富、有助于提高学习效率”“便于开展同伴互助、协作学习”的教师的比例分别为17.2%、16.5%、10.9%（图5-32）。由此可见，相比传统学习而言，教师网络学习有着独特的优势，为教师自主学习提供更多自由和选择的空间。

然而，网络学习在给教师带来便捷的同时，也存在着一定的弊端或潜在风险。“网络是社会学习发生的重要场所，但是网络对于学习效果来说，可能存在一个由促进作用变为负面影响的过程。网络用户通过社会学习可以借助较少的代价获得较多的知识，不过用户获得更多的是学习结果本身，而不是学习结果背后的问题解决过程，这在网络拓扑结构松散时会尤为明显。这会干扰个体的思维以及反省能力。”②

在访谈过程中，被访教师对网络学习的优势与弊端也有着自己的认识和理解。其中，好处体现在自主灵活、网络资源相对丰富等；而弊端则表现在分辨信息费时、缺乏及时有效反馈、缺乏监督等。

---

① 彭文辉，杨宗凯，黄克斌. 网络学习行为分析及其模型研究[J]. 中国电化教育，2006（10）：31-35.

② 雷雳. 互联网心理学：新心理与行为研究的兴起[M]. 北京：北京师范大学出版社，2016：100.

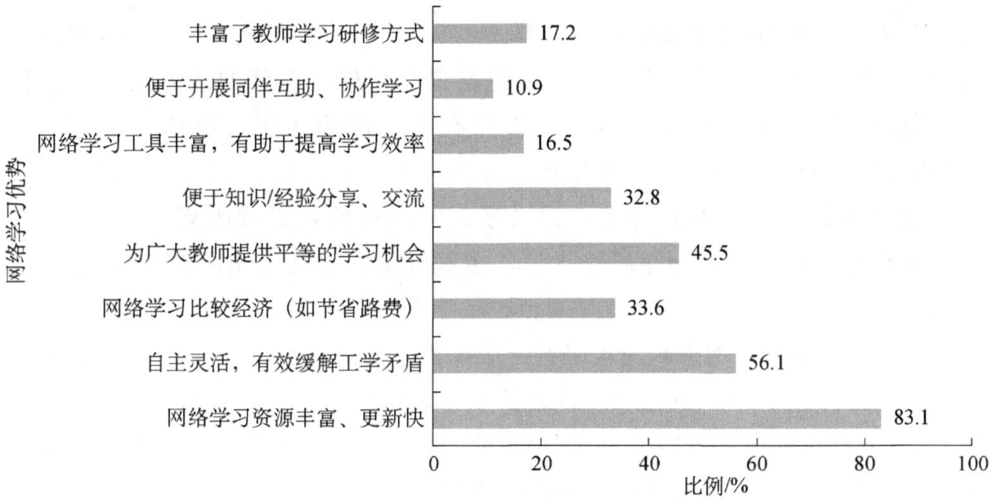

图 5-32　教师网络学习优势统计

BL 老师：网络学习不仅能及时、有效地获取所需的网络资源，而且能为我们更新知识提供平台和媒介。网络学习的弊端主要是网络学习资源纷繁复杂，良莠不齐，筛选时间成本大，耗时费力。

ZY 老师：网络学习的优势在于网络资源丰富，能够找到自己所需的教师上课资源，且不受时间地点的限制。但网络学习因个体自觉性的不同，效果会有所差异。

GJ 老师：网络学习更加灵活自主，学习者随时随地都能开始学习，存在的弊端就是让人缺少学习的主动性和积极性，同时很难操作、考察。

XS 老师：时间灵活、地点灵活，便利；有些产生的问题容易被忽略，学习不认真时也没人监督、督促。

CY 老师：我觉得网络学习的主要好处是自主灵活，可以有效地缓解工学矛盾。因为像我们教师，很难说放下学生一整天去进行面对面的培训，而网络学习一般情况下以视频学习为主，我们可以选择在自己有空的时间学习，这样就可以工作、学习都不耽误。当然，网络学习也存在一些弊端，例如，我们不能及时地与网络培训老师进行交流，一些培训过程中存在的问题就不能及时而有效地去处理、解决。

教师网络学习与研修是在虚拟的网络世界中开展的学习活动，不可避免地受到内外因素的影响和制约。学者对教师网络学习影响因素展开了探讨，主要有以下几种观点：一是二因素说。有学者探讨了小学教师网上学习影响因素，包括个人因素和外部环境因素两大类。[①]二是三因素说。有学者将影响教师网络学习空间的因素归结为个人因素（包括自我效能、教师的适应性），空间因素（包括用户体验、易操作性、对教学有用、健康环保、隐私），外部因素（包括外部影响、任务类型、工作量、支持与服务）三类。[②]三是六因素说。有学者通过理论梳理、专家咨询，探讨了教师网络研修影响因素，包括个体因素、研修平台及环境、网络研修设计、主观规范、互动感知、支持帮助等六个因素。[③]

从教师网络学习的影响因素来看，排在首位的是“工作生活繁忙、时间精力有限”，比例为81.1%；而选择“缺乏优质学习资源、不能免费获取”“上网不方便”“缺乏自主意识、自控力”“缺少必要的指导或专家引领”“网络学习体验、效果不理想”教师比例分别为40.4%、27.2%、25.4%、20.8%、20.4%；此外，“网速慢、平台易用性差”（16.9%）、“学习资源或学习任务枯燥、乏味”（13.1%）、“不习惯或不太适应网络学习”（3.6%）等也是影响教师网络学习的不容忽视的因素（图5-33）。

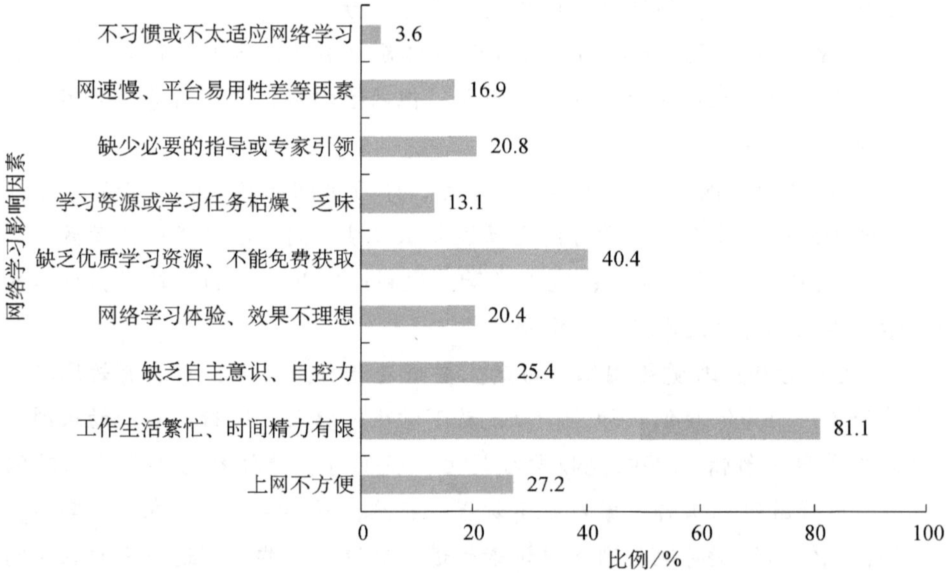

图5-33　教师网络学习影响因素统计

① 郭绍青，马丽. 西部小学教师网络学习行为个案调查与分析[J]. 中国电化教育，2009（1）：55-59.

② 许亚锋，赵博. 教师使用学习空间的影响因素研究[J]. 开放教育研究，2014（5）：102-110.

③ 张乐. 教师网络研修影响因素及保障体系研究[M]. 北京：科学出版社，2018：82.

在访谈中，被访教师在回答“影响您参加网络学习与研修的主要因素是什么”时，也主要集中在“工作生活繁忙、时间精力有限”“缺乏优质学习资源、不能免费获取”等方面。以下是部分教师的访谈内容：

> ZX 老师：影响网络学习的因素主要有三个方面：第一，平日工作生活繁忙，加上时间精力有限；第二，缺乏自主学习意识，自控力不强，有学习倦怠感；第三，缺乏必要的指导和有效的监督，没有方向，没有目的，难以坚持而有效地参加学习。
>
> WZ 老师：时间、精力有限，并且有一些资源需要付费才能获取，例如中国知网、万方数据库等。
>
> FZ 老师：工作忙是一方面的原因，最主要的是缺乏优质资源，使得有些培训太过于形式。如果有优质资源，能对大家真正有帮助，大家都愿意参加，其他困难都可以克服。
>
> TW 老师：教学工作繁忙，时间不够，缺乏优质学习资源，也缺少必要的指导，学习的效果不太理想。

由此可以看出，影响教师网络学习的关键因素是教师工作繁忙、缺少时间。事实的确如此，在学校教学生活中，除了完成教学事务之外，教师还要承担其他非教学事务，后者往往耗费教师大量时间、精力，因而也就没有充裕的时间和精力开展网络学习。李镇西调查发现：完成各级各类检查、参与临时交办的非教学类任务、完成各类网上学习、参与各级各类会议培训，成为占用教师时间的四大因素，分别占调查样本总数的68.4%、54.1%、41.1%、33.1%。然而，这些工作跟日常的教学工作并无直接关系，真正用于教学及相关准备的时间在整个工作时间中不足1/4。[①]近年来，教育行政部门正采取积极措施，切实为中小学减负，如2018年12月，《教育部等九部门关于印发中小学生减负措施的通知》出台，同时也将着手为教师减压、减负，以提高教师工作生活质量，为教师专业发展、家庭生活和休闲娱乐预留更多时间和空间。教育部部长陈宝生在2019年全国教育工作会议上的讲话中也强调指出，“要下大力气为教师减负”，“今年要把为教师减负作为一件大事来抓，教育部将专门出台中小学教师减负政策。要全面清理和规范进学校的各类检查、考核、评比活动，实行目录清单制度，未列入清单或未经批准的不准开展，要把教师从‘表叔’‘表哥’中解脱出来，更不能随意给学

---

① 李镇西. 关于“减少教师非教学工作”的调查报告[J]. 教育研究与评论，2017（4）：79.

校和教师搞摊派。要把时间和精力还给教师，让他们静下心来研究教学、备课充电、提高专业化水平”。[①]

四、教师网络休闲

休闲作为教师现实生活的重要内容，在教师恢复体力、发展个性、陶冶性情等方面发挥着重要作用。作为一种新型休闲方式，网络休闲是“主体借助互联网，在网络虚拟信息空间上进行的休闲活动”[②]，主要包括网络游戏、网络文学、网络视频、网络音乐、网络直播（如游戏直播、真人秀直播）等网络活动。我们主要从教师网络休闲时段、网络休闲频率、网络休闲动机、网络休闲活动、网络休闲利弊等维度进行考察和分析。

（一）教师网络休闲时段以闲暇时间为主，网络休闲频率略低于现实休闲

随着互联网技术、新媒体技术等新技术的推广与应用，教师网络休闲时间、地点更加灵活多样。从教师网络休闲时段或场景来看，主要集中在“晚上回家后”和“周末”。调查数据显示：选择在“晚上回家后”进行网络休闲活动的教师比例为66.5%，选择在“周末”“寒暑假/节假日”进行网络休闲的教师比例分别为56.2%、37.6%，而选择“学校课余时间”“在上下班路上”“随时/需要时”学习的教师比例分别为25.7%、15.9%、5.4%（图5-34）。

教师网络休闲频率是特定时间内教师网络休闲的次数，或者是教师网络休闲占教师整个休闲活动的比重。从教师网络休闲与现实休闲活动频率比较来看，调查数据显示，30.9%的教师表示“现实休闲活动多于网络休闲活动”，26.6%的教师则表示“网络休闲活动多于现实休闲活动”，19.4%的教师反映自己的“网络休闲活动和现实休闲活动一样多”；选择“只有网络休闲活动”或“只有现实休闲活动”的教师比例仅为9.5%、3.9%（图5-35）。

① 陈宝生. 落实 落实 再落实——在2019年全国教育工作会议上的讲话[EB/OL]. http://www.moe.gov.cn/jyb_xwfb/moe_176/201901/t20190129_368518.html. [2019-10-10].

② 吴文新. 休闲学导论[M]. 北京：北京大学出版社，2013：369.

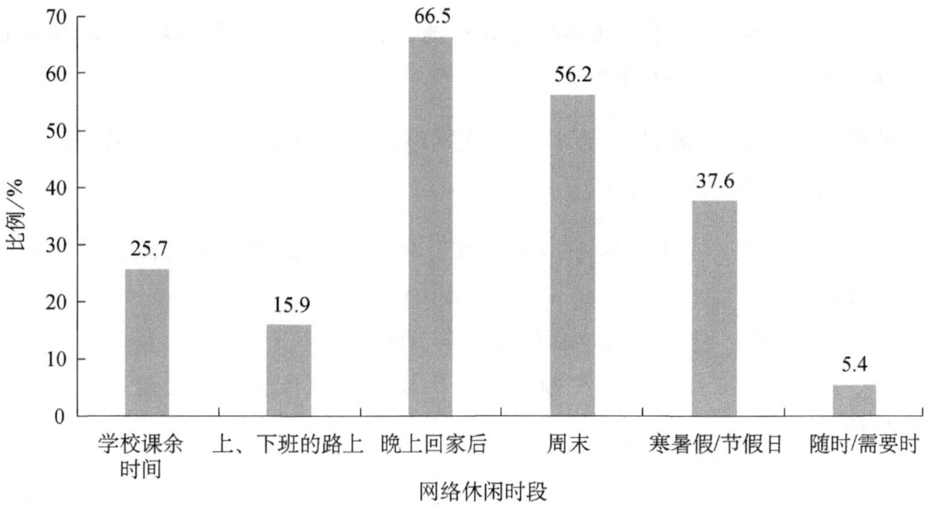

图 5-34　教师网络休闲时段统计

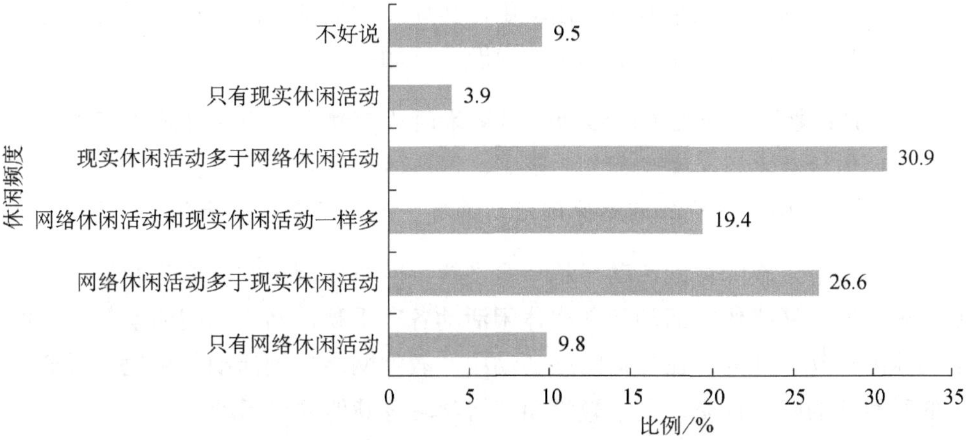

图 5-35　教师网络休闲与现实休闲的频度

在访谈过程中，教师在回答“在平时休闲娱乐活动中，是传统休闲娱乐为主、还是网络休闲娱乐为主，理由是什么”这一问题时，有的教师表示以网络休闲为主，通过网络休闲活动以达到获取讯息、放松身心、释放压力等目的。譬如：

ZX 老师（表示以网络休闲为主）：因为网络休闲娱乐丰富多彩，足不出户，点点手指就可以见识许多有趣的事物，还可以在娱乐的同时学习。

TW 老师：很多网络视频十分有趣，在繁忙的工作之余观看可以缓解疲劳；网上有很多电子书籍，不用去书店买，就可以直接在网上观看。

WZ 老师：平时以网络休闲娱乐为主，因为可以利用碎片化时间进行网络休闲娱乐有利于释放压力。

此外，也有部分教师表示不太喜欢网络休闲，平时仍然以传统休闲活动为主，教师给出的理由主要有：

TL 老师：传统的旅游休闲让我有更多的机会亲近大自然，对身体更有益处。

XJ 老师：网络休闲时看屏幕太多，眼睛受不了。

ZC 老师：虽然网络视频趣味性比较强，但传统娱乐活动比较有益于身体健康。

YY 老师：看显示屏时间长，眼疼、头疼。

LW 老师：对网络休闲娱乐的兴趣不大。

还有的教师表示在平时休闲活动中，传统休闲活动和网络休闲活动都有，两者各有千秋，因而不存在以谁为主的问题。譬如：

HY 老师：传统休闲活动和网络休闲活动都有。两者都是不可少的。传统休闲活动比较受客观条件的限制，网络休闲活动更方便。

NJ 老师：传统和网络休闲活动都有。因为两者各有千秋。

总体来看，教师休闲活动日趋丰富多样，网络休闲正发展成为教师的重要休闲方式。教师网络休闲活动和现实休闲活动各有千秋，网络休闲活动频率略低于现实休闲活动。此外，在教师网络活动中，教师网络休闲活动频率也是最低的，远低于教师的网络社交、网络教学和网络学习等其他网络活动。

（二）教师网络休闲动机以智力动机和社会动机为主，主要体现为增长见识、放松身心和结交朋友

网络休闲动机是引导、维持、推动教师从事网络休闲活动，并使网络休闲活动朝着特定休闲目的进行的内在动力。休闲动机一般可划分为智力动机、社会动机、刺激/逃避动机、技能掌握动机四大类。其中，智力动机包括增长阅历和知识、认识自我和他人、发现和了解新事物、发挥想象和创造力、满足好奇心等；社会/社交动机包括建立友谊、获得他人接受和尊重、获得社会技能、通过交往获得发展机会、获得归属感等；刺激/逃避动机包括放松身心、寻求刺激、逃避日常生活的纷扰、逃避现实、随性地做我想做；能力/技能动机包括挑战自我能

力、健身、获得益处等。[1]

就教师网络休闲娱乐的动机而言，排在前三位的是“拓宽视野、增长见识”“放松身心、恢复体力和精力”“结交新朋友，扩大交际圈”，比例分别为71.9%、64.8%、34.2%；其次是“获得社交经验和技巧”“拓展休闲方式，提高休闲质量”“消磨时光、避免无聊”，比例依次为23.1%、16.5%、13.2%。另外，“获得成就感、归属感”“逃离现实，以缓解现实压力”“满足好奇心”“发挥个人创造力、想象力”等也是少部分教师开展网络休闲的目的（图5-36）。

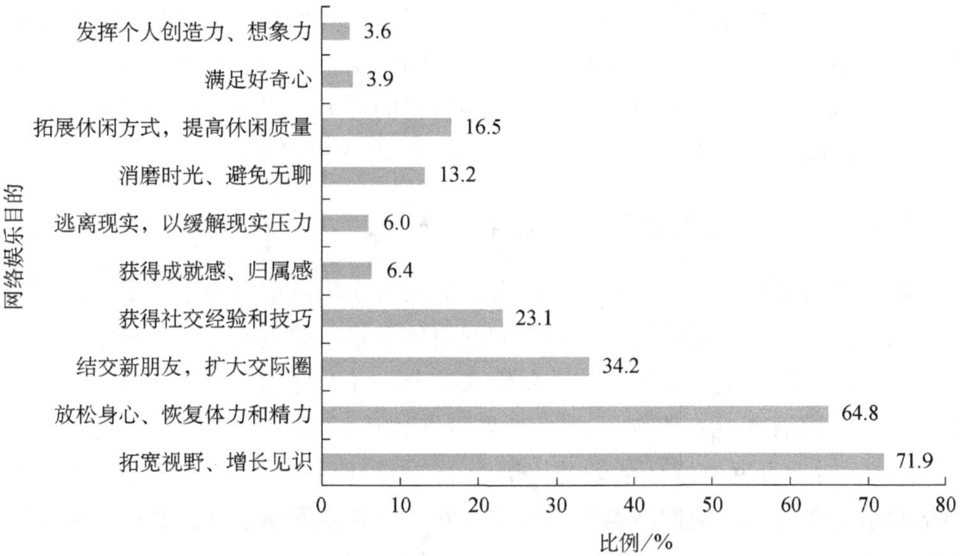

图5-36　教师网络娱乐目的统计

在访谈过程中，被访教师提及的网络休闲动机和目的主要有拓宽视野和增长见识、放松身心、缓解压力等。譬如：

HW老师：首要目的就是放松身心，缓解压力，如看网络小说。其次是拓宽视野，了解当下热点。

CY老师：我进行网络休闲娱乐的主要目的是放松身心，缓解一下压力。一般来说，我选择的网络休闲娱乐方式是网络文学或者是看一些网络视频。一天的工作下来是很累的，看一些轻松的视频或者是一些自己喜欢的短篇文学，对我来说是一种很好的放松方式。我个人觉得，放松下来了才可以更好地准备明天工作需要的东西，才能更好地工作。

① 宋瑞，戈德比. 寻找中国的休闲：跨越太平洋的对话[M]. 北京：社会科学文献出版社，2015：93.

ZK 老师：一方面，拓宽视野、增长见识，例如看微信公众号、网络学习等；另一方面，放松身心、恢复体力和精力，比如看视频、聊天。

总体上讲，教师网络休闲娱乐动机主要是智力动机、社交动机。此外，放松身心也成为教师网络休闲的重要目的，这也间接地反映出教师工作生活压力较大，希望通过网络休闲有效缓解压力、恢复体力和精力。就学生而言，缓解压力、放松身心也是学生网络休闲的主要动机。有调查显示：42.3%的被调查中学生表示进行网络娱乐是为了从现实生活的压力中解脱，感觉很轻松；22.7%的中学生表示，网络娱乐是最容易获取的娱乐方式；13.9%的学生想通过网络娱乐获得很多从学校和书本上学不到的知识；9.4%的中学生希望通过网络娱乐交到更多朋友；9.0%的学生想通过网络娱乐方式将自己的意见、建议、感悟和别人分享；另有 2.6%的学生想获得一种现实中无法体验的新鲜和刺激。①

（三）教师网络娱乐活动日趋丰富多样，以消遣娱乐类活动为主

随着网络文化产业的蓬勃发展，人们的网络娱乐活动日趋丰富多样，网络视频、网络音乐、网络游戏等是当前人们网络休闲娱乐的重要方式。就学生而言，网络娱乐已成为学生网络生活的重要组成部分，并对他们的学业、身心发展产生深远影响。调查表明：经常或总是参见网络娱乐活动的学生占较大比例，达到 64.9%，有时参见网络娱乐活动的比例为 25.3%，而只有 2.7%的中学生从未有过网络娱乐的经历。从他们网络娱乐方式来看，中学生网络娱乐方式以听音乐、看电影、看电视剧等为主，玩网络游戏的中学生比例相对较低。调查数据显示：74.8%的中学生上网时是下载或在线听音乐，下载或在线看电影、电视剧、综艺节目的中学生比例为 73.1%，另外，网络阅读和玩网络游戏的比例分别为 42.5%、39.9%。②

就教师网络娱乐活动类型而言，调查结果显示：排在前三位的是“网络视频（如电影、综艺节目）”“在线听音乐/广播”“浏览网页/新闻”，比例分别为 70.5%、59.4%、48.7%；另外，“网络游戏”“网络文学”也成为教师重要的网络休闲娱乐活动，比例依次为 22.3%、21.8%；“网络直播（如真人秀直播）”“网上旅游”等其他网络休闲活动比例则较低，分别为 6.4%、5.0%（图 5-37）。

---

① “中学生网络生活状态调查研究”课题组. 中学生网络生活状态调查报告[M]. 北京：教育科学出版社，2014：173-174.

② “中学生网络生活状态调查研究”课题组. 中学生网络生活状态调查报告[M]. 北京：教育科学出版社，2014：172.

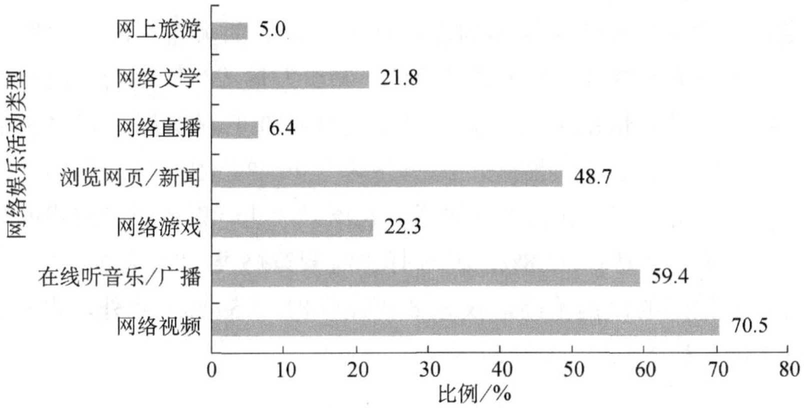

图 5-37　教师网络娱乐活动类型统计

访问者：您平时上网都开展哪些休闲娱乐活动？您最喜欢哪类网络休闲娱乐活动？理由是什么？

WZ 老师：平时会上网看新闻、看电子书、看电影、电视、听音乐。最喜欢看电影，电影作为一种作品，跟书籍一样，启迪心灵，开阔视野，掌握更多知识，了解更多人的不同想法，去其糟粕，取其精华。好的思想可以让人立刻去行动，好的哲理甚至可以影响人生。

WQ 老师：观看网络视频，在工作之余看看视频能让自己的身心放松。

TL 老师：平时在上网过程中，主要看当前流行的视频、电视和电影，我觉得看这些内容可以了解当下的流行趋势，可以更好地把握潮流。

HY 老师：通常是刷朋友圈、购物、看一些文字类的综合节目，主要是生活所需和个人爱好。

LX 老师：看网络视频、直播。有时听音乐，学习网上的菜谱，生活小妙招等。

LJ 老师：经常听书，因为现在看书的时间少，在洗脸刷牙的时候多听书不仅能学到知识而且能节省时间。

（四）教师网络游戏频率总体不高，网络游戏偏向休闲益智类和音乐类

21 世纪以来，网络游戏产业呈现出良好的发展态势，网络游戏的种类、数量和题材等得到迅速增长。网络游戏日益受到人们尤其是青少年的青睐。从学生网络游戏情况来看，现如今，网络游戏也逐渐成为学生重要的休闲娱乐方式。有调查数据显示：大学生参与网络游戏的比例非常高，仅 11.7%的大学生表示不玩

网络游戏。大学生玩家凭借娴熟的操作技术、投入的大量时间和掌握的游戏技能，很快在各类游戏中扮演起领导者角色，甚至发展成为网络游戏成瘾者。①

从教师网络游戏情况来看，教师网络游戏存在明显偏好，倾向休闲益智类（如棋牌、纸牌等）、音乐类游戏，比例分别为49.4%、21.6%；此外，选择“动作类（如战神、无双）”“社交类（如开心农场）”“飞行射击类”游戏的教师的比例分别为16.0%、13.1%、11.8%；而选择“经营策略类”“角色扮演类”“体育竞技类”游戏的教师的比例不高，仅为8.1%、7.8%、5.4%。此外，也有25.0%的教师表示“以上都未玩过”（图5-38）。

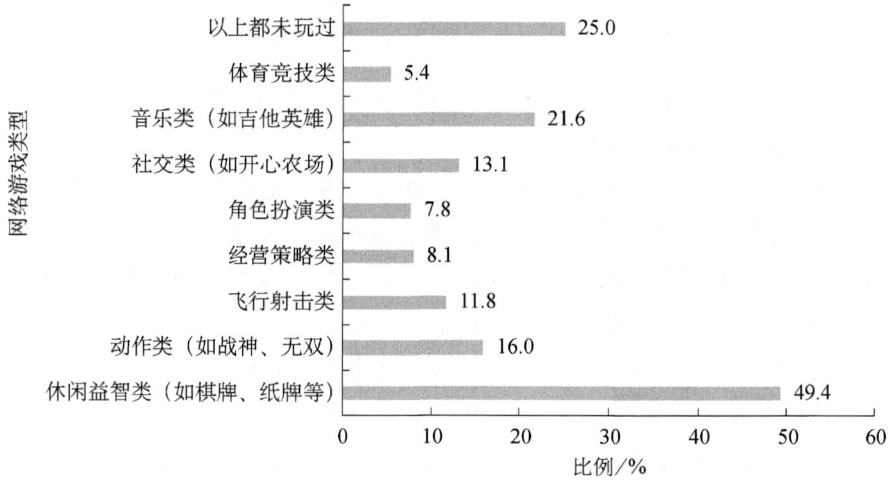

图5-38 教师网络游戏类型统计

总体上讲，教师玩网络游戏的频率并不高。在访谈中，当被问及“您平时喜欢玩网络游戏吗，理由是什么”时，只有少部分教师表示玩网络游戏，但大部分教师表示不太喜欢玩网络游戏，并说出各自的原因。譬如：

ZX老师：玩益智类游戏。有助于开发大脑智商，拉开思考的维度，亦能减压。

BL老师：基本上不玩网络游戏。首先是不感兴趣，其次是觉得网络游戏浪费时间和精力，对视力也不好。休闲娱乐更愿意看看纸质书籍，或者跑跑步，放松身心。

ZY老师（也持有类似的观点）：不喜欢玩网络游戏，对它没有兴趣。总

① 朱琳，涂薇，叶松庆. 当代大学生网络行为的实证研究——基于性别、生源地和独生子女的差异[J]. 全球教育展望，2017（11）：117-128.

觉得它不仅没有用而且浪费时间。

XS 老师：不喜欢玩，浪费时间、掏空身体；对修身养性很不利，会使自己变浮躁。

CY 老师：我平时不喜欢玩网络游戏。其实也没有特别具体的原因，就是单纯的不喜欢，对网络游戏没有兴趣。

（五）网络休闲使教师闲暇生活更丰富，但其弊端不容忽视

有论者指出，网络休闲对人的影响既有积极方面，也有消极方面。从积极影响来看，主要表现在网络休闲增强了人的主体性意识、丰富了人的娱乐方式、拓展了人的人际交往空间、增加了不良情绪宣泄途径；从消极层面来讲，网络休闲可能会造成个体的主体性价值弱化、导致主体道德失范、影响个体的身体健康、造成个体人格及心理的不健全等。①

调查结果显示：教师认为网络休闲娱乐的优势主要集中在“网络娱乐活动项目丰富，可选择余地大”“能更好地满足休闲娱乐需要”“可即时聊天交流、结交更多朋友”等方面，比例为68.9%、52.0%、40.9%；也有教师认为，网络休闲的好处体现在“较少受天气、场地等外在因素限制”(24.8%)、“网络休闲娱乐有时比较省钱”(14.7%)；另外，选择“较少受身体状况等内在因素限制”“网络休闲娱乐具有更大的私密空间”“能获得现实中无法体验的新鲜和刺激”的教师比例分别为6.7%、4.7%、3.8%（图5-39）。

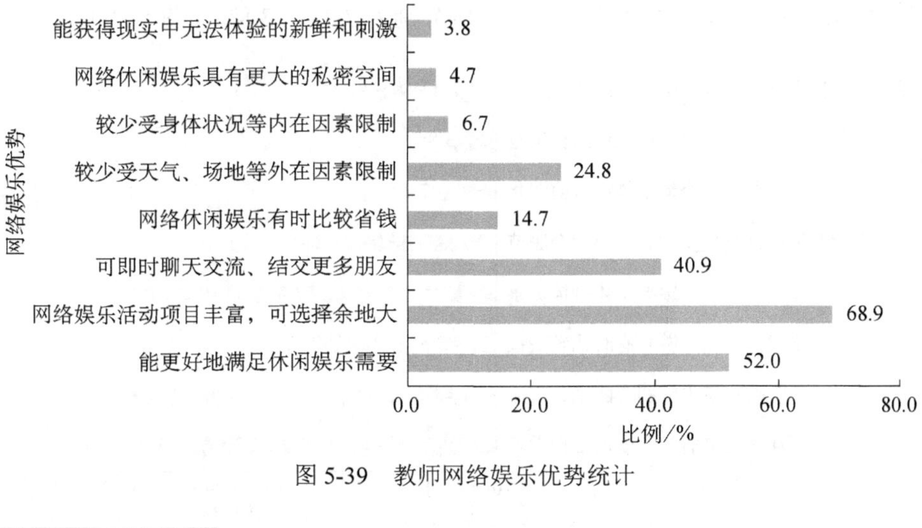

图5-39 教师网络娱乐优势统计

① 吴文新. 休闲学导论[M]. 北京：北京大学出版社，2013：377-382.

访问者：与传统休闲娱乐活动相比，您觉得网络休闲娱乐的主要优势或好处是什么？

BL 老师：网络休闲娱乐的主要优势是及时行乐，它能快速给人们带来感官上的享受与刺激，缓解工作压力，如刷抖音、玩游戏等。

ZY 老师：网络休闲娱乐的好处有两个方面：一是不需要出门就可以玩，以前要去 KTV 唱歌，现在可有各种唱歌软件。二是选择性强，以前要看电视定点播放的节目，现在手机可以想看什么就能看什么。

GJ 老师：网络娱乐好处是不受时间、地点限制，随时随地都能开始，同时省精力、时间。

CY 老师：与传统休闲娱乐活动相比，我认为网络休闲娱乐的主要优势在于种类多。传统休闲方式无非是出去玩一下、唱个歌等，这种对于上了一天班的人来说太累了，很多人想要娱乐不过是想放松一下。而网络休闲娱乐就提供了这个机会，我们可以在家里娱乐放松。它的种类也很多，基本上需要出门的娱乐活动，网络上都能做到，还能足不出户，一举两得。

从教师网络休闲的弊端来看，调查数据显示，主要集中在“耗费太多时间，耽误工作学习”“影响和家人、朋友团聚、交流”“影响个体身体健康”三个方面，比例分别为 65.2%、64.6%、49.7%；其次是“网络娱乐（如网游）有时比较费钱”“消极逃避现实，容易与社会脱节”“易造成个体人格及心理缺陷（如游戏成瘾）”，教师选择比例依次为 22.2%、21.8%、18.0%；此外，选择“易造成个体主体性价值弱化”“易导致主体道德失范”的教师比例分别为 7.2%、3.8%（图 5-40）。

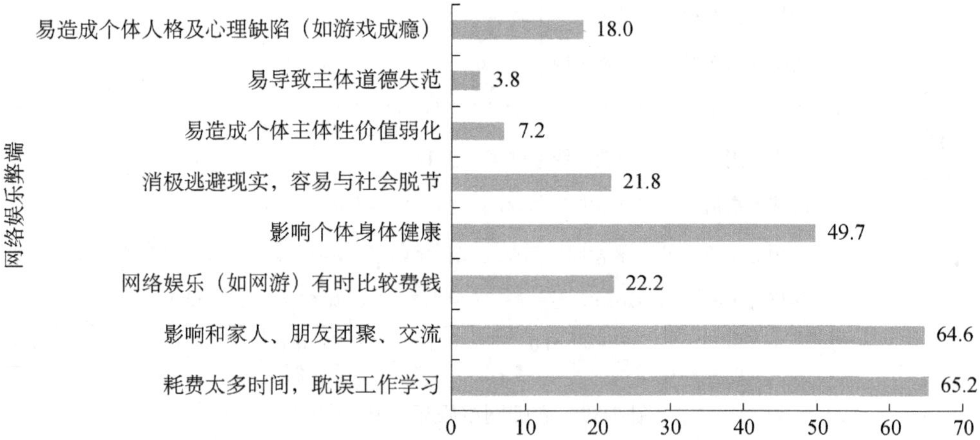

图 5-40 教师网络娱乐弊端统计

访问者：与传统休闲娱乐活动相比，您觉得网络休闲娱乐的主要存在哪些弊端或负面影响?

TL 老师：网络休闲的弊端，我个人认为就是容易上瘾，对人的身体可能会有伤害，比如说影响休息、影响视力。

TW 老师：身体素质可能会受一定的影响，容易冲淡和朋友之间的交往。

LW 老师：网络休闲娱乐的弊端在于，长时间使用电脑、手机等不利于眼睛健康，也较容易沉迷，长时间维持同一姿势不利于人体健康。

WZ 老师：负面影响主要有三。一是垃圾信息泛滥，看视频时经常会弹出小窗口，其中还包含很多低俗的文化成分；二是使人际关系疏远，长期通过网络获取信息会使人在现实社会沟通中遇到障碍；三是容易使人上瘾。

FZ 老师：我觉得网络休闲的弊端，一是消耗大量时间，让人停不下来，游戏的设置无底线，玩几个小时都不自知，感觉就好像只玩了 10 来分钟。二是有些游戏三观不正，带来很多负能量。三是网络上有很多内容不健康，稍不注意就会涉及色情内容。

总体来看，网络休闲活动的兴起为教师休闲活动提供丰富的休闲活动项目，让教师有更多选择的空间和余地。网络休闲活动的有效开展丰富了教师的闲暇生活，对于提升教师闲暇生活质量发挥着重要的作用。但教师网络休闲活动也存在一些弊端，亟待重视，否则就会影响教师网络休闲生活质量和网络生活总体满意度。

五、教师网络消费

网络消费是消费者为了满足自身的消费需要，通过互联网电子商务或互联网平台购买服务、产品等有形商品或无形商品的过程，主要有网上购物、网上预订、网上外卖、网络支付等活动。不同于传统的消费行为，网络消费具有便捷性、虚拟性、灵活性、个性化、互动性等特征。有论者根据网络消费者选购商品的不同特点，将网络消费者分为网络狂热型、冒险学习型、初次尝试型、工作需要型、担心安全型、生活习惯型、技能限制型、需求差异型等。[①]为了切实了解教师网络消费方式的现状，笔者主要从教师网络交易活动、网络消费品类、网购

① 刘剑，赵仕红，刘爱芳，张昊. 现代消费者心理与行为学[M]. 北京：清华大学出版社，2016：329.

频率、网购动因、网络消费支付方式、网购考虑因素等方面进行考察。

(一)教师网络消费方式日趋多样，网络购物成为主流消费方式

从教师网络消费活动来看，调查数据显示：77.5%教师的网络消费活动是“网络购物”，其次是“网上支付/付费使用”，占样本数的56.8%；继而是“网上外卖”和“网上预订”，比例为35.8%、21.2%。而选择“互联网理财”“网络销售”的教师比例分别为6.7%、2.5%。另有5.2%的教师表示上述网络消费形式都没有过（图5-41）。

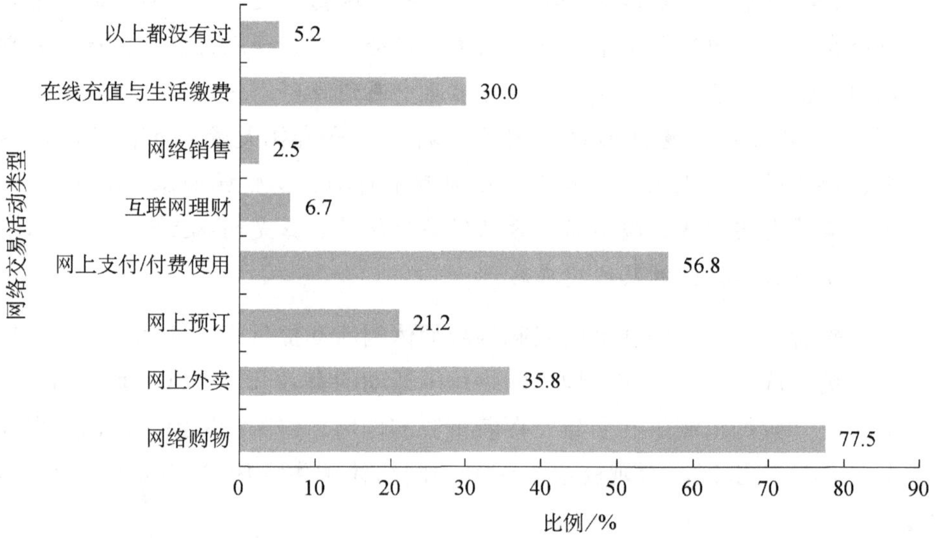

图5-41 教师网络交易活动情况

(二)教师以商品消费为主，服务性消费比例偏低

从教师网络购物（以下简称“网购”）的情况来看，主要集中于“日用百货类”“图书音像类”“服装鞋帽类”三大品类，比例依次为67.6%、50.9%、46.8%；其次是“电脑、通讯数码产品”“生活缴费（如水电费）”“文体用品/运动户外类”，比例为25.2%、16.9%、16.1%。另外，选择“车票、酒店预订类”“食品保健类”“餐饮美食服务类”等消费活动的教师也占一定比例（图5-42）。

在访谈中，教师反映的过去一年中网购的商品和服务也主要集中在“日用百货类”“图书音像类”“服装鞋帽类”等。比如：

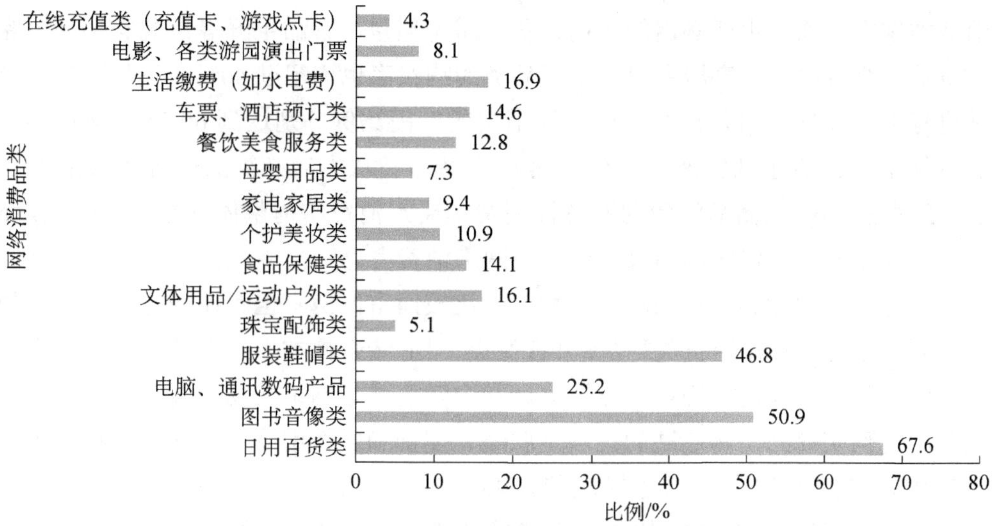

图 5-42 教师网络消费品类统计

CY 老师：我网购的商品主要是一些日用品，因为我们的工作单位附近买不到。或者是一些没时间买的，我就会选择网购。但是一些比较贵重的东西，我还是会在实体店里购买的。

ZY 老师：主要在网上购买服装，选择多样，还有一些生活小用品，网上很齐全，不用出门找店面。

另外，还有不少教师购买书籍、小家电、食品、化妆品、电子产品以及旅游产品等品类和服务。

综上可以看出，一方面，教师网购以商品消费类为主，日用百货、服装鞋帽是较热门的网购品类，图书音像制品也是教师网购的重要品类。教师之所以经常网购图书影像制品，一是与教师满足教育教学需要和专业发展需要有关，二是和包括教师在内的中国网民阅读习惯的养成密切相关。中国新闻出版研究院发布的第十五次全国国民阅读调查结果显示，2017 年我国成年国民包括书报刊和数字出版物在内的各种媒介的综合阅读率为 80.3%，较 2016 年的 79.9%有所提升，数字化阅读方式的接触率为 73.0%，较 2016 年的 68.2%上升了 4.8 个百分点。图书阅读率为 59.1%，报纸阅读率为 37.6%，期刊阅读率为 25.3%。[①]

另一方面，教师网络消费偏好明显，个性化内容消费需求不高，服务性消费比例偏低。据《2017 年中国网民消费升级和内容升级洞察报告》显示：在网民

① 中国新闻出版研究院全国国民阅读调查课题组. 第十五次全国国民阅读调查主要发现[J]. 出版发行研究，2018（5）：5-8.

消费类别中，除了生活必需的日用百货、服饰箱包、食品生鲜等常规类别外，家用电器、金融服务、家居厨卫等垂直品类的购买率也均超过40%。与此同时，经常进行网上充值、日常出行等服务性消费的网民比例分别达到60.5%和44.9%，服务性消费已成生活常态。人们的常购商品品类从生活必需品向各垂直品类覆盖，消费行为也从商品消费向服务性消费延展，消费结构整体升级。①相比较而言，教师服务性消费比例明显低于其他网络消费者。

此外，就教师和学生的网络购物品类比较而言，两者也存在一定的差异。教师主要集中于“日用百货类”“图书音像类”“服装鞋帽类”三大品类，但学生的网络购物品类主要是服饰和文体用品。从中学生参与网络购物的情况来看，中学生在网上购买商品比例最高的三项是服装、配饰和文体用品。在网络购物的主要选项中，73.46%的中学生选择服装，48.05%的中学生选择配饰（如箱包、饰品、手表、眼镜），29.97%的中学生选择文体用品，26.04%的中学生选择食品，20.78%的中学生选择虚拟产品（例如点卡、网络游戏充值等），17.50%的中学生选择数码产品，而其他（包括家居商品、虚拟服务、保险等）仅占2.03%。②此外，从大学生网络购物产品类型来看，相关调查表明：大学生对于服装和文体用品的网络购物需求最大，分别占83.3%、60.1%，其次是配饰、食品，均超过40%；再次是数码产品和虚拟产品，两者比例接近40%；而对于服务和保险的产品需求较小，分别占4.8%、0.9%。③

（三）教师网购较为理性，网购频率总体不高

从全国网民购物情况来看，根据中国互联网络信息中心《2015年中国网络购物市场研究报告》，2015年，中国网络购物市场的交易活跃度进一步提升，全年交易总次数256亿次，年度人均交易次数达到62次。与2013年和2014年相比，2015年全年交易总次数和人均交易次数均大幅提升。究其原因：一方面，随着用户体验的逐渐提升，网络购物已然成为大多数网民的消费习惯；另一方面，手机购物用户增长迅速。手机购物缩短了决策时间，拓展了支付场景，激发了更多消费增量。④

---

① 艾瑞咨询. 2017年中国网民消费升级和内容升级洞察报告[EB/OL]. http://report.iresearch.cn/report/201706/3008. shtml. [2019-02-03].

② 王珠珠. 中国学生网络生活调研报告[M]. 北京：人民教育出版社，2016：59.

③ 王珠珠. 中国学生网络生活调研报告[M]. 北京：人民教育出版社，2016：244.

④ 中国互联网络信息中心. 2015年中国网络购物市场研究报告[EB/OL]. http://www.cnnic.cn/hlwfzyj/hlwxzbg/dzswbg/201606/P020160721526975632273.pdf. [2019-02-03].

那么，教师网络购物频率如何呢？调查结果显示：31%的教师平均每月的网络购物次数在“2～3 次”，19%的教师平均每月的网络购物次数在“4～5 次”；只有 13%的教师平均每月的网络购物次数在“6 次以上”，但也有 22%的教师平均每月的网络购物次数至多 1 次（图 5-43）。由此看来，网络购物虽然成为教师网络生活的重要内容，但教师网络购物较为理性，网络购物不是教师的主要消费途径。此外，教师网络购物频率总体不高、远低于全国平均水平。

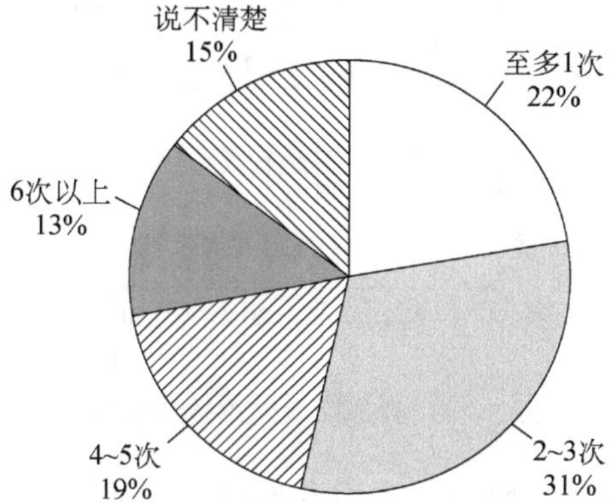

图 5-43　教师平均每月网络购物次数统计

（四）“查找方便”“省时省力”“性价比高”是教师愿意网络购物的主要原因

如前所述，网络购物已成为教师主流消费方式。从教师愿意网络购物的原因来看，调查数据显示：“查找商品方便”“网购省时省力，可送货上门”“网购商品价格比实体店便宜”是三大主要原因，分别占样本数的 64.9%、60.7%、54.5%；其次是“商品样式多，提供更多选择机会”“商品价格易比较，信息更透明”，比例依次为 32.9%、25.3%。此外，“能买到当地实体店买不到的商品”（11.9%）、“可以看到消费者对产品的评价”（9.0%）、“可保护自己的隐私权，避免尴尬”（3.1%）也是教师愿意网络购物的原因（图 5-44）。

通过对教师的访谈，我们了解到只有部分教师不愿意网购，原因在于：

JH 老师：没钱，易冲动消费，质量不稳定。

AN 老师：大多描述与实际不符，浪费时间、精力。

YY 老师：快递时间长，且售后麻烦。

但大部分教师还是比较喜欢网购的，他们说出喜欢网购的理由：

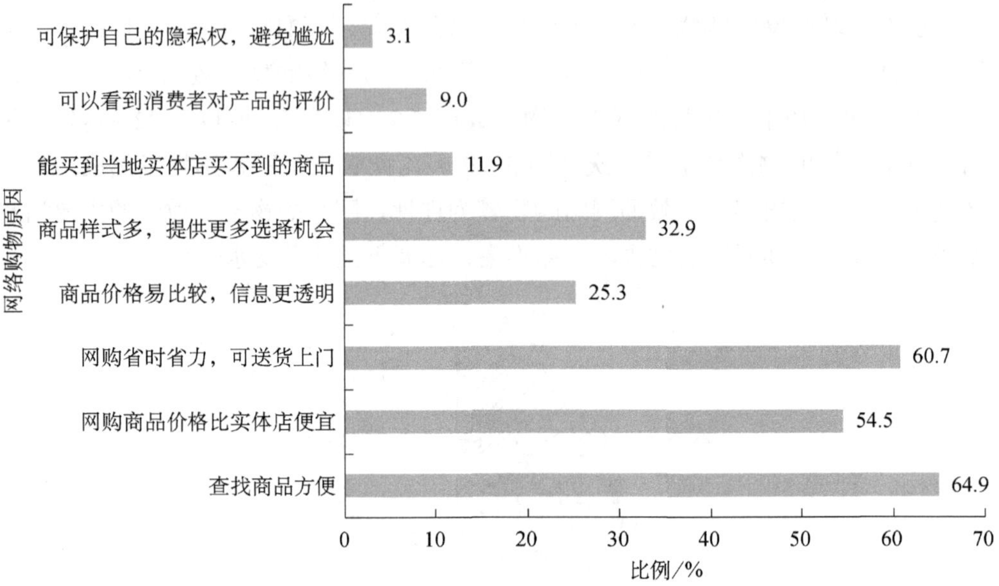

图 5-44 教师愿意网络购物的原因

TL 老师：我喜欢网购，原因是网购比较方便，不出门就可以买自己喜欢的东西。

HY 老师：品种丰富，无所不有，可选择性很强，物流很给力，退换货也很方便。

WQ 老师：喜欢网购。购物的选择比实体店更多，价格很多时候也更实惠。

FZ 老师：喜欢网购，家里大小东西多数是网购的。主要是方便，我们没有那么多时间去逛商场、超市，而网购不用跑腿，短时间获取更多的信息，有更多的选择。有些网站是送货上门的，免了自己搬运的辛苦。我们不仅是在购物，更重要的是选择服务。还有一些东西在我们生活中不常见，不知道哪里卖，网上什么都有，确实给我们生活带来极大的便利。

由此可见，购物方便省时、商品丰富等是教师愿意网购的主要原因。这也与其他网民消费者的网购原因吻合。艾瑞咨询对 2012—2017 年中国网民消费行为变化的原因进行了调查分析，研究发现：分别有 56.5%和 53.0%的网民认为，与五年前对比，他们消费时的行为变化（品类、金额、渠道等）主要是因为购物渠道更丰富和买东西更方便（如海淘）。另有 46.2%的网民认为，他们消费时的行为变化主要与商品品类的渐趋丰富有关。①

（五）方便快捷的网上在线支付成为教师网络消费的主要支付方式

随着网络金融的迅速发展，人们网络消费支付方式、途径更加多元，如信用卡支付、电子现金支付、电子转账支付等。那么，在日常生活中，人们主要采用的是哪些网络消费支付方式呢？中国电子商务研究中心对消费者支付方式选择进行了调查，数据显示：41.4%的网购消费者使用支付宝付费，货到付款受到11.2%的消费者青睐，使用微信支付的消费者达 11.0%。②

从教师网络消费支付方式来看，调查数据显示：教师选择“第三方支付平台（如支付宝）”和“网上银行支付/转账”的比例分别为 78.9%、51.9%；而选择的是“货到付款”“账户余额支付”，比例依次为 22.9%、19.9%；另外选择“银行柜台转账/汇款”“邮局汇款”等其他支付方式的比例偏小，分别为 3.3%、2.4%（图 5-45）。由此可见，和其他消费者一样，教师偏向于使用支付宝、微信等第三方平台支付。

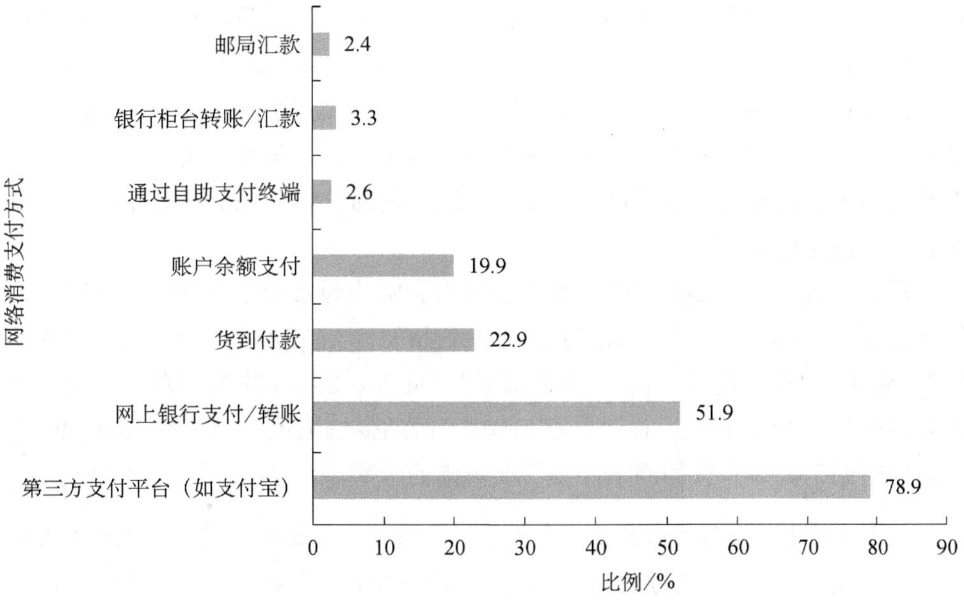

图 5-45 教师网络消费支付方式统计

---

① 艾瑞咨询. 2017 年中国网民消费升级和内容升级洞察报告[EB/OL]. http://report.iresearch.cn/report/201706/3008.shtml. [2019-02-05].

② 中国电子商务研究中心. 2016 年中国消费者网络消费洞察报告与网购指南[EB/OL]. http://www.100ec.cn/zt/upload_data/wlxf.pdf. [2019-02-05].

在访谈中，部分教师谈到选择的理由。比如：

BL 老师：基本上选用支付宝。刚开始使用是因为支付宝有优惠活动，后来用着就习惯了。

ZY 老师：通常选择第三方平台支付宝和微信付款，一方面是因为购物网站基本都支持这两种付款方式，方便快捷，也能退款；另一方面，货到付款等支付方式太麻烦，有时不在家不能及时接收。

CY 老师：我在网络消费时，一般会选择第三方支付平台，比如支付宝和微信支付。我认为这两种支付方式是比较方便的，我们的手机里也都有这两个软件，而基本上所有的需要支付的店家都支持这两种支付方式。

XS 老师：支付宝、微信有支付凭证，正规，用着放心。

（六）教师网购更注重品质、品牌保障

人们在网络购物时往往受到内外在因素的影响。有论者通过对消费者传统购物方式和网络购物方式的比较分析，归纳出影响网络消费者购买时主要考虑因素，包括网站的知名度、网络零售商的信誉、提供产品信息的充分程度、对同类产品性能和价格的比较信息、网络购物的支付方式、购物过程中的信息安全性和隐私保密程度、网络购物界面的友好与方便、购物过程的便捷和省时等。①也有论者指出，影响消费者网上购买的因素除了社会阶层、家庭环境、风俗时尚、个人心理等因素之外，还包括商品的价格、购物的时间、商品的选择范围、商品的新颖性、完全可靠性等。②

那么，教师在网络购物时，受哪些因素影响或通常会考虑哪些因素呢？调查结果显示：75.9%的教师考虑的是“商品品质”，61.1%的教师选择“商品价格”，59.3%的教师选择“网站/商家信誉”，此外，29.3%的教师则考虑的是“品牌美誉度”（图 5-46）。选择“网络口碑”“网站促销力度”“快递配送速度”“快递费用高低”等并非教师网络购物首要考虑的因素。

访问者：在过去一年里，您网络购物时主要考虑哪些因素？请具体谈谈。

SQ 老师：主要考虑商品品质。网络购物有风险，怕质量不好、怕不合适，所以会很警惕，会看别人的评价，以免买回来的东西不称心。

WQ 老师：主要考虑商品价格、商品品质。考虑商品的价格和商品本身

① 陈德人，林慧丽. 网络零售[M]. 北京：清华大学出版社，2015：61.

② 李莉. 网络营销[M]. 厦门：厦门大学出版社，2014：39.

是否相符以及考虑自身的消费能力。

FZ 老师：我已网购多年，由关注价格转变为关注商品品质、售后服务。现在购物都集中在几个大电商，保证质量，注重售后，节约比价的时间。对价格确实不那么在意。商品品质最重要，也会考虑送货速度，退货是否方便。

ZC 老师：网购主要考虑商品的品质和个人的实质体验。如在网上看平面模特穿的衣服很不错，但买回来可能因为布料或剪裁等原因实际穿上的效果不如预期。

LW 老师：首先比较注重售后服务体验，网购商品退换货条款会优先考虑；其次是商品的性价比，如果没有比实体店性价比更高，就不会选择网购。

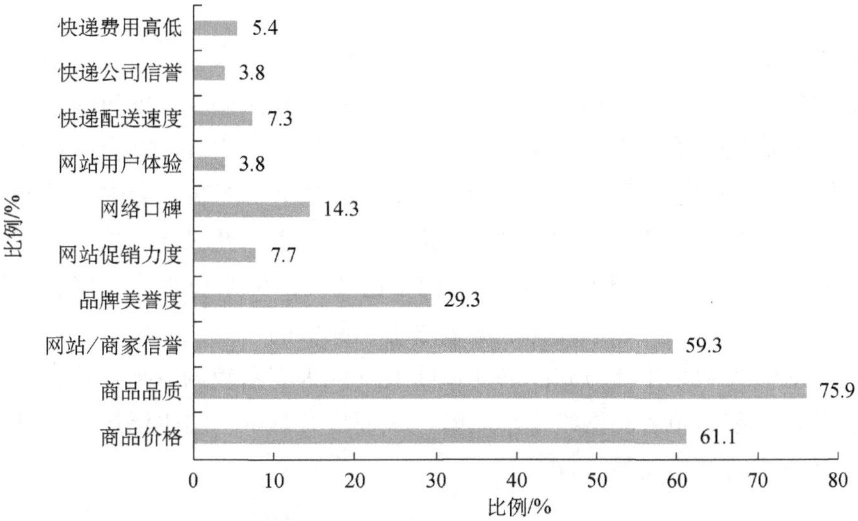

图 5-46　教师网络购物主要考虑的因素

总体来看，教师网络购物时主要考虑的因素是商品品质与质量、商品价格/性价比、售后服务和用户体验等，但更为注重品质、品牌保障。这也和其他网络消费者的选择较为一致。根据中国电子商务研究中心的调查发现，消费者网购时最关注的因素是品牌、品质、价格、品类、服务及物流。其中，51.5%的消费者在网购时看中品牌，45.6%的消费者在网购时注重品质，而看重价格或性价比、服务、物流的消费者比例分别为40.9%、35.4%、21.5%。由此可见，价格驱动购买时期已经过去，品牌、品质取胜才是消费者最关切的因素，这一变换也吻合目前国民消费升级的大趋势。[①]

① 中国电子商务研究中心. 2016 年中国消费者网络消费洞察报告与网购指南[EB/OL]. http://www.100ec.cn/zt/upload_data/wlxf.pdf.[2019-02-01].

第六章

教师网络生活方式的风险识别与成因

随着信息技术、人工智能技术等新兴技术的发展，人类社会处于急剧变化之中，社会的不确定性、流动性日益凸显，并存在各种不确定性的风险。人类“正在进入具有高度不确定性的‘风险社会’时代，风险成为现代社会的重要特征”，“风险生存成为人们生活的主要逻辑”。[①]那么，融身于网络社会中的教师可能面临着怎样的风险？或者说，教师网络生活方式存在着哪些风险、成因是什么？诸如此类问题亟待解答且意义深远。“我们不由要问：网络会带给我们怎样的好处和风险？只有知晓这一点，我们才能去思考：我们的网络生活将何去何从。”[②]我们也只有对教师网络生活方式的潜在风险及其成因有着较为清晰的认识和把握，才能有效规避和防范各种网络生活风险，从而提升教师网络生活质量、推动教师网络生活方式的健康发展。

第一节　教师网络生活方式的风险识别

通常来讲，“风险”是人类社会普遍存在的一种现象，指损失、危险和灾难发生的可能性，即遭受危险或损失的概率。[①]教师网络生活方式风险是教师网络生活活动给教师带来伤害、损失、危险的可能性，以及教师给学生及他人造成伤害、损失、危害的可能性。在网络化生存中，教师面临的风险是复杂多样的，既有外生风险也有内生风险，不仅有显性风险也有隐性风险，主要表现为智能风险、健康风险、知识风险、伦理风险、技术风险和安全风险等六大风险。

---

① 范如国.“全球风险社会”治理：复杂性范式与中国参与[J]. 中国社会科学，2017（2）：65-84.

② 休伯特·德雷福斯. 论因特网[M]. 喻向午，陈硕译. 开封：河南大学出版社，2016：4.

一、智能风险

智能风险是指教师的网络化生存对智力、能力等可能造成的损伤、危害。毫无疑问，互联网技术、人工智能等新兴技术的普及和应用在提高教师认识效率方面发挥着积极作用，如“扩充了认识对象、丰富了认识手段、降低了认识成本、节省了认识时间”①等，但同时也潜藏着新的智能风险，如注意力分散、记忆力下降、阅读力衰退、思维钝化、创造力和想象力迷失、书写能力衰退等。正如王蒙所说，在网络化时代，“当人们只会用耳朵、眼球、舌头、鼻孔、皮肉来接收信息的时候，很可能意味着头脑的萎缩与灵魂的干瘪，意味着白痴时代、低智商时代缓缓逼近”②。在网络时代，教师网络生活方式的智能风险主要体现在注意力分散与短时化、思维钝化、记忆力衰退、阅读力弱化等方面。

（一）注意力分散、短时化

一般来讲，注意力是人们将心理活动专注于某一事件、行为、主题和信息的持久程度。在网络化时代，教师注意力遭受网络化生活带来的潜在风险主要体现在注意力不集中或分散、注意力单向化、注意力弱化或退化、注意力污染等。

一是注意力不集中。在信息烟尘、知识超载的互联网时代，各种信息、数据和知识正以指数级速度增长。教师被各种信息和知识簇拥、包围着，甚至是被淹没，有时往往不知所措、无所适从，进而加剧了教师注意力有限性和网络信息无限性之间的矛盾。面对目不暇接和良莠不齐的信息，教师需要倾注大量精力和消耗更多注意力，既要对信息进行检索与查找、以获取尽量多的信息，同时也要对信息进行筛选和评判，以便区分哪些是有用的、哪些是无用或冗余的，还要整合碎片化知识、理解和思考知识的意义等，从而容易导致教师注意力不集中。正如海姆所说：“从生物学意义上说，我们能有意义地在顾及到的东西之中是有限的。当我们留意到某件有意义的东西时，我们不可能按计算机的那种极危险的步伐行事。我们不得不沉思默想，反复思考。信息狂侵蚀了我们对于意义的容纳能力。把思维的弦绷在信息上之后，我们注意力的音符便短促起来。”③在日常生活中，不只融身于网络世界中的教师存在注意力分化问题，学生亦是如此。譬如，

① 周若辉. 虚拟与现实——数字化时代人的生存方式[M]. 长沙：国防科技大学出版社，2008：54-55.

② 王蒙. 触屏时代的心智灾难[J]. 读书，2013（10）：3-7.

③ 迈克尔·海姆. 从界面到网络空间：虚拟实在的形而上学[M]. 金吾伦，刘钢译. 上海：上海科技教育出版社，2000：9.

在网络教学中，学生容易被计算机互联网等技术手段分散注意力。在教师访谈中，有教师反映：

HH老师：利用多媒体教学工具上课后，学生的注意力都集中在电脑或多媒体课件上，很少听教师讲解。

二是注意力短时化。在互联网时代，随着手机、平板、kindle等电子阅读器的发展和推广应用，人们的阅读条件、阅读方式发生重大变化，数字化阅读正成为人们的新型阅读方式。中国音像与数字出版协会发布的《2018年度中国数字阅读白皮书》的数据显示：截至2018年，我国数字阅读用户总量达到4.32亿，人均数字阅读量达12.4本，人均单次阅读时长达71.3分钟。[①]虽然数字化阅读方式大行其道，让教师能够接触更多的信息，但在数字阅读蓬勃发展的同时，教师阅读的碎片化、快餐化、功利化现象也日益显现，深层阅读越来越少，教师注意力持续的时间逐渐缩短。有研究表明，人们注意力持续时间正逐渐缩短。Statistic Brian援引《不太平均：网络使用的实证研究》（Not Quite Empirical Study Web Use）的数据称，人们2000年的注意力持续时间为12秒，2013年降至8秒。此外，人们浏览的网页中，持续时间低于4秒的占17%，超过10分钟的只有4%。这项研究还发现，平均每个网页上有593个单词，但人们平均只阅读了其中的28%。[②]事实上，面对浩如烟海的信息烟尘，受大脑处理信息能力的限制，教师往往无法及时保存所有信息，也不会通过长时记忆储存，而往往停留于短时记忆或肤浅处理阶段，如此一来，当教师网络阅读、浏览时间越长，大脑的兴奋点和关注点不得不随着网页的切换而快速变换，因而也就无法建立任何神经连接，并形成长时记忆；同时大脑更倾向处理短期任务，而集中注意力专注处理或记住某一事情的能力逐渐变弱，导致教师信息记忆的短暂化、浅表化。正如肖峰所言："从长远来看，如果以浏览网页代替读书，如果天天都只是被'快餐文化'所包围、所'熏陶'，从知识的积累上将收效极差，因为短时注意力的增加必然伴随长时注意力的减少，网络适宜快餐信息的存在而不适于经典的存在。因此，虽然那些新鲜的消息每天都使我们自我感觉'见多识广'，其实这只是一种虚幻的感觉：我们的注意力活动在'虚假繁荣'之后，实际上是一无所获。"[③]

---

① 李中文，张贺. 第五届中国数字阅读大会开幕：截至去年我国数字阅读用户4.32亿[N]. 人民日报，2019-04-13（04）.

② 新浪科技. 互联网真会降低我们的专注力吗？[EB/OL]. https://tech.sina.com.cn/i/2015-02-17/doc-icczmvun6180024. shtml. [2019-03-02].

③ 张立升. 社会学家茶座 第21辑[M]. 济南：山东人民出版社，2007：30-31.

三是注意力弱化或退化。教师的注意力是有限的资源，当被网络信息、数据和知识过度消耗时，就易使融于网络世界中的教师不愿过多使用注意力，而是依靠经验图式或“生活脚本”进行程式化运作。在这里，教师往往不愿意启动思维器官或运用大脑去关注、思考信息和知识潜藏的蕴涵，而是喜欢调动感官关注那些不费脑力的信息和知识，或是在网络上浏览信息。如此一来，生活在网络世界中的教师将面临注意力弱化、甚至退化的风险。“我们的注意力在不断减弱，我们按照一份‘原稿’，一种程序或者说一份‘剧本’来行动。我们依赖着一种学到的模式，我们不再按照天性来作出反应，在对话或者人与人的互动中，我们不再或者说越来越少地转换视角。我们不再对相关信息进行筛选，而是通过唤起我们经验中简化了的‘原稿’作出仓促而考虑不足的反应。”①此外，在网络化时代，注意力成为许多行业争夺的一种重要资源。企业、网站等信息提供者通过制造各种刺激性的信息、甚至是虚假信息不断推送给教师，以吸引、争夺、控制教师的注意力。“我们越来越失去对自己注意力的控制能力，因为我们对信息的选择能力在不断丧失，我们所看到的信息都是别人为我们选择好的，例如版主们确定了网页的‘头版头条’，还伪造了网民的如同海潮一样的‘民意’，令我们‘趋之若鹜’。”②

（二）思维平面化、钝化

互联网技术、人工智能技术等信息技术的迅猛发展，为人们提供了丰富的网络信息资源、智能化工具和新的思维方式，如信息思维、互联网思维。但我们也要注意到互联网给教师思维方式带来的潜在风险，如教师思维方式的平面化、浅层化以及思维能力的钝化或退化。正如卡尔所言：“互联网正在切除我专心和沉思的能力，我的大脑现在期望像网络散布信息那样获取信息。以前我像潜水员一样潜入语词的海洋，现在我像是驾驶着水上摩托艇在语词之海的表面飞速移动。”③“我们变得对扫描和略读越来越得心应手，但是，我们正在丧失的却是专注能力、沉思能力和反省能力。”④

一是思维方式的平面化、浅层化。长期融于网络世界中的教师，逐渐形成与之相适应的网络思维方式。和传统现实思维方式所不同的是，网络思维方式具有

---

① 弗兰克·施尔玛赫. 网络至死：如何在喧嚣的互联网时代重获我们的创造力和思维力[M]. 邱袁炜译. 北京：龙门书局，2011：91.

② 张立升. 社会学家茶座 第21辑[M]. 济南：山东人民出版社，2007：29.

③ 尼古拉斯·卡尔. 浅薄：互联网如何毒化了我们的大脑[M]. 刘纯毅译. 北京：中信出版社，2010：173.

④ 尼古拉斯·卡尔. 浅薄：互联网如何毒化了我们的大脑[M]. 刘纯毅译. 北京：中信出版社，2010：174.

多元互联性、虚拟性、超越性、开放性、数字化、复杂性等特征。网络思维方式开放性、多元互联性在一定程度上突破了教师传统思维方式的单向性、收敛性，进一步呈现出实时交互性、发散性等特点，从而使得教师思维方式的“外化”“平面化”趋势日渐凸显。正如汪丁丁先生所说的那样：“以超文本的形式将思维‘外化’为平面网络体，以网络记忆体逐渐取代大脑记忆体从而将思维‘平面化’。”[①]教师思维方式的平面化、浅层化也容易导致教师个体思维深度的销蚀。此外，在信息洪流面前，教师往往关注的是如何快速地获取、占有更多信息，而不再专注于深度思考。“上网时我们的注意力持续不断的转移，这会让我们的大脑在遇到多重任务的时候更加敏捷，但是，多任务处理能力的改进实际上会损害深入思考和创新思考的能力。”[②]

二是思维能力的钝化、退化。互联网技术、人工智能技术等新兴技术为人类提供了“外部大脑”。依靠外部大脑，人们可以对海量信息进行查找、检索，存储分析和筛选分类等，从而使人们从繁杂的信息分析和处理中暂时逃离出来。当教师在遇到问题需要寻求答案和帮助时，可以通过搜索引擎在网络中查找，或者向网友求助，而无须自己进行独立、深度的思考。正如被访谈教师在谈到互联网给教学工作带来的潜在威胁时所言：

BL 老师：我觉得互联网给教学工作带来的潜在威胁是教师会过多地依赖网络教学资源，从而淡化独立思考的意识与能力。比如课件的设计更多的是直接搜索下载，很多时候是“拿来就用”，对课件的设计与利用缺乏深度思考与个性化的思路。

YL 老师：我觉得可能会存在不动脑筋、不加甄别地选用资源的问题。譬如，平时教学过程中，有的老师为了图方便，随便在网上下载个课件，看都不看，就直接上课，以至于标高和分层教学都有问题。

如此一来，倘若教师长期地将更多的思维活动交由“外部大脑”完成，教师的思维能力由于疏于锻炼，就可能面临着停滞、钝化，甚至退化的风险。施尔玛赫曾指出：“在全球范围内，电脑开始将它们的智能集聚到一起并互通有无……错过信息的恐惧和消费每一条信息的压力会将我们吞噬。我们会忘记独立思考，因为我们不再知道什么是重要的，什么是不重要的。几乎在每个领域，我们都服从于机器的权威统治。我们的思想会逐渐散逸，逃离我们内在的自我，依附在电

① 汪丁丁. 自由人的自由联合：汪丁丁论网络经济[M]. 厦门：鹭江出版社，2000：118-119.

② 尼古拉斯·卡尔. 浅薄：互联网如何毒化了我们的大脑[M]. 刘纯毅译. 北京：中信出版社，2010：225.

脑键盘上。”①“随着互联网的发展，我们会有越来越多的权利被电脑夺走，我们将越发地诚服于它们，就像斯特罗加茨所描述的数学一样，总有一天，我们会成为‘思考’的观众，并听从于它们的权威。”②

（三）记忆力衰退

现如今，互联网越来越多地发挥着知识存储和记忆功能，但长期依赖互联网也容易造成教师短时记忆、长时记忆使用的减少，导致教师记忆力弱化。“数字媒体的特性使得我们对信息存储并不在意，因为我们可以在网上再次找到一切。当我想有意义地使用网络时，长期使用网络却使我缺少必备的专业知识。因此，我减少了将来独立精神劳动的可能性和对记忆力的使用。最终，由于这种普遍态度以及与网络打交道的习惯，我失去了对自己和对有意识的精神行为的控制。”③此外，信息通信技术的蓬勃发展以及微信、QQ等即时通信工具和搜索引擎的普及应用，使得教师遭遇信息洪流。每天不仅有来自微信、网页推送的信息，而且网页上还有各种超级链接，不断占据和吸引教师的注意力。人的记忆分为工作记忆、短时记忆和长时记忆。工作记忆是在有限的时间内记住信息的能力。但工作记忆一般只能将信息保留几秒钟，长时记忆则能将信息保存几年甚至更久。由于涌入教师大脑的信息繁杂，教师往往难以及时、有效地处理这些信息，更不用说保存、记住这些信息了。绝大部分信息只是在工作记忆环节，不会进入长时记忆，因而是转瞬即逝的。长此以往，教师大脑不断遭受信息洪流的冲击，使其无法集中注意力，记忆能力也会因长期未得到有效锻炼而遭到损害。

另外，社会形态的改变、迅猛发展的新兴技术以及日新月异、层出不穷的新软件，与日俱增的信息文本和指令、多任务处理的工作状况，必然加重教师的工作记忆负荷或工作记忆压力。“我们与信息的关系充满矛盾。显然，我们都希望能检索到更多、更快、更全面的信息，似乎这给我们带来了乐趣。但是，当坐在沙发上试图一边看屏幕底部的滚动文字一边听头条新闻时，我们中的大多数人会有种力不从心的感觉，好像大脑已经塞满了信息。它已经超负荷了。”④当负荷超

---

① 弗兰克·施尔玛赫. 网络至死：如何在喧嚣的互联网时代重获我们的创造力和思维力[M]. 邱袁炜译. 北京：龙门书局，2011：8.

② 弗兰克·施尔玛赫. 网络至死：如何在喧嚣的互联网时代重获我们的创造力和思维力[M]. 邱袁炜译. 北京：龙门书局，2011：61.

③ 曼弗雷德·施皮茨尔. 数字痴呆化[M]. 王羽桐译. 北京：北京时代华文书局，2014：64.

④ 托克尔·克林贝里. 超负荷的大脑：信息过载与工作记忆的极限[M]. 周建国，周东译. 上海：上海科技教育出版社，2011：4.

出教师大脑处理、存储信息的能力时，教师往往无法保存信息，并将新信息与长时记忆中存储的信息建立联系。另外，由于人的大脑具有可塑性，教师各种不同形式的经验和学习过程会或迟或早地改变其大脑神经机制。融于网络生活世界中的教师在面对海量信息时，他的大脑将不得不分散精力来越来越多地进行多任务处理。如此一来，多任务处理不再只是计算机处理器的运行方式，而是不断演变成为网络时代教师的生活方式。多任务处理也在一定范围内影响和改变着教师的记忆，它使得教师很难集中注意力处理一件事情或专心记忆，进而导致教师记忆力减退。施尔玛赫指出，多任务处理的危害在于“追随跟踪的媒体越多，越难以集中注意力，工作中的选择性记忆越差；习惯于多任务处理的人会系统地失去对事物重要性的判断力。同时，对记忆的重要性的判断会减弱，导致总结能力下降”①。

（四）阅读力弱化

在移动互联时代，数字阅读或网络阅读已成为人们重要的阅读方式。互联网的崛起改变教师的阅读方式，使得教师的阅读速度不断加快，分散着教师的注意力，使教师无法深入地阅读和思考，从而导致阅读的深度下降，浅层阅读盛行、深度阅读逐渐销蚀。在访谈中，GJ 老师坦言：

> 我觉得互联网可能会给教师的教学工作带来倦怠化，太过于依赖网络，也会让教师的实际感悟文本、钻研课文的能力产生退化。

卡尔也曾批判指出：“我们已经抛弃了孤独宁静、一心一意、全神贯注的智力传统，而这种智力规范正是书籍赠予我们的。我们已经把自己的命运交到了杂耍者的手上。我们正在彻底颠覆图书好不容易缔造出来的‘深阅读’、独处阅读的氛围和神经系统。”②为了更快地获得、占有各种所需信息，人们的阅读方式逐渐呈现出快餐化、浅层化、碎片化倾向。尼尔森开展的一项关于网络阅读用户眼动跟踪研究发现：几乎没有一个实验对象会像阅读印在纸上的文章那样有系统地、一行一行地阅读网页上的文章。绝大部分实验对象是对文本内容迅速地匆匆扫视一下，他们的目光在页面上跳跃形成的图形跟字母 F 相似。也就是说，网络阅读者一开始会逐字地看网页文本的前两三行内容，紧接着目光下移、视线会越

---

① 弗兰克·施尔玛赫. 网络至死：如何在喧嚣的互联网时代重获我们的创造力和思维力[M]. 邱袁炜译. 北京：龙门书局，2011：54.

② 尼古拉斯·卡尔. 浅薄：互联网如何毒化了我们的大脑[M]. 刘纯毅译. 北京：中信出版社，2010：105.

过几行内容后停留在半路上。最后目光继续下移停留在页面的正下方。①

此外，为了方便人们对信息和知识的检索，互联网技术将系统知识分割成碎片化的信息，如此一来，教师在互联网上获取的信息也往往是碎片化的、零散的。网络时代教师的碎片化、浅层化阅读方式容易造成教师系统阅读能力下降。碎片化阅读可能造成的严重后果就是“越来越多的人——不管是年轻人还是成年人——不再是缺乏阅读的兴趣，而是丧失了系统阅读的能力”，“在这个飞速发展的数字社会里，我们的注意力在丧失，我们对于复杂文本的理解力在慢慢荒废和退化”。②

二、健康风险

健康风险是指教师网络化生活对教师身心健康状况造成某种程度的损伤、危害，甚至是生理疾病或心理疾病等。“我们这个世界数字化的后果不仅会以多种形式影响我们的精神，也会影响我们的身体。因为精神处于身体中，所以，身体上的负面影响还会附加在精神上。”③教师网络生活方式的健康风险主要表现在生理健康风险和心理健康风险两大方面。

（一）生理健康风险

互联网正不断渗透到人们工作、生活的各个领域，使得人们深陷其中、欲罢不能，有的甚至须臾离不开互联网。然而，人们在享受互联网带来创造性价值的同时，也不得不遭遇各种挑战和风险。从生理的角度来看，互联网的过度使用会对身体造成一定的伤害。英国的一项办公室电磁波研究证实：电脑屏幕发出的低频辐射与磁场会导致7～19种病症，包括眼睛痒、颈背痛、短暂失去记忆、暴躁及抑郁等。对女性还易造成生殖机能及胚胎发育异常。④

对于教师而言，互联网技术不仅让教师的工作、生活、学习等实现无缝连接，还使得教师“在家办公”“多任务处理”成为可能，在一定程度上有效缓解教师工作——生活冲突，以及工学矛盾。但互联网的过度使用也可能会给教师身体造成某种程度的损害、甚至引发身体疾病。在访谈中，当被问到“在过去的网

① 尼古拉斯·卡尔．浅薄：互联网如何毒化了我们的大脑[M]．刘纯毅译．北京：中信出版社，2010：168.

② 弗兰克·施尔玛赫．网络至死：如何在喧嚣的互联网时代重获我们的创造力和思维力[M]．邱袁炜译．北京：龙门书局，2011：22.

③ 曼弗雷德·施皮茨尔．数字痴呆化[M]．王羽桐译．北京：北京时代华文书局，2014：179.

④ 静涛．习惯决定命运的秘密[M]．北京：新世界出版社，2009：304.

络生活中，网络是否给您带来损失、损害或困扰”时，不少教师反映主要是身体健康方面的问题。比如：

HW 老师：我觉得主要困扰是身体健康问题。久坐让我的脊椎很不舒服，整个身体健康水平下降。

SF 老师：网络生活给我带来的主要困扰或损害是身体方面的，眼睛和颈椎受到了伤害，并且是不可弥补的。

具体来讲，互联网的过度使用可能给教师身体造成的损害主要体现以下几个方面。

一是眼部问题。在日常生活中，教师经常使用包括电脑、笔记本、手机在内的上网设备，但由于长时间注视电脑等电子设备的屏幕，容易使教师产生眼部疲劳、干涩、胀痛，甚至视力下降。此外，电脑屏幕的屏闪、抖动或快速切换也会影响教师眼睛的聚焦频率，从而加重教师眼疲劳；电脑、智能手机等液晶屏幕发出的蓝光等也可能对教师的眼睛造成损伤，甚至诱发视网膜炎病变等。

二是腰肌劳损和颈椎病等。由于长期站着讲课、伏案批改作业、备课等，部分教师出现浑身乏力、易疲劳等亚健康问题，甚至患有慢性咽炎、颈椎病、腰肌劳损、呼吸道疾病等疾病。教师长时间使用电脑、手机等电子设备，也会加重教师肩膀酸痛、脖子僵硬等症状，从而引发肩周炎、颈椎病、腰肌劳损等疾病。有研究发现，教师使用电脑频率、使用电脑年限、日均使用时间是颈椎病发病的危险因素，并有显著意义。也就是说，使用电脑频率越高，使用年限越长，日均使用时间越长，教师越易患颈椎病。①

三是心血管和内分泌系统疾病。已有研究发现，当人们长时间上网时，大脑神经中枢系统将处于高度兴奋状态，从而促使肾上腺素水平异常提升、交感神经过度兴奋，容易导致神经功能紊乱，影响人体循环系统、免疫和代谢功能，从而造成内分泌失调，引发头痛、焦虑以及胃肠疾病、心血管疾病。有研究证实，如果一个人每天在电脑前操作超过 5 小时，那么就相当于放弃了一天的生命。②也有研究发现，移动电话与脑瘤的关系更加密切，使用手机 10 年以上的人患脑肿瘤的风险更高，使用手机同侧大脑半球的肿瘤明显多于对侧，且以颞叶肿瘤居

① 王海泉，孟迎春. 中学教师使用电脑及颈椎健康状况的流行病学调查[J]. 现代预防医学，2010（3）：403-406.

② 罗宇. 要电脑更要健康：电脑族健康手册[M]. 天津：天津科学技术出版社，2009：11.

多。[①]由此看来，长期使用手机、电脑等电子设备，也会增加教师患内分泌系统方面疾病的风险。

（二）心理健康风险

随着互联网和移动新媒体的快速发展，各种社交网络、智能手机、平板电脑等正成为人们日常生活不可或缺的一部分。然而，互联网技术、新媒体技术等带给人们的危害不只是生理问题，还可能引发诸多心理问题。正如罗森所说："过度依赖小电子产品和网页已经使我们建立起与科技之间的纠缠关系，而这种关系会给我们的心灵造成严重的问题，我们称之为i失调。"[②]他在《i成瘾》一书中探讨了科技产品对心理健康的威胁以及引发的精神障碍，如自恋型人格障碍、强迫症、网络成瘾、情绪障碍、注意力缺失障碍、社交退缩、疑病症、进食障碍、精神分裂障碍、偷窥癖等。就教师而言，网络化生活对教师的潜在心理风险主要体现在信息焦虑综合征、身份焦虑、网络依恋或网络成瘾等方面。

一是信息焦虑。在"互联网+教育"时代，教师如何及时掌握最新讯息和知识从而更好地服务于教育教学活动、满足学生个性化发展需要，成为教师面临的、亟待解决的议题。然而，面对信息烟尘和浩如烟海的知识，教师往往因信息、知识过剩或刺激过度而容易产生"消化不良"或"信息焦虑"。也就是申克所说的信息焦虑症状，具体表现为心血管压力增强、思维混乱、判断力下降，挫折感、助人为乐之心减弱、过分自信等。[③]也有论者将信息或知识焦虑综合征的症状表现概括为信息消化不良、信息干扰、信息恐惧等三种不同类型。[④]

二是身份焦虑。近年来，人工智能技术应用于教育各个领域，如个性化教学、教学管理、教育决策、虚拟现实/增强现实（VR/AR）实验室等。人工智能技术的有效使用可能替代教师部分角色，并在一定程度上促使教师角色变革与转型。有研究者指出，人工智能教师在未来可能承担助教、分析师、教练、辅导员、保健医生、班主任、指导顾问、智能导师、生涯规划师、互助同伴、智能代

① 王强，张淑珍，曹兆进. 移动电话微波电磁辐射对中枢神经系统的影响[J]. 中华预防医学杂志，2005（6）：59-60.

② 拉里·罗森. i成瘾[M]. 方晓义，张锦涛，邓林圆，等译. 北京：机械工业出版社，2012：4.

③ 戴维·申克. 信息烟尘：在信息爆炸中求生存[M]. 黄锫坚，朱付元，何芷江译. 南昌：江西教育出版社，2001：21-22.

④ 文真明，牧之. 咸口味心理学：为什么天才和疯子有时候很像？[M]. 上海：立信会计出版社，2015：132-133.

理、教育决策助手等十二种角色。[①]如此一来，人工智能时代教师的核心价值何在？教师与人工智能的关系是怎样？教师和人工智能在教育活动中各自扮演着怎样的角色？教师该做什么、能做什么、应该怎么做？诸如此类的问题困扰着教师，容易引发教师个体身份认同危机或角色焦虑、生存论焦虑。在访谈中，教师反映互联网技术和人工智能技术可能会对教师角色、学校教育造成潜在威胁。比如：

YG 老师：潜在威胁有两方面：一方面是网络教学有部分取代教师教学的可能，另一方面是大家过于关注技术层面，而失去真正的教育教学中的思想交流，从而毁掉教育本身。所谓的机械灌溉代替人工灌溉。

HW 老师：一方面是信息接收端，即学生接收信息方式的转变，会对思想和教学方式落后的教师进行淘汰；另一方面是对办学方式的冲击，网校会不会取代现实学校，成为传授知识的主体，这个不可得知。

三是网络依恋或网络成瘾。伴随着互联网的普及及其在各个领域的广泛应用，人们对互联网的依赖程度越来越高。在日常教育生活中，互联网的过度使用或不当使用容易让教师产生一定程度的依赖，甚至是“网络沉溺”或“网络成瘾”。恰如申克所描述的那样：“离开网络一天，你会心痒难耐；离开网络两天，你会产生负罪感；离开网络三天，你就已经置身石器时代。”[②]网络成瘾是指个体由于过度使用互联网而导致的明显的社会、心理功能损害的现象。其类型包括网络关系成瘾、网络色情成瘾、网络强迫行为、计算机成瘾等。[③]

互联网的过度使用或不当使用既没有年龄上的区别，也没有职业上的区别，作为网民的教师也难免遭遇网络成瘾风险的困扰。在访谈中，不少教师表示自己已有一定程度的网络依赖。譬如：

FZ 老师：如果不能上网会有些焦虑，可能我们太依赖网络了。如果哪一天忘记带手机了，我就会觉得坐立不安。手机是我们的个人终端。我们可以不聊天，但是可能我的生活习惯已经非常依赖网络，从买菜、购物、个人支付，到公交出行、生活缴费、看病就医，都需要网络。如果没有网络，我们将寸步难行，不敢想象。

---

① 余胜泉. 人工智能教师的未来角色[J]. 开放教育研究，2018（1）：16-28.

② 戴维·申克. 信息烟尘：在信息爆炸中求生存[M]. 黄锫坚，朱付元，何芷江译. 南昌：江西教育出版社，2001：29.

③ 李丹，刘俊升. 健康心理学[M]. 上海：上海教育出版社，2014：236.

SQ老师：我会有些烦躁不安吧。比如，我去某个地方忘记带手机，就没法看网络信息，没法刷新微博，也不知道有没有人找我，这时会觉得心里空落落的。

事实上，现实生活中有部分教师沉溺于互联网，甚至出现网络成瘾。有研究发现：41.8%的教师表示，对于教学中没有网络会“若有所失”和“无法忍受”，说明教师在教学中已有“网络依赖”的倾向。①另外，有论者对台湾省的五位沉迷于网络的小学男性教师展开研究发现：男性教师主要沉迷于“网络资源下载”“电玩游戏”“聊天交友”“情色浏览”“信息搜寻”五类活动，并因网络特性、环境和使用者本身特性等因素，出现“重要性过度放大”与“压缩”的沉迷行为，导致使用者在生理、心理、人际关系及工作部分产生不良影响。②

三、知识风险

知识风险是指融身网络生活世界中的教师在知识检索、认知、理解和使用等过程中可能面临或遭遇的损失、危险或伤害等，主要表现在知识的奴役与宰制、知识的游离与错觉、知识的碎片化、智识的销蚀等方面。

（一）知识的奴役与宰制

在互联网时代，知识在教师教学生活中扮演着重要的角色，无论是就教师教学活动而言，还是从教师专业发展来看，知识都占据着重要地位，它是教师教学生活的基础和根本。教师也只要尽可能地占有知识、更新知识、创新知识，获得教学生活所需的专业资本，才能满足学生发展以及适应或引领教育变革与发展的需要。

然而，我们正处于一个知识爆炸的时代，知识以指数级速度快速增长。由于互联网技术、物联网技术以及大数据技术等新兴技术的发展，教师所接触到数据、信息和知识数量浩如烟海、类型繁杂。

一方面，教师每天都在处理来自网络工具或媒体的各种信息，如微信、QQ、短信和电子邮件等，这已成为教师日常生活行为。同时为了更快地获取信息，以及避免错失重要信息，教师不得不及时浏览、关注手机、查看邮箱等，从

---

① 李斌辉. 教师成长散论[M]. 武汉：华中科技大学出版社，2016：151-152.

② 张钧凯. 台湾小学男性教师网络沉迷 w 历程之研究[D]. 台东大学硕士学位论文，2009.

而使教师逐渐陷入害怕错过信息的恐惧和焦虑之中。“在我们这个社会，已经没有所谓的‘最能干的人’，而只有‘获得信息最多的人’。但是我们都知道，信息一旦装进大脑，它们就已经陈旧了。所以，对我们来说，如何更快地获取信息才是最重要的。”[①]但不管教师付出多少努力，即使是穷尽毕生的精力，也不可能获取、占有所有的知识。借用摩尔的话来说：“现在是信息时代，而由于用户网络上有太多的信息以至于你需要永远地挖掘下去，但你永远也不能到达信息的底层。”[②]当教师过度地或一味地获取、占有知识，就会因为知识超载而额外增加教师的记忆负担、引发教师的知识焦虑。另一方面，在信息爆炸时代，教师的大脑已经没有办法、也不可能容纳数量庞杂的信息、知识。当教师面对信息烟尘和海量知识时，有时感到无所适从，且容易迷失在杂乱无章的信息与知识洪流之中，被各种信息和知识所淹没或奴役。申克曾指出：“信息过剩一旦发生，信息就不再对生活质量有所帮助，反而开始制造生活压力和混乱，甚至无知。如果信息超出人类的承受能力，它就会破坏我们自我学习的能力，使作为消费者的我们更容易受到侵害，使作为共同体的我们更缺乏凝聚力。”[③]

（二）知识的游离与错觉

在移动互联时代，知识和信息正迅速增长，互联网的崛起和发展虽然提供大量冗余的信息和知识，但同时也使教师获取各种自己所需知识成为可能。无论是在什么地方、在何时，只要教师愿意，都可以获取所需的各种知识和信息。那么，教师是如何获取知识、处理知识的呢？

在传统知识学习中，教师对知识的认知、理解、体验往往都是基于身体和情境的，并将获取的各种知识存储在大脑里，因而是一种具身化学习。在这里，教师知识的获得并非外在于身体，而是依赖于身体，是身体直接参与的结果。借用瓦雷拉等的话来说：“知识是依赖于在世之存在（being in a world），这种在世存在与我们的身体、我们的语言和我们的社会历史——简言之，与我们的具身性不可分离。”[④]然而，在网络化时代，面对海量的信息和知识，教师往往难以在短时

---

① 弗兰克·施尔玛赫. 网络至死：如何在喧嚣的互联网时代重获我们的创造力和思维力[M]. 邱袁炜译. 北京：龙门书局，2011：94.

② 摩尔. 皇帝的虚衣：因特网文化实情[M]. 王克迪，冯鹏志译. 保定：河北大学出版社，1998：29.

③ 戴维·申克. 信息烟尘：在信息爆炸中求生存[M]. 黄锫坚，朱付元，何芷江译. 南昌：江西教育出版社，2001：序言 9.

④ 瓦雷拉，汤普森，罗施. 具身心智：认知科学和人类经验[M]. 李恒威，李恒熙，王球等译. 杭州：浙江大学出版社，2010：120.

间内将自己获取的各种海量知识存储在大脑里，随着信息和知识的数字化、网络化以及信息检索的快捷化，教师也不再需要记忆大量知识并将其储存在大脑里以备工作、生活之需，而是存在网络存储器或云端，或者习惯于将记忆“外包”给机器，通过智能化的导航工具与检索技术（如谷歌搜索）搜索自己所需的各种信息和知识。如此一来，教师知识发生大迁移，不断从教师身体转向网络或云端，教师知识获取、提取等演变成一种离身化实践。

此外，网络时代的社会知识系统也演化成两类知识，一类是个体知识或内部知识，即“我知道什么”；另一类是社会知识或外部知识，亦即“谁知道什么”。在网络生活中，教师总是依赖网络寻找所需信息或跟踪外部记忆（谁知道答案），但没有将外部知识保存、转化为个体知识或内部知识。美国学者卡尔曾批评地指出：“我们越来越依赖网络信息存储，实际上这可能是一个追求自我永存、实现自我放大的循环的产物。由于对网络的使用导致我们在生物记忆中保持信息的难度加大，我们被迫越来越依赖互联网上那个容量巨大、易于检索的人工记忆，哪怕它把我们变成了肤浅的思考者。”①长此以往，教师就容易将“检索的知识”视为“储存的知识”，从而导致“知识错觉”风险的出现。正如有论者描述的那样：“网络作为一个巨大的信息库，正在日益成为人类记忆系统的‘外部存储器’，人类与网络日益构成的交互记忆系统可能会让用户错误地估计自我知识，更多地把即刻检索的知识判断为个体已经储存的知识。”②

（三）知识的碎片化

随着互联网和移动终端设备的普及与应用，人们的阅读方式发生了深刻变化，移动学习、在线学习等新兴学习方式受到人们的青睐。教师也习惯于通过互联网、手机或其他移动终端在碎片化时间进行阅读、学习，以便及时掌握各种新讯息和知识。尽管互联网技术、新媒体技术为教师的阅读和知识学习提供了新的工具和途径，但教师所获得、掌握的知识大多是不成系统的、碎片化知识或信息。究其原因主要有二：一方面，信息通信技术、互联网以及手机等新媒体为教师提供的是碎片化的、支离破碎的信息。因为在虚拟网络世界，以计算机技术、网络技术和新媒体技术为代表的信息技术借助 0、1 字符串数字将包括知识在内的客观物理世界比特化、符码化。也就是说，网络世界的一切都被虚拟化。另一方面，教师面临着信息烟尘或海量信息与大脑容量之间的矛盾以及工学矛盾，使

① 尼古拉斯·卡尔. 浅薄：互联网如何毒化了我们的大脑[M]. 北京：中信出版社，2010：211.

② 雷雳. 互联网心理学：新心理与行为研究的兴起[M]. 北京：北京师范大学出版社，2016：100.

得教师知识学习和思考时间减少，往往难以进行深度、系统化思考与知识学习。在网络化时代，教师被海量信息和知识包围着、簇拥着，他们无暇顾及所有的知识和信息，更不可能记住所有讯息并及时消化它们，教师的深度阅读和思考大打折扣，而是逐渐习惯于采用快速信息浏览、略读或碎片化学习方式来获取各种知识和信息。有论者曾指出："我们的头脑似乎成了一个不停转动的水轮机，每天由大量信息推动它旋转。我们甚至来不及记住它们。更不要说思考和消化它们，当然有些人根本就不想思考。"①

然而，浅层式学习带给教师的只是短暂的视觉快感与心理愉悦，既不能使教师形成系统化知识，更不能让教师准确和深层次地把握、洞悉知识的内涵及其精髓。我们知道，知识的构成包括知识内容、知识形式、知识旨趣三个维度。②事实上，在移动互联和知识超载的新时代，教师往往注重的是知识内容，而相对忽视知识形式与知识旨趣，从而人为地将知识内容、知识形式与知识旨趣割裂开来，知识的碎片化风险日趋显现。卡尔曾指出：高速、肤浅的信息略读方式"阻碍人们对单一论点、思想或叙述进行长时间的深入研读……我们在网页上的每一次点击都标志着我们专注思想的一次中断，都是注意力的一次彻底瓦解。"③"这样的阅读不再引导我们建立起一种对文本内涵个人化的深刻理解。相反，我们总是急匆匆地寻找另一条相关信息，然后又是另一条，另一条。对'相关内容'的剥离开采取代了对文本含义的缓慢发掘。"④

（四）智识的销蚀

海姆曾指出："我们逐渐习惯于抱住知识的碎片而丧失了对知识后面那智慧的感悟……所获取的信息越多，可能有的意义便越少。"⑤的确如此，在网络智能时代，教师往往被动地接受、占有各种信息和知识，缺少对信息、知识甄别、反思与批判；他们享受着越来越多的"快餐文化"，却越来越缺乏深度思考；他们不断地掌握"何以为生"的生存技能，却忽视或遗忘了对"为何生存""生存为何"的拷问。如果教师过分地对追崇知识、占有知识，就容易引发知识的僭越、智识的销蚀。舒马赫曾指出："不容怀疑，整个人类正处在极大的危险之中，这

---

① 李河. 得乐园·失乐园——网络与文明的传说[M]. 北京：中国人民大学出版社，1997：69-70.

② 潘洪建. 从"三维知识"教学到"三维目标"达成[J]. 当代教育与文化. 2016（4）：30-37.

③ 尼古拉斯·卡尔. 浅薄：互联网如何毒化了我们的大脑[M]. 北京：中信出版社，2010：170-171.

④ 尼古拉斯·卡尔. 浅薄：互联网如何毒化了我们的大脑[M]. 北京：中信出版社，2010：181.

⑤ 迈克尔·海姆. 从界面到网络空间：虚拟实在的形而上学[M]. 金吾伦，刘钢译. 上海：上海科技教育出版社，2000：9.

并不是因为我们缺少科学技术知识，而是因为我们总是缺乏智慧，破坏性地运用这些知识。”①

在网络化时代，哪些知识更可靠？教师需要掌握哪些知识从而更好地融于网络世界之中呢？在联通主义看来，知识可分为四种类型：知道是什么，知道如何去做，知道如何达成，知道在哪里和知道怎么改变。此外，按照存储空间，知识可分为个体知识和社会知识。联通主义学习的知识是一种软知识，主要包括“知道在哪里”和“知道怎么改变”两种类型，它们以个体知识和社会知识的形式存储。②按照联通主义的观点：“知道在哪里”“知道谁”往往比“知道什么”“知道怎样”更为重要。③教师若要融于网络生活世界，需要的就不只是知识，更需要智识（主要是智慧和见识），教师扮演的不只是“知道分子”，而是“智识分子”。事实上，教师仅仅占有知识或“知道是什么”是远远不够的，还需要进一步知道“哪里”“如何”“为什么”，即知道在哪里或找谁，可以获取自己所需知识，并懂得如何应用知识、创造知识，以及如何对知识做出科学评判等；他们不仅需要具备基本的常识，还需要有见识和胆识、有远见卓识和睿智的眼光，更需要转识成智、将各种知识转化为智慧，从而机智应对各种网络生活风险，并迅速做出明智的判断与抉择，有效规避或消解各种潜在风险。

四、伦理风险

伦理风险是教师在网络生活实践中由于不当的网络行为而给他人、社会带来潜在的损害或危险，或者是教师个体因他人的不当网络行为而遭受到的潜在损害和风险。从技术层面来看，网民的不当网络行为可能会引发相应的伦理道德问题，如知识产权侵犯、个人隐私侵犯、有害信息传播等。张震在《网络时代伦理》一书中曾将网络技术引起的道德问题概括为通讯自由与社会责任、个人隐私与社会监督、信息共享与信息独有、网络开放性与网络的安全、人性化界面与非人性化界面、网络开放性与传递的不平等、正当的使用和不正当的使用等七个方面。④就教师而言，教师可能面临的网络生活风险主要表现在网络知识产权侵犯、网络隐私权侵犯、网络信息污染、专业伦理失范风险等方面。

---

① 舒马赫. 小的是美好的[M]. 虞鸿钧，郑关林译. 北京：商务印书馆，1984：50.

② 王志军，陈丽. 联通主义学习理论及其最新进展[J]. 开放教育研究，2014（5）：11-28.

③ 西蒙斯. 网络时代的知识和学习——走向连通[M]. 上海：华东师范大学出版社，2009：30.

④ 张震. 网络时代伦理[M]. 成都：四川人民出版社，2002：125.

（一）网络知识产权侵犯

网络知识产权是由数字网络发展带来的或与其相关的各种知识产权。通常来讲，网络知识产权侵犯主要表现为侵犯著作权、转载他人文章不注明出处、歪曲和剽窃他人作品等。①就教师而言，教师在网络化生活中可能遭遇的网络知识产权侵犯主要有两种：一是教师对他人知识产权的侵犯；二是教师的知识产权被他人侵犯。事实上，在网络教学生活中，教师可能从网上下载课件、文章而不注明出处，或者是为了评职称、评奖评优等而抄袭他人文章等。此外，笔者曾对教师知识共享与知识产权意识问题进行了调查，调查数据显示：50.5%的教师表示经常将教学经验，教学课件、成果及其他作品上传到网上与他人共享；47.0%的教师表示不会与他人分享自己的成果、经验、作品等。此外，从教师的信息产权意识来看，只有54.1%的教师表示在“下载使用信息资源时，总会考虑知识产权与版权问题”，43.5%的教师表示不会考虑。②在访谈中，ZK老师也对网络教学生活中存在的潜在知识产权风险表示担忧：

潜在的威胁是网络安全、知识产权受到威胁；例如，分享到网上的教学资源容易被窃取。

（二）网络隐私权侵犯

网络隐私权是自然人在网上享有的与公共利益无关的个人活动领域和个人信息秘密依法受到保护，不被他人非法侵扰、知悉、收集、利用和公开的一种人格权，也包括第三人不得随意转载、下载、传播所知晓他人的隐私，恶意诽谤他人等，包含网络信息资料、网络生活安宁以及网络领域不受侵害三个部分。③就教师的网络隐私权侵犯而言，主要包括两个方面：一是教师网络隐私权被他人非法侵扰，如教师个人信息、网络行踪、网上支付和消费记录的泄露等。“我们在虚拟社会生活中的点点滴滴已经向外延伸，几乎永久地存储于身体外部，永远无法删除，并随时存在被他人调用的可能性。信息的力量来自信息获取的控制能力，但作为虚拟社会生活中的普遍生活者，我们已经丧失了控制信息的力量，无法控制自身的生活。”④在访谈中，教师反映网络生活的另一个重要的潜在威胁是个人

① 谭志敏. 网络文化与伦理概论[M]. 重庆：重庆大学出版社，2015：157.
② 罗儒国. 教师生存方式的境遇与变革[M]. 北京：科学出版社，2018：149.
③ 谭志敏. 网络文化与伦理概论[M]. 重庆：重庆大学出版社，2015：140.
④ 唐魁玉. 生活方式社会学——虚拟、现实与历史的维度[M]. 哈尔滨：哈尔滨工业大学出版社，2017：75.

信息泄露，给教师造成很大困扰。

SW老师：最大的困扰就是个人信息泄露，常常有未知电话打过来，让人很困扰。

ZD老师（也表示有过类似的经历和困扰）：最大的困扰是个人信息泄露，还有很多骚扰电话和信息。

AN老师：存在的风险主要是泄露个人信息，引发不必要的麻烦。

二是教师侵犯他人隐私权。教师网络隐私权侵犯行为主要包括：①非法获取、利用他人数据。②擅自泄露或故意传播他人信息。③擅自篡改他人信息或披露错误信息。④非法跟踪、监视他人网络活动。⑤非法侵入、窥视他人网络空间领域等。近年来，有部分教师在QQ家长群、微信家长群等网络交流平台公布学生成绩和排名或是点名批评学生等现象屡见不鲜。有媒体报道：禅城一家幼儿园的孩子因为漏做作业，被老师在家长群中“晒照”批评，引发家长的不满。[①]另据《大河报》报道：河南驻马店西平县一名小学四年级班主任把学生在校默写古诗的成绩和照片发到了家长群里，对此有家长要求老师登门道歉。[②]毫无疑问，教师的这些做法不仅侵犯了学生的隐私，也伤害了学生及其家长的自尊，亟待规避。

（三）网络信息污染风险

网络信息污染风险是教师因接收到虚假、冗余、老化和淫秽等各种不良网络信息，进而对教师吸收和利用有用信息造成影响、甚至对教师的各种决策、经济利益等造成的损害。教师遭受的网络信息污染主要包括来自有用网络信息污染、无用网络信息污染、有害网络信息污染三大类。从网络信息污染的表现形式来看，主要有信息垃圾、信息冗余、信息超载、信息老化过时等。[③]在网络生活中，作为网民的教师有遭遇垃圾信息和邮件、虚假广告、有害数据等网络信息污染的风险。据中国互联网协会2016年6月发布的《中国网民权益保护调查报告2016》显示：近半年，网民平均每周收到垃圾邮件18.9封，垃圾短信20.6条，骚扰电话21.3个。“骚扰电话”是网民最反感的骚扰来源，“电脑广告弹窗”和

---

① 孙丽娜. 莫让微信家长群变为“奖惩公示墙”[N]. 人民日报海外版，2017-04-05（08）.

② 李岚. 一封小学老师的辞职信引热议：驻马店一老师在家长群公布成绩有家长因此要求老师登门道歉[N]. 大河报，2018-6-04（06）.

③ 谭志敏. 网络文化与伦理概论[M]. 重庆：重庆大学出版社，2015：163.

“APP 推送信息”紧随其后。[①]另外，在日常教学生活中，微信、QQ 等已成为家校沟通的重要途径，但微信、QQ 通信工具中家长发布的冗余信息、无用信息、聊天记录等也给教师造成了困扰。据中国新闻网报道：家长微信群成为家长和学校沟通的渠道、教师课外工作的重要阵地，但同时也成为老师的隐形负担。不少老师感叹：“自从进了微信群，每天都是家长会。”也有教师反映，感觉自己最近得了“手机恐惧症”，主要是班级家长群里指数级上升的聊天记录，以及微信总有点不完的未读信息导致的。有教师感慨道：“有时候发一条学校通知，家长就轰炸式回复。一会儿一条，微信一直不停。”此外，不少家长在群里发广告、各类点赞或转发抽奖等信息也让教师感到比较郁闷。赵老师如是说：“有时候十多分钟没看手机，再一看微信，未读消息就过百了。结果点开看，全是家长们在群里聊些琐事，或者发些广告宣传。”[②]

在教师访谈中，LW 老师表示在网络教学过程中曾遭遇“电脑广告弹窗”等网络信息污染的困扰：

> 在使用计算机教学时候经常容易有广告出现，且内容较为低俗，其出现都是突然性的，不定时、不定形式出现，且有时候会阻挡到屏幕教学内容使得学生注意力被分散。尝试过很多方法让其不要弹出，但是屡禁不止。

可以说，各种虚假、冗余、老化等不良信息的出现，不仅干扰了教师及时获取有用信息，也可能对教师心理、教育决策造成一定的损害。

（四）专业伦理失范风险

在社会转型时期，由于社会形态的变迁与发展，尚未形成与之相适应的新的价值观和道德规范体系，而传统的价值观和道德规范难以有效规约人们的社会生活行为，如此一来，社会生活实践往往面临着道德失范风险。正如麦金泰尔在《德性之后》中所说：“当代人类的道德实践处于深刻的危机之中，这一危机体现在三个方面：①社会生活中的道德判断的运用是纯主观的和情感性的；②个人的道德立场、道德原则和道德价值的选择，是一种没有客观依据的主观选择；③从传统的意义上，德性已发生了质的改变，并从以往在社会生活中所占据的中心位

① 中国互联网协会. 中国网民权益保护调查报告 2016[EB/OL]. http://www.isc.org.cn/zxzx/xhdt/listinfo-33759.html. [2019-07-26].

② 转引自杨雨奇. 教师抱怨“家长群”成隐形负担：每天都在开家长会[EB/OL]. http://www.chinanews.com/sh/2018/09-10/8622787. shtml. [2020-08-20].

置退居到生活的边缘。”[①]现实生活世界中，社会公众的道德生活面临着价值观、道德规范选择的尴尬处境，重要原因就是新的生活伦理规范体系的缺失或不完善，虚拟网络生活世界亦是如此。

近年来，虽然网络制度与网络伦理规范正逐步建立，但专业的教师伦理制度建设相对滞后。在虚拟的网络世界，教师既没有现成的网络生存经验、生存知识可用，也没有一套行之有效的网络行为准则可供参照。当教师在网络生存或虚拟生存中遭遇到那些新的、具有普适性的伦理道德问题时，往往需要教师自己做出道德抉择。“无论一个人对赛博空间的未来治理持有什么观点，但不可否认的是，在任何情况下都必须作出（道德的）选择，实际上也正在做出，因为赛博空间技术的扩散像任何技术发展一样，不可避免地意味着在各种层次上遭遇道德问题。这些问题涉及技术设计方式的选择、各种可能应用的选择、特定应用的责任，以及应用的引入和利用的选择。还涉及这样一些问题：技术应用的伤害和利益在社会人群中的不平等分配，对技术的控制和管理，以及技术未来影响的不确定性等。”[②]除了遭遇一般性伦理道德问题之外，教师在虚拟的网络世界中还可能会遭遇到一些如教学民主、公正、责任等关涉教学道德、专业伦理等方面的问题。譬如，教师是否安全地保守与学生有关的数据和消息的秘密？教师是否公正地、平等地与学生进行网络交往、在教学交往中是否存在着歧视与偏见？教师在下载使用信息资源时，是否会考虑知识产权与版权问题，并在自己的课件和科研成果中注明出处等。当教师用现实生活世界中既有的教学伦理规范解决虚拟世界中的各种网络教学伦理问题时，就容易陷入方枘圆凿的尴尬处境，从而出现现实伦理与网络伦理之间的冲突和矛盾，如此一来，网络化生活中的教师面临着伦理行为失范等潜在风险。

五、技术风险

技术风险是教师在使用信息技术工具、软件、平台/系统过程中因技术故障或信息网络支持故障而造成的损失、危害。在互联网时代，技术风险无处不在、无时不有。正如王伯鲁所言：“只要人们从事技术活动，就必然会笼罩在技术风险的阴影之下，就必须时刻提防和应对各种技术风险。这就是技术风险困境。‘技术丰富了我们的生活，同时也带来了风险——特别是那些未知的风险。这是

① 麦金泰尔. 德性之后[M]. 龚群，戴扬毅译. 北京：中国社会科学出版社，1995：29.

② 哈姆林克. 赛博空间伦理学[M]. 李世新译. 北京：首都师范大学出版社，2010：2.

一个令人不安的利弊共存的问题。'"[①]就技术风险而言，有论者根据技术载体的不同将技术风险分为互联网硬件技术风险、互联网软件技术风险两类二级风险，其中，互联网硬件技术风险又可细分为自然物理安全风险、人为破坏风险和知识产权风险；互联网软件技术风险则可分为稳定性风险、兼容性风险和病毒软件风险。[②]

就教师而言，教师网络生活所面临风险也主要是计算机互联网硬件技术风险、计算机互联网软件技术风险。从计算机互联网硬件技术风险来看，它是因互联网技术硬件设备在设计、制造和运行等方面存在的人为缺陷、机械缺陷而可能给教师网络生活带来损失、损害，如计算机内存故障、计算机硬盘异常和数据传输异常等，移动存储无法识别及导致电脑系统冲突或死机，以及因网络驱动不能正常运行、网络协议设置不正确、IP 地址冲突等造成的计算机故障等。从计算机互联网软件技术风险来讲，它是互联网技术所需各类系统软件和应用软件由于在设计、制造和运行等方面存在人为缺陷、机械缺陷而导致教师在使用过程中可能遭受到的损失或损害，主要是系统配置不当、软件与电脑操作系统不兼容、病毒侵入、黑客恶意攻击、操作不当导致的电脑软件故障。[③]

六、安全风险

近年来，互联网技术、虚拟现实技术、大数据技术、云计算技术、人工智能技术、物联网技术等新兴技术得到迅猛发展，为教师提供新的生活空间和平台。在虚拟的网络世界，作为网民的教师在享受新技术、新媒体革命带来诸多生活便利的同时，也不可避免地面临潜在的安全风险。相关调查显示，2016 年遭受的网络安全威胁前五位依次是病毒、垃圾邮件、网络欺诈、网络攻击、勒索软件，其中网络欺诈呈逐年上升态势，诈骗方式主要有电话、短信、钓鱼网站、邮件、二维码、网络购物等。移动终端遭受的网络安全威胁来源途径主要有垃圾短信、骚扰电话、欺诈信息、网页浏览、电脑连接等。总体上，2016 年的网络安全威胁态势依然严峻，病毒感染、网络攻击等安全事件时有发生，网络诈骗、信息泄露等威胁依然是公众感受强烈的主要类型。[④]教师遭遇的各种网络安全风险主要

① 王伯鲁. 技术化时代的文化重塑[M]. 北京：光明日报出版社，2014：98.

② 黄卫东. 互联网金融创新[M]. 北京：新华出版社，2015：154.

③ 仝宇. 高校公共计算机实验室电脑软件故障及处理对策[J]. 大庆师范学院学报，2016（3）：36-38.

④ 国信安全研究院. 2016—2017 年度中国网络空间安全综述[EB/OL]. http://www.sic.gov.cn/News/91/8705.htm.[2019-12-25].

涉及信息与隐私安全风险、身体安全风险、网络消费或网上支付安全风险等。在访谈中，部分教师对网络生活中的安全风险有较为清醒的认识。譬如：

ZX 老师：有风险。可能会收到有病毒的文件从而导致设备中毒，可能会有隐私泄露的风险，可能会被不法分子利用个人信息做不法的事情等。

TL 老师：存在一些风险，比如透露个人信息，存在资金安全问题，甚至还可能出现人身安全问题。

GL 老师：存在个人信息泄露、个人隐私不能得到有效保护等风险。

JH 老师：主要是金钱和人身安全风险问题。

一是信息与隐私安全风险。广义上的信息安全是指信息收集、处理、存储、传输和使用等信息生命周期上各个环节的安全，每一个环节上都有数据的流动和痕迹，因此信息安全从本质上来说是信息资源（数据）的安全。[①]中国互联网协会于 2016 年 6 月发布的《中国网民权益保护调查报告 2016》显示：54%的网民认为个人信息泄露严重，其中 21%的网民认为非常严重。84%的网民亲身感受到了由于个人信息泄露带来的不良影响。[②]就教师而言，教师不仅是网络信息的使用者、消费者，也是网络信息的创建者、数据的生产者。在教师网络社交、网络学习、网络消费等日常网络生活中，教师的个人信息均被记录在网络中。譬如，当教师在网络上浏览新闻、网页时，其访问了哪些网站、浏览和查看了哪些信息和内容，在网页上停留多长时间等网站登录记录、浏览记录以及其他个人信息均被网站收集、存储；教师在网店、购物平台等进行网络购物和网上支付时，教师浏览记录、购买商品、网上支付信息以及教师个人联系方式、住址等都可能被销售商、银行记录、存储在数据库中。其中，很多信息和数据涉及教师的行为习惯、兴趣爱好、消费方式、家庭关系等个人隐私。

近年来，作为新生事物的“网络直播”成为人们休闲娱乐的新宠。在学校生活中，为了满足部分家长了解和监管学生校园生活的需求以及实现优质资源共享与知识分享，“教室直播”也悄然兴起。有媒体报道，国内某直播平台曾增设“教室直播”，开通了包括幼儿园、中小学和教育培训机构在内的 159 个直播间，直播的场所包括教室、活动室和操场，每个直播间被标注了固定的“台号”，人

---

① 牟明福，苏正泉. 大数据发展的信息安全风险防御探析[J]. 中国安全生产科学技术，2017（9）：66-71.

② 中国互联网协会. 中国网民权益保护调查报告 2016：54%的网民认为个人信息泄露严重[EB/OL]. https://www.isc.org.cn/zxzx/xhdt/listinfo-33759.html. [2019-06-26].

们进入直播平台不仅可以浏览，还可以留言、发红包以及赠送礼物等。[①]然而，网络教室直播极易导致教师个人信息、数据和隐私泄漏，从而侵犯师生的隐私权。此外，日常生活中的教师有时也会在网上不经意地散布或泄漏学生的隐私、家庭状况以及成绩等。有调查表明：24.5%的中小学教师在网上泄露和散布过学生信息，近 19%的教师对学生传播过不真实或不良的信息。[②]

二是财产安全风险。在移动互联时代，包括教师在内网民的个人信息已成为一种商品，正在被商家、网站等搜集、整理、汇总，并被有意或无意地泄露甚至是大肆贩卖。教师可能因个人信息泄露而遭遇金融诈骗、敲诈勒索等，从而使其面临财产安全风险。在访谈中，部分教师对网络财产安全和网络诈骗等有一定的风险意识。

LW 老师：主要是存在网络诈骗。当代技术发达，要盗窃一个人的社交账号并不是什么罕见或者困难的事情，不法分子有可能盗窃自己身边同事、朋友的账号进行诈骗。

WZ 老师：可能会遇到网络诈骗，例如犯罪分子假装你的好友，要求你给他转账。

XX 老师：虚拟世界不真实，有些人会在网上利用人性弱点，获取别人的信息、骗取别人的钱财等。

《中国网民权益保护调查报告 2016》的调查数据显示：76%的网民表示遇到过“冒充银行、互联网公司、电视台等进行中奖诈骗的网站”，有 66%的网民曾经收到“冒充 10086、95533 等伪基站短信息”，55%的网民收到过“冒充公安、卫生局、社保局等公众机构进行电话诈骗”的诈骗信息，51%的网民收到过“冒充苹果、腾讯等公司进行钓鱼、盗取账号的电子邮件”，还有 47%的网民遇到过在“社交软件上冒充亲朋好友进行诈骗”的情况，37%的网民因收到上述各类诈骗信息而遭受到钱财损失。[③]此外，网络金融、网上银行、网络支付等业务的迅猛发展，为教师的网络金融、网络理财、日常消费等提供便捷。但网上银行存在着钓鱼网站、钓鱼邮件、域名欺骗、安全漏洞、病毒与黑客攻击等典型的安全威胁。近几年，尽管网上银行使用了电子口令、U 盾等安全系数较高的防盗措施，

---

① 央视新闻客户端.【学校教室被网络直播惹争议】网络平台 159 个直播间直播教室[EB/OL]. http://m.news.cctv.com/2017/05/27/ARTIcz7hllJZ7o9kA4L6f4nA170527. shtml. [2019-05-27].

② 李斌辉. 教师成长散论[M]. 武汉：华中科技大学出版社，2016：153.

③ 中国互联网协会. 中国网民权益保护调查报告 2016：54%的网民认为个人信息泄露严重[EB/OL]. https://www.isc.org.cn/zxzx/xhdt/listinfo-33759.html. [2019-06-26].

但各类网上银行事故依然时有发生。教师如果不谨慎就可能存在个人账户信息被盗，使教师在使用网络银行、网上支付时面临着潜在的财产安全风险。

三是身体安全风险。除了隐私安全和财产安全之外，教师网络生活方式还可能引发教师身体安全风险，主要包括教师人身安全隐患和数字身份盗用风险。

其一，教师人身安全隐患。教师个人信息的人为泄露或被肆意贩卖时，就容易对教师人身安全造成威胁，因为“个人信息是能够识别信息主体的信息的总和，其不仅能够反映自然人的生理及身份特征，还能够显现一个人的生活轨迹、思想印迹、习惯爱好甚至是家庭与财务的状况。个人信息承载着自然人的个体特征与精神利益，与自然人的人格尊严、人格自由、人身安全密切相关”①。在日常生活中，当社会上的一些不法分子通过商家、网络等渠道获取到教师个人信息，通过加工、整合就能够准确地掌握较为详尽的教师个人信息，如教师住址、电话、工作单位、兴趣爱好、生活轨迹、银行账户、个人财产状况、家庭关系构成以及社会关系网络等具体信息，并根据这些信息可以对教师进行跟踪、敲诈勒索、打击报复等，从而对教师直接造成人身安全威胁。TW 老师表示，网络生活尤其是网络社交可能引发人身安全风险。他解释道：

和陌生人交往可能一不留神就泄露了自己的有关信息，若是坏人、可能造成一定的人身威胁。

另据媒体报道：某位初中女教师因发表了对一本网络小说的不满言论，被该书作者的粉丝人肉搜索并人身攻击，该女教师因不堪骚扰而选择自杀。②因此，坚决打击和抵制人肉搜索、网络暴力等违法犯罪行为，从而为学校师生创建风清气正的网络生活空间和环境显得尤为迫切和必要。

其二，教师数字身份盗用风险。在互联网技术、虚拟现实技术的推动下，教师身体被数字化、比特化了，是一种虚拟身体或网络化身。教师可以根据自己偏好或主观意愿、利用数字化符号对虚拟身体进行再造、甚至虚构，而不再受诸多现实条件的限制。教师虚拟身体是一种数字化符号或数字身份，具有多样性、可变性、可匿名性等特点。然而，从技术层面上看，教师的数字身份存在着可追溯、易被盗用等风险。身份盗用者可以通过购买或利用数据挖掘与分析技术、木马病毒等盗取教师在网上留下的个人信息，以及各种“足迹”，或者从网站或教职工数据库中盗取密码、银行信息等。利用这些信息，身份盗用者可能混进学生

---

① 杨咏婕. 个人信息的私法保护研究[M]. 沈阳：辽宁大学出版社，2015：1.

② 刘昌松. 构建风清气朗的网络空间[N]. 光明日报，2018-09-11（02）.

家长微信群，通过发送“收取资料费”等虚假信息骗取钱财，或是在网上申请贷款、办理信用卡、网络购物等非法行为，从而给教师造成不良影响或经济损失。

第二节 教师网络生活方式风险的成因

教师网络生活方式存在智能风险、知识风险、伦理风险、安全风险等风险，诸如此类风险的长期存在显然不利于教师网络生活方式可持续发展和网络生活质量提升，因此需进一步揭示教师网络生活方式风险的成因及其根源，为寻求有效解决策略提供依据。

一、主体之因

马克思主义认为，内因是事物发展的关键，外因是事物发展的条件。总体来讲，教师个体风险意识较为淡薄、风险认识与风险防控能力相对不足、技术使用不当或滥用是导致教师网络生活方式产生的重要根源。

（一）风险意识较为淡薄

“所谓风险意识，是指人们对社会可能发生的突发性危机事件的一种思想准备、思想意识以及与之相应的应对态度和知识储备。”[①]由于教师网络生活方式尚处于崛起、发展阶段，再加上网络社会的复杂多变以及教师对网络社会了解不多，一些教师的网络风险意识往往较为淡薄，缺少必要的网络生活风险警觉意识、防范意识，也就容易面临或遭遇网络生活的潜在风险。譬如，从教师的信息产权意识来看，调查数据显示：只有54.1%的教师表示在“下载使用信息资源时，总会考虑知识产权与版权问题”，43.5%的教师表示不会考虑；[②]而在对网络信息法规和伦理认知方面，超过八成的中小学教师表示“不太了解”或“一无所知”[③]。另外，就计算机安全和网络安全意识而言，教师的安全防范意识也比较薄弱。有论者研究指出，广大农村教师网络安全意识薄弱、信息技术水平不高，在应对网络病毒和黑客等威胁网络安全因素时也存在困难。该研究者调查发现，

① 黄庆桥. 科学的风险意识与和谐社会的建设[J]. 毛泽东邓小平理论研究，2006（9）：68-71.

② 罗儒国. 教师生存方式的境遇与变革[M]. 北京：科学出版社，2018：149.

③ 李斌辉. 教师成长散论[M]. 武汉：华中科技大学出版社，2016：151-152.

许多教师不具备病毒防护等方面的技术，面对病毒的侵扰，他们唯一的办法就是求助于计算机教师。[①]事实上，在现实生活中，很多教师为了方便记忆，往往习惯将银行、邮箱、QQ、微信账户以及其他网络账户的密码设置为同一个密码（如生日、座机电话号等），这样容易给不法分子有机可乘的机会，从而面临账户被盗或财产安全风险。当教师在网络浏览或消费，浏览、点击陌生网站或陌生链接，抑或在陌生网站下载软件时，都大大增加了手机、电脑感染病毒的概率，从而存在财产安全隐患或可能造成财产损失。

（二）风险认识水平不高

在现实生活世界中，风险无时不在、无时不有，时刻伴随着教师的生活实践。通常来讲，风险是否对教师的网络生活产生影响以及产生何种影响，是和教师对网络生活世界中的风险认知密切相关的。何谓风险认知？风险认知是教师对存在于网络生活环境中并对其产生影响的各种风险因素的主观感知、认识与把握。从教师风险认知水平影响因素来看，既有个体因素也有社会因素。教师的风险认知并非凭空产生的，受到过去经验、对风险的直觉判断等因素的影响。相关研究表明：居民的风险认知水平主要受学历、收入水平以及年龄的影响。其中，居民的学历、收入水平与风险认知水平呈显著正相关关系，居民的学历越高、收入水平越高，风险认知水平就越高；居民的年龄与风险认知水平呈显著负相关关系，居民的年龄越大，风险认知水平越低。[②]在日常生活中，教师对风险社会及其风险类型等方面的认识不足，缺少对其的必要了解；关于网络生活风险何时发生、以何种方式产生，存在哪些危害，如何有效应对等问题，教师也往往缺少较为清晰的认识。此外，“风险意味着一种可能的潜在的危险，它既是一种客观事实，又是人们的一种认知体验。它与人的实践活动密切相关，只要人类实践存在，就会有风险存在”[③]。教师还缺少风险知识以及风险转化、处理的相关经验。总体来讲，教师风险认识水平不高在一定程度上容易导致教师遭遇各种潜在的网络生活风险。

---

① 宋永忠，张乐天，顾建军. 城乡统筹背景下义务教育均衡发展研究[M]. 南京：南京师范大学出版社，2016：277.

② 彭宗超，陶鹏. 中国应急管理研究报告 2012-2013 应急准备文化建设[M]. 北京：清华大学出版社，2014：135.

③ 贾英健. 风险生存论[M]. 北京：人民出版社，2017：72.

（三）抗风险能力略显不足

教师抗风险能力是教师面对网络生活世界不确定性变化时，抵御、防控、化解已经发生或可能发生的风险，以减少各种风险带来损失，进而确保网络生活有序开展的能力，包括风险发生前的防御能力，风险发生时的判断、识别能力，风险发生后的处置和转化能力等。就教师而言，各种网络生活风险是否会给教师带来危害或不幸，关键取决于教师对网络生活风险的预防、处置、转化能力和水平。当教师具备良好的抗风险能力，在遇到风险时，就能够冷静地对风险进行识别和判断，积极寻求风险解决的有效办法和途径，减少或规避风险可能带来的危害。然而，在学校生活中，师生的风险预防与抵御能力相对缺乏，缺少对突发事件应急处理能力。有论者曾批评指出："我们对学校安全管理基本上仍以'刺激-反应'的模式进行应对，学校师生风险意识薄弱，缺乏预防与控制风险能力，未能科学分析各种风险要素，也没有形成规范的风险评估及风险管理工具，治理机制也未能形成。"①

（四）技术不当使用或滥用

除了教师风险意识淡薄和风险防控能力不足之外，教师技术的不当使用也是导致教师网络生活风险产生的重要诱因。事实上，技术在使用过程中因使用不当或滥用也容易导致风险产生。"人类凭借技术的使用，破译了一个又一个奥秘，但不幸由此也制造出一种又一种风险，继而转化为一次又一次社会灾难。在技术使用中，风险自始至终都如影随形，我们也正是通过使用技术而将这个世界推到了危险的境地。"②

一方面，技术不当使用是造成技术风险的直接原因之一。技术的不当使用或滥用不仅是引发技术风险的诱因，也是导致技术异化的重要根源。正如王伯鲁所言："作为人类目的性活动的序列和方式，任何技术系统总是由人的因素与物的因素共同构成的。无论是作为技术操纵者的人，还是作为技术构成单元的人，都是生活在一定社会环境之中的有血有肉的人。他们的心理是脆弱的，精力是有限的，难于不受干扰、整齐划一地精准工作，误操作是导致技术异化的重要诱因。"③教师在使用计算机时，因违反操作流程，或者误删计算机操作系统和软件

---

① 詹承豫. 从危机管理到风险治理：基于理论、制度及实践的分析[M]. 北京：中国法制出版社，2016：244.

② 陈多闻. 技术使用的哲学探究[M]. 沈阳：东北大学出版社，2011：126.

③ 王伯鲁. 技术困境及其超越[M]. 北京：中国社会科学出版社，2011：151.

的核心文件，抑或对计算机操作系统或软件的错误配置，或者不正确关机等操作不当，就容易引起计算机程序无法正常启动、运行，以及出现文件丢失等计算机故障。另一方面，技术不当使用是造成伦理风险的重要根源。近年来，大数据挖掘与分析技术成为新兴技术正被应用于社会生活的各个领域。大数据技术是借助有效的信息技术手段和方法，快速地获取、处理和分析海量的数据，并从中获得有价值信息的技术。然而，大数据技术在教育领域的应用会带来一些负面影响或潜在风险。比如，使用目的不清、方式不当；滥用个人旧数据，利用大数据进行教育分流、学生个体职业生涯预测等。正如舍恩伯格所说："在教育领域，不加选择地随意使用大数据的确会产生重大风险。""与大数据同行是有一定风险的，因为我们对潜在后果和概率性结果的预测有加大教育不平等的可能。"①

二、社会之因

从教师网络生活方式风险产生的外因来看，风险社会崛起、社会风险防控体系建设滞后等是导致教师网络生活方式风险产生的重要社会原因。

（一）风险社会崛起

德国社会学家贝克最早提出"风险社会"概念，在他看来，我们所生活的时代已经迈入一个不同于传统社会的现代化发展新阶段——风险社会阶段。贝克强调指出："现代社会是一个不仅不断生产和创造着风险，而且也通过其经济的、法律的和政治的制度将这种风险分配到社会的各个领域与各个阶层，从而使得社会构成的每一个体都时刻面临着风险侵袭的风险社会。"②风险社会的崛起，使得社会风险问题更加凸显。可以说，在风险社会中，风险无处不在、无时不有。正如贝克所说："现在，人为的不确定性意味着风险成为我们生活中不可避免的一部分，每个人都面临着未知的和几乎不能预测的风险。风险变成了'没人知道'的另一个词。我们不再选择冒险，我们已为其所害。我们生活在暗礁中——一个随机的风险社会中，没人能够逃脱。我们的社会由于随机风险变得令人迷惑。"③网络社会是现实社会的延伸与拓展，现实社会中的风险也将渗透到虚拟网络社会之

① 维克托·迈尔·舍恩伯格. 与大数据同行：学习和教育的未来[M]. 赵中建，张燕南译. 上海：华东师范大学出版社，2015：73，131.

② 黄国泰，张治库. 现代人的发展风险及其预防[J]. 学术界，2010（3）：67-73.

③ 乌尔里希·贝克，刘宁宁，沈天宵. 风险社会政治学[J]. 马克思主义与现实，2005（3）：42-46.

中，对网络社会中教师的网络生活实践或多或少产生影响。“从人的实践活动的角度来看，它与风险是相伴而生的。只要有人的实践活动，就会有实践风险的存在，人的生存也就会面临着风险。”[①]“现实中的人们只要有所行动，就会面临风险。风险内在于人的存在结构中。”[②]如此一来，教师无法游离于风险社会的各种风险之外，只要在网络社会中开展网络活动，就可能遭遇风险社会的各种风险。可以说，风险社会的崛起与发展也是教师网络生活风险产生的重要根源。

（二）社会风险防控体系建设相对滞后

近年来，伴随着互联网的快速发展，世界各国相继出台相应的政策与法规，以防御和规避各种潜在风险，确保网络社会生活有序展开。譬如，美国自20世纪70年代末以来，先后出台一百多部涉及互联网管理的相关政策法规，主要有《电信法》《禁止电子盗窃法》《数字千年版权法案》《在线版权责任限制法》《澄清数字化版权与技术教育法》《反域名抢注消费者保护法》《互联网税务自由法》《儿童在线保护法》《儿童互联网保护法》《美国商标电子盗窃保护法》《全球及国内商务电子签名法》等。我国也先后出台了一系列网络法律法规及相关制度，比如，国务院于2000年9月颁布的《互联网信息服务管理办法》，2006年5月印发的《信息网络传播权保护条例》，2011年修订的《计算机信息网络国际联网安全保护管理办法》；全国人民代表大会常务委员会于2016年11月7日发布的《中华人民共和国网络安全法》；国务院于2014年8月印发《国务院关于授权国家互联网信息办公室负责互联网信息内容管理工作的通知》；国家互联网信息办公室于2017年5月发布《互联网新闻信息服务管理规定》等。我国虽然出台了相应的网络政策与法规，但网络法治工作在指导思想、结构、内容和协调性等方面依然存在一些不容忽视的问题，如网络媒体立法指导思想并不清晰、立法层级比较低，立法主体多头化以及缺乏公众民主参与等。[③]此外，社会风险防控缺乏顶层设计、统筹布局，且政策、制度的执行与监管力度尚待加强，“多级联动”的网络社会风险联防联控体制机制尚未真正建立，因而难以有效地对网络生活风险发挥规约、监控作用，以及对网络生活风险的精准预警、识别和处置。

---

① 贾英健. 风险社会的人学研究[M]. 哈尔滨：黑龙江人民出版社，2009：147.

② 郭洪水，朱葆伟. 风险的哲学存在论分析——兼论当代风险社会的生成逻辑[J]. 科学技术哲学研究，2013，30（3）：99-103.

③ 何明升. 网络治理：中国经验与路径选择[M]. 北京：中国经济出版社，2017：330.

三、文化之因

除社会因素外，文化因素也是教师网络生活方式风险产生的重要外因，具体包括技术文化缺失、文化发展失衡、风险文化缺席等。

（一）技术文化缺失

一般而言，技术文化是由技术精神、技术价值观、技术知识、技术产品构成的复杂体系。在笔者看来，技术文化滞后和不完善、技术文化发展失衡等是教师网络生活方式风险产生的重要原因。

当代技术文化是由物质层技术文化、制度层技术文化、行为层技术文化和精神层技术文化等四个要素构成的文化系统。在技术文化的演进历程中，由于技术文化各个层面（如物质层技术文化与精神层技术文化）的发展速度往往不同步或不一致，从而出现“文化滞后”现象，亦即观念层或精神层技术文化的变迁与发展往往滞后于技术文化其他层面的变迁与发展。在当代技术文化的发展过程中，也同样存在“文化堕距”现象，即存在观念层面技术文化与物质层面技术文化发展的不均衡、不同步现象，其变迁与发展大致遵循着“物质文化—制度文化—精神文化”的轨迹。长期以来，我们往往过于注重技术活动的效率、效益，技术先行，相关管理、制度、法规滞后，没有形成完善的技术文化。这种技术文化的缺失或滞后可能导致社会技术风险的产生。

（二）文化发展失衡

从某种意义上说，当今以技术风险为代表的各种社会风险频发的主要根源在于工具理性与价值理性的失衡以及科学文化与人文文化的断裂。

一方面，工具理性和技术理性的膨胀和僭越，导致传统价值理性式微、意义世界被吞噬。技术理性和工具理性不仅成为主宰科技活动的基础，也成为当前人类理性的主流形式。海德格尔在《关于技术的追问》一文中曾批判指出：“现代科学技术囿于凸显了纯物的层面而掩盖了价值的全面性，从而表明现代科学研究视野的狭隘性一面；而科技风险发生的外部因素则源于人们对科技发展的终极目标的丧失——人们已经遗忘了科技发展的终极目的乃是对人之存在的关怀，科技发展应以增加人类生活的幸福感为使命才是科技发展之本。”[①]在技术理性的规

① 转引自李春霞，翟利峰. 哲学视角下科技风险探析[J]. 理论探讨，2012（6）：73-75.

约下，“重要的是人们已失去了行为判断能力，也就是说，作为公民的我们已不再有能力区分什么是危险的，什么是不危险的。大家都像木偶似的盲从那些自相矛盾的专家和各种公共机构。尽管专家解释说，一切都已在控制之中，可是后来却接二连三地发生了完全相反的事情”①。一旦人们受到技术理性、工具理性的牵制，其生存意义、生存价值就可能逐渐销蚀和退隐，人们亦无法寻求生活的意义，导致人生意义感、存在感的缺失，继而引发生存矛盾、生存焦虑。

另一方面，科学文化与人文文化之间存在“一个相互不理解的鸿沟”，不仅加剧社会的不确定性、风险性，也增加教师网络生活风险。在斯诺看来，现实生活世界中实际存在“相互对立的两种文化，一种是人文文化，一种是科学文化。两种文化之间存在着一个相互不理解的鸿沟，有时还存在着敌意和反感。他们彼此都有一种荒谬的歪曲了的印象”②。针对此现实，他进一步指出科学文化与人文文化的分裂给整个社会发展带来极大损失：“这种两极分化对我们大家来说都是损失。对于我们个人，对于我们社会都是损失。同时，还是实际应用上的，智力的和创造力的损失。”③

（三）风险文化缺席

一般而言，风险文化是指人们对风险的认识、理解、态度以及对待风险的处理模式和行为准则，具有凝聚、导向、激励、约束、协调功能。④在某种程度上说，风险文化不健全、不完善是教师网络生活方式风险产生的重要文化原因，主要体现在制造风险的文化凸显，规避风险的文化式微，风险防控体制尚不健全等方面。

第一，制造风险的文化凸显、规避风险的文化缺位。风险文化具有两重性，即制造风险和规避风险的两重性。制造风险的文化是指“产生风险及诱导风险变迁的文化因素”，亦即“那些忽视人类实践活动的负面效应和社会发展的负产品，甚至纵容风险的扩散、严重化的那些价值观念、行为方式及其载体”；规避风险的文化是指“对风险进行反省规避的文化因素”，也就是“那些使人类有效认识、规避风险并最终走出风险困境的价值体系和行为规约及其载体”。⑤长期以

① 贝克·威尔姆斯. 自由与资本主义[M]. 路国林译. 杭州：浙江人民出版社，2001：126-127.
② 斯诺. 对科学的傲慢与偏见[M]. 陈恒六，刘兵译. 成都：四川人民出版社，1987：13.
③ 斯诺. 对科学的傲慢与偏见[M]. 陈恒六，刘兵译. 成都：四川人民出版社，1987：17.
④ 陈国华. 风险工程学[M]. 北京：国防工业出版社，2007：224-225.
⑤ 刘岩. 风险文化的二重性与风险责任伦理构建[J]. 社会科学战线，2010（8）：205-209.

来，我们缺少的是对引发生存风险产生的社会价值观念、行为方式等应有的反思和批判，以及缺乏一套积极应对和行之有效的规避生存风险的社会价值体系和行为规范体系。第二，风险防控体制尚不健全。一套完备的社会风险防控体制机制，能有效地规避教师网络生活风险或代价。然而，社会网络风险防控体系尤其是学校网络风险管理体制不健全。目前，学校虽然有应对和处理校园突发事件以及校园安全风险（消防安全、交通安全风险、社会治安风险、传染病风险、校园欺凌等）的能力，但在科技风险和网络风险处置和应对方面缺少有效经验。另外，学校在科技风险或网络风险管理方面的投入明显不够，主要体现在缺少专门的风险管理职能部门和风险管理专职人员，缺少风险识别、风险分析与风险评估有效机制，缺少系统化的网络社会风险意识教育等。

四、技术之因

如今，科学技术渗透到社会生活的各个领域，人们的生活观念、思维方式、生活行为等都伴随着科学技术的变革与发展而发生相应的变化，被深深地打上技术的烙印。教师网络生活是借助移动通信技术、虚拟现实技术等新兴技术开展的感性活动，因而不可避免地受到新兴技术发展水平的影响和制约。然而，科学技术在给教师教学生活带来福祉的同时，也带来负面效应或消极影响。“每一种技术或科学的馈赠都有其黑暗面。”① “科学一直被认为是社会发展的决定因素和基本动力，但现在科学技术却日益成为当代社会最大的风险源。”②事实上，技术的不确定性、复杂性、不完整性是教师网络生活方式风险产生的重要技术根源。

（一）技术的不确定性

不确定性是一切技术物的本质，是技术的内在属性，伴随着技术发展与演进的全过程。“不确定性是现代机器固有的属性，但它也体现了一切技术物体的本质。”③技术的不确定性包括技术知识或科学基础、技术结构、技术标准、技术性能、技术应用及其效果、技术发展的不确定性等诸多方面。譬如，在技术应用方面，技术尤其是新兴技术在其应用过程中，其作用的发挥及其效果越来越不确定，使得人们无法准确、有效地把握和预测技术后果，从而可能给人类生活实践

① 尼葛洛庞帝. 数字化生存[M]. 胡泳，范海燕译. 北京：电子工业出版社，2017：228.

② 查尔斯·培罗. 当科技变成灾难：与高风险系统共存[M]. 蔡承志译. 台北：商周出版社，2001：420.

③ 斯蒂格勒. 技术与时间[M]. 裴程译. 北京：译林出版社，2012：83.

带来意想不到的后果，导致技术的目的与结果的不一致，甚至是背离。“我们所面对的最令人不安的威胁是那种‘人造风险’，它们来源于科学与技术的不受限制的推进。科学理应使世界的可预测性增强，但与此同时，科学也造成新的不确定性——其中许多具有全球性。对这些捉摸不定的因素，我们基本上无法用以往的经验来消除。”①此外，人类认识能力、认识工具与手段等方面存在一定的局限性，面对迅速发展的新兴技术，人们（包括教师）将不可能拥有所有的技术知识和技术能力，从而在一定程度上加剧人们对技术认识的难度、技术控制使用及其效果的不确定性，继而可能引发或增加技术风险。

（二）技术的复杂性

除了不确定性之外，复杂性也是现代技术的重要属性，是引发教师网络生活方式风险的另一技术根源。我们知道，技术是由各组成部分、元器件或技术单元构成的复杂系统。“技术（所有的技术）都是某种组合。这意味着任何具体技术都是由当下的部件、集成件或系统建构或组合而成的。”②因而，技术具有层级结构、递归性。“技术的最基本结构，包含一个用来执行基本功能的主集成和一套支持这一集成的次集成。”“技术越复杂或越模块化，层级就越多。”③从理论上来看，当技术结构越复杂、层级越多时，因技术运转失灵而造成的损失、伤害的可能性就越大。另外，技术单元或技术模块之间是相互制约、相互影响的，当某一技术单元或模块出现问题时，就可能牵一发而动全身，导致整个技术系统发生故障，甚至瘫痪，进而引发技术风险。

此外，技术结构一旦形成就具有某种稳定性，并发挥着相应的功能。但技术结构并非静止不变的，而是动态发展和演进的。阿瑟曾指出：“在真实世界中，技术是高度可重构的，它们是流动的东西，永远不会静止，永远不会完结，永远不会完美。”④他进一步指出：技术是不断进化的，所有技术都是从已经存在的技术中被创造出来的。技术的进化机制是“组合进化”。“如果新的技术会带来更

① 安东尼·吉登斯，克里斯多弗·皮尔森. 现代性：吉登斯访谈录[M]. 尹宏毅译. 北京：新华出版社，2000：218.

② 布莱恩·阿瑟. 技术的本质：技术是什么，它是如何进化的[M]. 曹东溟，王健译. 杭州：浙江人民出版社，2014：19.

③ 布莱恩·阿瑟. 技术的本质：技术是什么，它是如何进化的[M]. 曹东溟，王健译. 杭州：浙江人民出版社，2014：32，38.

④ 布莱恩·阿瑟. 技术的本质：技术是什么，它是如何进化的[M]. 曹东溟，王健译. 杭州：浙江人民出版社，2014：42.

多的新技术，那么一旦元素的数目超过了一定阈值，可能的组合机会的数量就会爆炸性地增长。技术就如同生命体一样，它的进化和生物进化也没有什么本质差异。”[①]技术的流动性、复杂性不断增强以及技术的不断进化，加大了人们对技术认知的难度，使得技术应用的潜在风险具有不可预见性或不可知性，技术的使用也难以得到及时、有效的管理和掌控。如此一来，因技术认识模糊以及技术滥用或误用而引发技术风险就不足为奇了。

（三）技术的不完善性

任何一项新兴技术都会经历一个孕育、发展、成熟的过程。当新兴技术尚不成熟时，势必加剧技术使用的不良后果或风险。“长期以来，在‘摩尔定律’的驱动下，人们以追求规模和性能为信息技术和信息化发展的价值取向，不断提高硬件集成度，计算、存储和通信等硬件资源都日益富足廉价，诱导信息系统功能和软件代码日益庞杂和低效，在绝大多数情况下远远超过了用户的实际需求，大量软硬件功能和性能闲置，信息系统变得越来越臃肿和复杂，安全机制却变得越来越脆弱。更为严重的是，不管是信息技术产品的研发还是信息系统的建设，为了尽量提高速度和性能，刻意忽视内在安全机制的构建和应有的资源投入。面对不断发生的安全事件，人们往往选择小的安全修补来解燃眉之急。这一痼疾，是导致整个网络空间安全日益脆弱的深层次问题。”[②]

事实上，任何一项新兴技术都不可能是完美无缺的，而是或多或少地存在缺陷或不足。以互联网技术和安卓智能手机操作系统为例。就互联网技术而言，有论者指出，网络信道及网络物理设备、网络操作系统及数据库、网络传输协议、网络应用开发工具等互联网的四大组成部分均存在重大漏洞。[③]互联网技术存在一定的缺陷，容易引发网络信息安全等方面的问题。另外，从安卓智能手机操作系统来看，存在安卓应用安全缺陷。有论者指出，随着安卓智能手机的用户日益增多，安卓应用的安全缺陷也是层出不穷。安卓应用安全缺陷指的是安卓应用中本身存在的脆弱性风险，通常存在于安卓应用开发过程中有意或无意中出现的问题，包括安卓漏洞缺陷、安卓组件缺陷及安卓配置缺陷等。[④]这些安全缺陷容易

---

① 布莱恩·阿瑟. 技术的本质：技术是什么，它是如何进化的[M]. 曹东溟，王健译. 杭州：浙江人民出版社，2014：185.

② 崔玉华. 网络安全风险来源及其防范化解对策[J]. 改革，2018（1）：37-40.

③ 赵衍. 互联网时代的信息安全威胁：个人、组织与社会[M]. 北京：企业管理出版社，2013：20.

④ 陈璐，马媛媛，石聪聪，等. Android应用安全缺陷的静态分析技术研究[J]. 计算机工程与应用，2018，54（4）：117-121.

使个人的登录账户、密码、银行账户等个人信息被窃取。安卓智能手机也成为个人信息泄露的重要途径。复旦大学计算机科学技术学院的研究团队曾对一款主流智能手机系统的300余款应用软件进行抽查分析，发现58%的软件存在泄露用户隐私的可能。①

① 邓中豪，徐岳. 揭秘智能手机的安全隐患[N]. 湖南工人报，2012-10-19（03）.

第七章

教师网络生活方式的优化取向与路径

在网络化时代，教师网络生活方式应如何发展？发展趋势和优化取向是怎样的？或者说，可能的网络生活方式是怎样的？如何实现这种网络生活方式？实现的路径有哪些？诸如此类问题有待进一步探讨和分析，以推动教师网络生活方式的健康、可持续性发展。

第一节　教师网络生活方式的优化取向

一、网络美好生活：教师网络生活方式优化取向

就教师网络生活方式而言，我们不能仅仅停留于其现实样态的描述阶段，还要有对其发展趋势、优化取向的憧憬与谋划，从而为教师网络生活方式优化与发展指明方向。正如王雅林所说："预测未来需要有实证的基础，但是也不能排斥价值判断……我们不仅应指出未来的发展趋势，也要指出哪种趋势是可取的，哪种发展趋势是不可取的；既要求证人类生活方式未来将如何，也要求证人类生活方式应当如何，给未来指出一条善的复归之路，使人类作为一个整体朝着寻求幸福的普遍性价值体系前进。"①

创造网络美好生活是教师网络生活方式的重要优化取向和一般图景。网络美好生活之所以是教师网络生活方式优化取向或可能网络生活方式，就在于创造网络美好生活是社会发展的必然趋势和价值选择，是提升教师网络生活质量

---

① 王雅林. 人类生活方式的前景[M]. 北京：中国社会科学出版社，1997：20-21.

的内在诉求。

第一，创造美好生活是人类社会的共同期盼和不懈追求。在人类社会发展的不同阶段，美好生活一直是人们追求和向往的生活。但在不同历史时期，人们对美好生活内涵的阐释不尽一致。儒家视“大同”为人类美好生活，道家将那些符合“道”的自然法则的生活视为美好生活。《尚书·洪范》将美好生活概括为五个方面，即“五福”：一曰寿，二曰富，三曰康宁，四曰攸好德，五曰考终命。[①]2010年，温家宝同志在十一届全国人大三次会议上的政府工作报告中指出，要“让人民生活得更加幸福、更有尊严，让社会更加公正、更加和谐”[②]，首次将满足人尊严的需求作为民众好生活的标准，纳入了政府的工作规划中。党的十九大报告指出，在中国特色社会主义新时代，我国社会主要矛盾是“人民日益增长的美好生活需要和不平衡不充分的发展之间的矛盾”[③]，并将“人民对美好生活的向往”作为党的奋斗目标和治国理政的根本理念。此阶段，人民对美好生活的期盼和诉求涉及民主、法治、公平、正义、安全、环境等方面，包括“幼有所育、学有所教、劳有所得、病有所医、老有所养、住有所居、弱有所扶”等方面，勾画出新时代美好生活的新内涵。可以说，创造美好生活既是人类社会的不懈追求和共同期盼，也是新时代党和政府的奋斗目标。人的生活是复杂的整体，包括不同领域和维度。那么，美好生活的表现形式也不是单一的，而是体现在多个方面。美好生活的构建包括家庭生活、精神生活，也涉及社会生活、政治生活和文化生活，还涵盖网络生活等。如此一来，创造美好网络生活也是美好生活创建的题中应有之义。

第二，追寻美好生活是教师的生命本性与内在诉求。对于教师个体而言，追寻美好生活是人生的目的和生命本性，具有终极性、自成目的性。正如贝克所言：“过去我想知道，现在也想知道，在生活中追求什么才是值得的，怎样理解生活，到哪里去寻求特殊的帮助。我认为每个人都有意或无意地思考这些问题。我们都想使自己的生活有所成就，都想寻求‘幸福人生’或‘美好生活’。”[④]“每个人在人生的任何一个阶段都在追求美好生活，这是人生的宿命。”[⑤]网络生活作为教师生活的不可或缺的组成部分，如何让网络生活更有意义、更加幸福美

① 张岱年. 中国哲学大辞典[Z]. 上海：上海辞书出版社，2010：75.

② 温家宝总理在十一届全国人大三次会议上的政府工作报告[N]. 人民日报海外版，2010-03-06（03）.

③ 习近平. 决胜全面建成小康社会 夺取新时代中国特色社会主义伟大胜利——在中国共产党第十九次全国代表大会上的报告[M]. 北京：人民出版社，2017：11.

④ 克里夫·贝克. 学会过美好生活——人的价值[M]. 詹万生等译. 北京：中央编译出版社，1997：5.

⑤ 金生鋐. 教育哲学怎样关涉美好生活？[J]. 华东师范大学学报（教育科学版），2002（2）：17-22.

好，是教师的内在诉求。教师网络生活的崛起不只是顺应网络社会发展的需要，也是教师为了更好地满足生存、交往、表达、自我发展等方面日益增长的需要。在这里，教师通过开展丰富的网络交往、网络休闲、网络学习等网络活动，更好地满足生命存在、发展与享受等方面需要，切实提升网络生活质量、从而让生活更加幸福美好。因此，构建网络美好生活是教师网络生活方式发展和优化的根本旨趣与方向。

第三，创造网络美好生活是规避和防范网络生活风险的现实诉求。网络社会崛起与蓬勃发展给人们的工作、生活、学习和社交带来新的机遇，但同时也带来新的社会问题和生存风险，如网络人际信任危机、网络安全、个人隐私泄露、网络成瘾、网络暴力与犯罪等，融入网络社会中的教师亦不例外。事实上，网络社会问题和生活风险的产生在一定程度上是与网络社会发展不够完善密不可分的。因此，在构建美好生活的新时代，如何促使网络社会发展成为“美好社会”成为网络社会建设的中心议题。美好社会和美好生活是内在统一的。所谓美好社会，“是组织机构和个人在特定的结构关系中共同呵护生活、日益满足人们过更好生活愿望的社会”[①]。“‘美好社会’一定要用‘美好生活’界定，即‘美好社会’一定是能给人们带来‘美好生活’的社会。”“‘美好社会’离不开社会中每个生活者良好的生活方式的建构，每个人良好的生活方式，营造着个人的好生活，同时也是社会共同体营造好生活的必要条件。”[②]因此，应通过美好网络生活的创建，促使网络社会发展成为美好社会，从而在一定程度上有效防止和规避网络生活风险。

二、教师网络美好生活的意蕴与特点

教师网络美好生活是美好生活的重要组成部分，那么，在阐述网络美好生活内涵之前，需要揭示美好生活的内涵。

何谓美好生活？学者对此进行了阐释。譬如，周长城和曹亚娟认为，美好生活是指居民物质生活丰盈，文化生活丰富，获得感、幸福感和安全感等主观需求得到满足的生活状态。[③]邹广文指出，美好生活是人们在物质需求基本满足之后

① 王雅林. 回家的路：重回生活的社会[M]. 北京：社会科学文献出版社，2017：290-291.

② 王雅林. 回家的路：重回生活的社会[M]. 北京：社会科学文献出版社，2017：290-291.

③ 周长城，曹亚娟. 绿色生活方式与美好生活构建：政府环保工作的效用分析[J]. 哈尔滨工业大学学报（社会科学版），2019（1）：43-51.

进一步追求的一种人生幸福、精神充实、体现自由情怀、富有意义的实践生活。[①]也有学者认为，美好生活就是相对于每个人而言是“自然好”“自然正确”的生活，是每个人值得过的生活，也是在现实中可以体验但不存在的理想生活，是现实向着这个理想去超越的生活。[②]还有论者认为，美好生活是人的生存、发展、享受需要得到尽可能满足的生活，是人的全面发展与社会全面进步、生态全面改善相一致、相协调，是以好生活为中心的好身体、好品德、好人格、好作为、好社会、好世界、好生态的完美统一。[③]

关于美好生活的界定，学者的视角不尽一致。有的学者是从主客观视角对美好生活进行了阐述，有的学者则从需求满足程度的角度展开。在笔者看来，美好生活是人们的生命需要得到较好满足，并能在生活中获得安全感、满足感等美好体验的生活状态。那么，教师网络美好生活是教师的物质性需要、人际性需要、精神性需要、发展性需要等生命需要得到较好满足，并能产生一定的网络生活获得感、安全感、幸福感等美好体验的网络生活状态。它具有以下几方面的蕴涵。

第一，网络美好生活是教师的生命需要得到较好满足，以及个体得到自由全面发展的愉悦生活状态。在网络美好生活中，不仅教师的物质性需要得到满足，其精神文化生活需要也得到较好的满足，并使教师获得一定的美好生活体验。另外，马克思主义的最高追求是实现人的自由全面发展。王雅林和何明升指出：“我们在考察生活方式的建构问题时，不能单纯着眼于生活方式的工具性功能，而应回归生活自身的价值，把如何使大多数社会成员生活得好的考虑放在首位，从而有助于推进人的个性的自由而全面的发展。”[④]在此意义上，网络美好生活也是教师能够获得自由而全面发展的理想生活状态。

第二，教师网络美好生活是教师网络生活各要素、领域协同发展的和谐生活状况。教师网络生活是由不同生活领域、生活形态构成的生活范畴。从构成要素来看，包括网络教学生活、网络社交生活、网络学习生活、网络休闲生活、网络消费生活；从时间角度来看，可分为当下网络生活与未来网络生活；从生活主体的角度来看，包括教师个体网络生活、教师群体网络生活或社会网络生活。教师网络美好生活是教师网络生活系统不同生活要素、生活领域及生活形态之间处于协调、平衡、有序发展的和谐统一的美好生活状态。

---

① 邹广文. 美好生活的价值向度[N]. 光明日报，2019-01-21（15）.

② 金生鈜. 教育哲学怎样关涉美好生活？[J]. 华东师范大学学报（教育科学版），2002（2）：17-22.

③ 江畅. 读懂人民美好生活的意蕴[N]. 人民日报，2018-08-20（16）.

④ 王雅林，何明升. 信息化：生存与超越[M]. 哈尔滨：黑龙江人民出版社，2004：351.

第三，教师网络美好生活的创造与实现是一个复杂、动态、渐进的过程。事实上，网络美好生活不可避免地受网络社会发展和个体生活需要变化等因素的影响。一方面，网络社会处于崛起和发展的初级阶段，由不成熟阶段发展到成熟阶段需要较长一段时间；另一方面，创建网络美好生活是为了更好地满足教师的美好生活需要，但美好生活需要并非一成不变的，而是动态发展和逐渐递增的，因而美好生活需要的满足及其实现需要经历一个较为漫长的过程。此外，促进个体自由全面发展是美好生活（包括网络美好生活）的极致状态。然而，个体自由全面发展是个体存在和发展的终极形态，也就是马克思所说的“自由个性”阶段，其实现也并非朝夕之事。

作为一种可能生活方式，教师网络美好生活是客观性与主观性、个体性与社会性、现实性与可能性、一致性与多样性相统一的，有其特殊性。

其一，客观性与主观性相统一。教师网络美好生活不仅反映网络生活条件、环境等客观网络生活质量，也体现主观网络生活质量，即教师个体或群体对网络生活环境和网络生活领域的主观感受和评价。其中，主观的网络生活质量关注个体的主观感受，涉及个体对网络生活的预期、个人需要的满足程度、个人在网络社会的人际关系、个人对网络社会以及所处网络社群的归属感、个人网络日常生活对整体个人生活的改善程度等。客观网络生活质量则主要关注网络安全以及隐私保护、网络言论自由、网络社会公平、网络社会道德、网络文化、网络法规的完善程度等。①

其二，个体性与社会性相统一。网络美好生活是教师个体对网络生活环境及其各个领域整体感到满意的美好生活状态，表现为个体的网络生活实践。然而，网络美好生活既指向个体，也指向整体。“美好生活呈现需要在个体与社会的互动中展开，也就是说真正的‘好’的生活，只能建立在一个更为公正和平等的社会共同体基础之上的善的生活。”②教师网络美好生活创建与实现必然受网络社会环境和条件等因素的制约，是以网络社会发展和进步为条件基础的。

其三，现实性与可能性相统一。网络美好生活是作为“现实的人”的教师，以数字化符号为中介，在虚拟网络世界中进行的，旨在更好满足生命需要的感性活动，因而是一种现实生活，其表现形式和内涵丰富多样，呈现出不同层次、不同内容和不同形态，具有现实性。但美好生活是一种价值追求，是人们对理想生

① 唐魁玉，张旭. 网络社会质量视角下的网民网络生活质量——以网络美好生活的建构为中心[J]. 哈尔滨工业大学学报（社会科学版），2019（2）：39-46.

② 邹广文. 美好生活的价值向度[N]. 光明日报，2019-01-21（15）.

活的向往、期盼和构想。譬如，人们现阶段对美好生活的期待主要是“有更好的教育、更稳定的工作、更满意的收入、更可靠的社会保障、更高水平的医疗卫生服务、更舒适的居住条件、更优美的环境、更丰富的精神文化生活”①。就教师而言，网络美好生活是一种可能生活，是教师通过自己的主观努力可以达到或实现的。在赵汀阳看来，“可能生活是现实世界条件所允许人们进入的生活，但不完全等于现实生活，因为现实生活只是可能生活的一部分，还有许多可以进入的生活是能够创造出来但尚未创造出来的”②。

第二节 教师网络生活方式的优化路径

教师网络生活方式受到个体、社会、技术、文化等多重因素的影响与制约，同时教师网络生活方式的优化和网络美好生活的构建既离不开教师个体努力，也需要社会支持和技术创新。如何创建网络美好生活呢？王雅林曾提出一个公式，即“好生活=生活水平提高+生活方式优化”③。为此，需要优化教师网络生活理念、提高教师网络生活能力，注重社会供给侧改革、加强网络社会协同治理，强化技术研发与创新、引导技术生态化发展，加强网络文化建设、构筑网络生态文明。

一、个体内在路径：注重教师自我完善

教师个体自我完善主要包括优化网络生活理念、增进网络生活认同，增强网络风险防控意识和网络公民意识，提升教师网络生活能力、培育网络生活智慧，形塑网络生活方式自觉、提高网络生活方式质量等。

（一）增强网络生活认同、优化网络生活理念

理念是行动的先导。增强教师网络生活认同意识、确立正确的网络生活理念是教师网络生活方式优化的前提和基础。

---

① 习近平. 为决胜全面小康社会实现中国梦而奋斗[EB/OL]. http://www.xinhuanet.com//politics/2017-07/27/c_1121391548.htm. [2019-07-27].

② 赵汀阳. 论可能生活——一种关于幸福和公正的理论[M]. 北京：中国人民大学出版社，2004：148.

③ 王雅林. 生活方式研究的现时代意义——生活方式研究在我国开展 30 年的经验与启示[J]. 社会学评论，2013（1）：22-35.

首先，增强教师网络生活认同意识。虚拟认同或网络认同是人们在网络生活中承认和接纳虚拟现象，并将其融入自身生活体系的过程。①教师对网络生活方式的认同与接纳程度将直接影响教师网络生活方式的形成与发展。为此，教师在观念上应对网络生活予以接纳和认同，对网络生活本质及其特点要有较为清楚的认识与把握，进一步明确网络生活与现实生活的异同及其对立统一关系，并积极对传统生活观、价值观进行调适与优化，构建与网络生活相适应的生活观念、生活思维与生活图式；积极、主动地开展网络生活实践，自觉地将信息技术融入生活实践尤其是学校教育教学实践之中，使其成为日常生活的重要内容，推动教师网络生活方式尤其是网络教学方式的发展和完善，从而走出信息技术在学校中被边缘化的尴尬处境。美国学者柯林斯曾评判指出："技术已经改变了更广泛的社会。它已在人们的阅读、写作、计算和思考等方面都处于中心地位，而这些都是学校教育的主要关注点。然而，技术依然被置于学校的边缘，大部分只是用于专门课程中。"②

其次，正确认识网络生活方式的价值。毫无疑问，作为一种新型生活方式，教师网络生活方式既存在创价也有其代价。"作为人类实践的一种崭新形态，虚拟实践具有许多不同于以往实践的新特点，但这决不意味着它就如同某些人津津乐道的那样是'一种无代价的活动'。""在当代虚拟实践中，各种负效应日益突出，其原因之一就在于人们对虚拟实践中的创价-代价矛盾还缺乏充分认识和有效处理。"③教师网络生活方式的崛起与发展有其独特的价值与意义，主要体现在生存价值、发展价值、教育价值、社会价值、文化发展等方面。然而，教师也应该意识到网络生活是一把"双刃剑"，是创价与代价并存、机遇与风险同在，它在带来福祉的同时，也潜藏着新的生活风险与生活代价。如果仅仅因为网络生活方式的优越性而忘却其潜在风险，并沉溺于虚拟网络世界中的想法和做法都是不切实际的，是一种舍本逐末的做法。因此，教师需要对网络生活方式的创代价及其矛盾有着清晰的认识和了解，在网络生活实践中趋利避害、合理有序地开展网络活动，充分发挥网络生活的积极作用，规避或消解网络生活的消极影响。

最后，优化教师网络生活理念，确立和谐共生的生活理念。人类生活方式的构建总是在特定的生活理念的指导下进行的。王雅林指出，社会生活方式的构建

---

① 何明升，李一军. 网络生活中的虚拟认同问题[J]. 自然辩证法研究，2001（4）：58-61.

② 阿兰·柯林斯. 教育大变局：技术时代重新思考教育（第2版）[M]. 陈家刚，程佳铭译. 上海：华东师范大学出版社，2019：14.

③ 张明仓. 虚拟实践论[M]. 昆明：云南人民出版社，2005：190-191.

应体现文明、健康、科学、和谐、优雅的内涵。①也有论者在分析现代生活方式的失范表征及根源的基础上，提出树立绿色可持续、诚信友好以及自我成长的生活观，不断构建绿色的、适度的、道德的、和谐的、自由的美好生活方式。②在笔者看来，在虚实交织的生活世界中，教师网络生活方式的构建需要确立“和而不同”、和谐共生的美好生活理念。正如冯鹏志所说：“为了使虚拟世界能够真正成为人类通向幸福的阶梯，为了让信息网络化能够成为一种真正值得人类憧憬的理念与现实，我们需要确立一种以‘共生’为导向的理念，即以寻求虚拟和现实的共生作为设计和建构人类未来生活世界的一种基本价值和理想，并以此为基础，去建立一种能够展现和支撑人类未来生存方式之合理前景的行动平台。”③为此，一是教师网络生活方式各领域的协同发展。教师网络教学、网络社交、网络学习、网络娱乐和网络消费是教师网络生活方式的重要组成部分，因而是不可或缺的，需要推动各领域、各环节的协同有序发展。二是教师网络生活方式与现实生活方式的和谐发展、共生共存。也就是说，教师网络生活方式与现实生活方式是相互依存、相互制约、互渗互补、互促互融、和而不同的共生关系，需要协同发展，而不能顾此失彼。可以说，培育和谐共生的生活理念，对于教师网络美好生活的创建有着重要的意义。

（二）增强网络风险防控意识，强化网络公民意识

在网络智能时代，教师是否具有良好的网络公民意识、网络风险防控意识与能力，是影响教师网络生活方式健康发展和美好生活创建的重要因素。因此，增强教师网络风险防控意识和强化教师网络公民意识意义深远。

一是增强教师网络风险防范意识。教师是否具有良好的网络生活风险意识是网络生活风险预防和管控的前提和基础。通常来讲，教师的网络生活风险意识越强，其就越能在复杂多变的网络生活世界中及时发现、识别各种潜在的风险，并及时采取必要的防范和规避措施，从而减少网络生活风险的消极影响。一方面，教师要正确认识网络世界和网络生活风险的普遍性与特殊性、可控性与不可控性等特征。恰如实践活动风险一样，网络生活风险也是普遍存在的。此外，网络生活风险并非都是不可控的，而是可预防、可转化的。另一方面，教师要有敢于直

---

① 王雅林. 人类生活方式的前景[M]. 北京：中国社会科学出版社，1997：240.

② 李铭，汤书昆. 马克思生活哲学视域下的“美好生活方式”[J]. 学术界，2018（11）：162-171.

③ 冯鹏志. 从混沌走向共生——关于虚拟世界的本质及其现实世界之关系的思考[J]. 自然辩证法研究，2002（7）：44-47.

面网络生活风险的勇气以及挑战和处置网络生活风险的信心。尽管网络生活风险经常会让教师产生反感、畏惧，但这并不能成为教师拒绝风险、规避风险的理由。吉登斯指出："风险总是要规避的，但是积极的冒险精神正是一个充满活力的经济和充满创新的社会中最积极的因素。生活在全球化的时代里意味着我们要面对更多的、各种各样的风险。我们在支持科学创新或者其他种类的变革中，可能应该表现得更为积极些，而不能过于谨慎。毕竟，'风险'（risk）一词的词根在古葡萄牙语中的意思是'敢于'。"①

二是强化教师网络公民意识。作为网络社会发展和网络社会实践的产物，网络公民意识是网民对自身在网络社会生活中的政治地位、法律地位以及自身权利与义务的自我认识。作为网络政治文化的重要组成部分，网络公民意识集中体现了网民对网络社会生活中各种社会、政治、生活等问题的态度、倾向、情感和价值观。网络公民意识主要包括主体意识、身份意识、权利与责任意识、参与意识、规则意识等方面的内容。网络生活世界既是私人领域，也是公共领域，因此，在虚拟的网络世界里，教师网络生活方式的稳定有序发展以及教师有序参与网络社会生活都有赖于教师网络公民意识的确立，如责任意识、规则意识等。因此，教师要积极培育网络公民意识，增强身份意识、规则意识、底线意识、责任意识、协作与共赢意识；在网络法律与网络伦理允许的范围内，明确了解自己的权利与义务、责任，理性运用自己的网络权利、积极融入网络生活，确立公共价值规则、培育网络公共理性，引领和规范网络生活行为，有效避免网络行为失范，推动教师网络生活方式与网络社会生活方式的协调发展，自觉维护网络社会生活秩序，推进网络社会环境的健康有序发展，为教师网络生活方式的优化与发展创造条件。

（三）改变传统生活习惯，增进网络生活效能感

在教师网络生活中，传统生活习惯、网络工具平台使用意愿、网络生活经历与体验等都是影响教师网络生活持续开展的重要因素。一方面，教师要自觉改变传统生活习惯和媒体心理定势，消除对新兴技术、网络工具的成见和偏见、恐惧与焦虑，自觉利用新型网络工具开展教学、学习等活动，以推动网络生活方式的有序发展。在苏勒尔看来，"媒体心理定式并不意味着人们无法理解新技术，相反，他们认为很难理解新技术，或者认为新技术是陌生的、遥不可及的，或者无

① 安东尼·吉登斯. 失控的世界——全球化如何重塑我们的生活[M]. 周红云译. 南昌：江西人民出版社，2001：32.

关紧要的。他们使自己相信他们很满足于自己的现况，不需要尝试任何新事物，不值得付诸努力，他们目前的网络生活方式很好，或者新的媒体不适合他们的风格”①。另一方面，增强教师网络效能感。教师网络效能感影响着教师网络生活实践以及面对困难时的努力程度。相关研究表明，网络自我效能与网络使用正相关②。因此，教师要增强网络生活的自信与自觉，有效利用各种网络生活资源，积极开展网络教学、网络学习等网络生活实践，及时规避消极的网络生活情绪或情感体验，丰富和汇聚网络生活积极体验，不断增进教师网络效能感。

（四）提升网络生活能力，培育网络生活智慧

教师是否具备特定的网络生活能力是教师网络生活方式形成与发展的重要内源动力。因而，切实提升教师网络生活能力，培育网络生活智慧显得尤为关键。一般而言，网民的网络生活能力包括网络基本应用能力、网络信息消费能力、网络信息生产能力、网络交往能力、社会协作能力、社会参与能力等。③作为网民的重要组成部分，教师理应具备相应的网络能力，从而确保网络生活实践顺利、有序地开展。另外，虚拟网络世界是一个充满风险的生活世界，教师还应提高网络生活风险预测与识别、抗击与抵御、防范与转化的能力。“风险并非一成不变的，而是可以转化或者可以以此为用的；风险也并非只给人的存在与发展带来危险或者不幸，同时也可能给人的存在与发展带来前所未有的机遇，能否将风险的危机转化成发展的机遇，关键取决于人对风险把握的能力与水平。”④一般而言，如果教师的网络生活风险应对与防范能力低下，其就很难有效地预防和把握网络生活世界中出现的各种风险关系及其产生的消极影响。教师对网络生活风险具有丰富的应对经验、较强的风险识别、防范和转化能力时，就能在网络生活风险发生之前及时、有效地进行引导、转化和规避，从而从根本上防止网络生活风险的发生或消除网络生活风险的潜在威胁。

（五）形塑网络生活方式自觉，提高网络生活方式质量

教师网络生活方式的发展和网络美好生活的构建不仅需要教师转变传统生活观念、提升网络生活能力，还要增强网络生活自觉，并努力提升网络生活方式的

① 约翰·苏勒尔. 赛博人：数字时代我们如何思考、行动和社交[M]. 刘淑华，张海会译. 北京：中信出版社，2018：366.

② 梁晓燕，魏岚，章竟思. 网络自我效能研究述评[J]. 教育研究与实验，2007（2）：52-55.

③ 彭兰. 网络社会的网民素养[J]. 国际新闻界，2008（12）：65-70.

④ 黄国泰，张治库. 现代人的发展风险及其预防[J]. 学术界，2010（3）：67-73.

质与量。

一是形塑“网络生活方式自觉”。如前所述，人类已经迈入一个充满不确定性和风险的网络智能时代，面临着各种各样的网络生活风险。因此，就教师网络生活实践而言，问题的关键不在于是否存在网络生活风险，而在于存在怎样的网络生活风险、如何规避网络生活风险等。吉登斯曾指出，我们今天同前辈相比，“我们的生活方式的反思性要强烈得多”，面对着今天我们所面临的危及我们生活方式的“人为风险”，我们“对风险的评估不能简单地交给科学家去完成，而是要不断增强从个人到团体所有社会主体的反思能力，重新评价既有的价值、理念与制度，重新认识自己生存的环境及我们自身。所有形式的风险估算和应对策略，都暗示着对价值和所中意的生活方式的考虑”[①]。吉登斯进一步提出了“反思性生活方式”概念，他强调通过生活方式的反思性来应对“生活风险”。他强调：“在这样的秩序下，每一个人肯定面临，并且应付多种信息和知识，其中包括零乱的、矛盾的知识。在某种意义上，每个人必须对自我的生活进行反思，这是一种生活的手段。”[②]“反思性生活方式”内在地要求教师对网络生活方式的创代价、网络生活风险保持清醒的反思意识，通过持续的反思与批判，使网络生活方式成为教师自觉关注的对象，自觉思考如何在网络世界中更好地生活、应该选择怎样的网络生活等，进而逐渐养成“网络生活方式自觉”，积极采取有效策略，及时消除网络生活风险及其可能造成的负面影响。

二是稳步提升网络生活方式质量。我们知道，教师网络生活方式本身存在一个质量或品位问题，网络生活世界中的教师理应构建高质量、高品质的网络生活方式。那么，何谓网络生活方式质量？在笔者看来，网络生活方式质量是教师网络生活方式各领域及其整体发展状况和水平，以及满足教师个体生命发展需要、符合网络社会生活方式发展趋势的程度。一方面，教师网络生活方式质量是对教师网络生活方式各个领域的发展状况以及教师网络生活方式整体发展水平的表征。另一方面，教师网络生活方式质量表现为教师网络生活方式和社会生活方式发展趋势一致性程度，以及教师网络生活方式满足个体生存与发展需要的程度。高质量或高品位的教师网络生活方式是一种文明、健康、积极的生活方式，是符合社会主导价值体系的生活方式。事实上，教师网络生活方式与网络生活质量和网络美好生活是相互促进、相互影响的。通过形塑网络生活方式自觉、优化网络生活方式，教师网络生活质量得以提升，教师网络美好生活得以实现。

① 安东尼·吉登斯. 现代性：吉登斯访谈录[M]. 尹宏毅译. 北京：新华出版社，2001：219.

② 安东尼·吉登斯. 失控的世界[M]. 周红云译. 南昌：江西人民出版社，2001：110.

二、教育改革之道：加强教育供给与改革

如前所述，教师网络教学是教师网络生活方式的核心领域。通过加强教育领域的有效供给与改革力度，切实提升教师网络素养和核心能力，让教师在网络生活尤其是网络教学生活中有更多的获得感、安全感和幸福感，从而推动教师网络生活方式的健康可持续发展和网络美好生活的创建。

（一）创新和完善教学管理制度，构建网络教学支持服务体系

教师网络生活方式尤其是教师网络教学方式的有序发展既要有网络教学制度的规约，也要有完善的网络教学评价和激励机制。为此，首先，要完善网络教学制度与规范体系，为教师网络教学提供制度保障。由于网络教学制度尤其是教学伦理制度建设的相对滞后，教师在网络教学实践中出现伦理道德问题时，往往因缺乏既定的、可遵循的教学伦理道德规范而感到无所适从。进一步加强网络教学制度建设，可以规约和引导教师网络教学行为，为教师网络教学实践的顺利、有序开展提供制度保障。其次，建立健全网络教学评价与激励机制，提升教师网络教学的获得感、成就感。“激励措施可以增加教师对网络教学的主观规范、工作相关性、工作绩效、结果展示性和娱乐性感知。”[①]因此，学校领导要高度重视教育信息化建设的必要性和紧迫性，采取有效措施切实推动“互联网+教育”进程，加强对教师网络教学的考核与评价，建立健全网络教学激励机制，增强教师开展网络教学的积极性、主动性，激发教师网络教学创新意识，不断增强教师网络教学的获得感、成就感。最后，构建多元化的网络教学支持与保障体系，为教师网络教学实践提供服务和支持。阿姆斯特朗曾指出：“在使用一项新技术之前，教师想知道自己要花多少时间来学会……他们希望能得到保证，保证相应设备能如设计的那样工作，而出现故障时能立刻得到帮助来解决；他们想知道使用新技术是否会破坏他们维护课堂良好秩序的能力。”[②]因此，应及时、准确地了解和掌握教师网络教学需求，不断创新和完善网络教学支持和服务体系，为教师提供全方位的教学服务保障，切实解决教师网络教学过程中可能遭遇的各种技术问题和潜在的技术风险。

---

① 方旭. 高校教师网络教学影响因素和对策研究[M]. 北京：科学出版社，2015：131.

② 大卫·G. 阿姆斯特朗. 教育学导论（第7版）[M]. 李长华，李剑，汤杰琴译. 北京：中国人民大学出版社，2007：313.

（二）加大教师教育供给改革，培育教师网络信息素养

目前，我国教师教育体系还存在一些问题，比如一流大学参与度不高，低供给、面积大，区县教师教育体系有待完善，教师教育机构办学资源匮乏，创新力有待提升，全过程的质量保障体系尚需完善或建立，专业师资队伍数量质量尚需提高，教师教育院校的教师培训体系有待健全，解决乡村教师队伍建设存在问题的能力还需要提高，学术基础、学科地位尚需优化。①因此，加强教师教育供给侧结构性改革、强化教师网络素养培训迫在眉睫。教师网络素养是影响教师网络生活方式形成、发展的重要因素，因此，通过教师教育供给侧改革、切实提升教师的网络素养是推动教师网络生活方式优化与持续发展的内在要求。

在朱旭东看来，教师教育供给侧结构性改革的重要目的在于提升教师质量。“教师教育供给侧结构性改革要从提高供给质量出发，用改革的办法推进教师教育结构调整，矫正教师教育的主体要素所需要的配置扭曲，扩大教师教育机构的有效供给。”②为此，一是优化和更新教师培训课程，开展专项、分层培训。教师培训课程设计要改变传统“一刀切”“拼盘式”做法，面向教师网络教学的现实需求，科学设计和开发包括理论类、操作/示范类、方法类、技术类课程在内的“菜单式”“模块化”课程，采用“任务驱动”“实践操作”“深度体验”等方式对教师展开专题化、分层化、阶段性培训；注重将信息技术与教师培训课程融合，将人工智能技术、大数据技术、虚拟现实技术、云计算技术等新兴技术整合到教师培训各个环节之中，切实提升教师信息技术素养、网络素养。二是建立健全教师培养培训体系、探索和创新教师培训方式方法。教师教育供给侧改革就是要“根据不同人群的实际需要，通过体制机制改革，利用教育互联网技术等丰富教育形态，实施教育资源和服务的差异化、共享式、开放性供给”③。教育主管部门应改变传统单一化、同质化、无特色的教师培训服务供给，依托现有资源、因地制宜，遵循精简、统一、效能原则推动教师培训机构的优化和整合，积极引入“第三方”专业化教师培训机构，构建职前职后无缝对接、线上线下相结合，以及政府、教师教育机构、社会机构/企业、高校等多方协同参与和国家、省、市、县、校“五级联动”的一体化教师发展终身服务体系。此外，依托互联网平台和网络研修平台，探索和创新教师网络教学培训新模式，如线上线下相结合的

① 朱旭东. 建构与新时代相匹配的教师教育体系[N]. 光明日报，2018-09-27（14）.
② 转引自解艳华. 教师教育亟须进行“供给侧改革”[J]. 教师博览，2017（1）：17-19.
③ 庞丽娟. 教育供给侧结构性改革 改什么，如何改[N]. 光明日报，2017-07-27（14）.

课例研修、教师工作坊支持的主题研修、微课题研修、直播课堂支持的同侪研修等，[①]充分满足教师多元化、个性化网络教学培训需求。

（三）建立教学生活风险防控机制，提升教学生活风险治理能力

教师网络生活风险尤其是网络教学生活风险的有效规避和防范需要教育主管部门和学校建立健全网络教学生活风险防控体系，加强教师网络教学生活风险监控，切实提升网络教学生活风险治理能力。

一是建立网络教学生活风险识别与预警机制。调动学校利益相关者积极参与网络教学生活风险的识别，如采取头脑风暴、实地调研等方式，全面梳理网络教学生活风险类型和范围；通过编制网络教学生活风险识别表，推进网络教育生活风险识别的规范化、标准化；进一步研制网络教学风险应急处置预案，以便学校有效应对和处理各种突发事件等。二是加强网络教学生活风险的分析与评估。通过研制网络教学生活风险评估模型和评估标准，采用分层评估、分类评估等方式，有效开展网络教学生活风险分析和评估，剖析网络教学生活风险产生的主要原因、传递机制、发生的可能性、可能造成的损害等，从而为网络教学生活风险有效应对创造条件。三是完善教育政策法规体系。在我国教育政策法规体系建设中，对网络风险防范、管理缺少应有的关注，技术使用规范标准也不健全。为此，建立健全教育政策法规体系，研究制订"'互联网+教育'风险管理指引""教育技术安全管理清单制度""学校风险管理体系建设纲要""学校信息公开条例""教师信息技术使用规范与操作指南""教师安全健康手册"等文件，为教师网络教学生活风险治理提供政策保障。四是加强网络教学生活风险的宣传教育与培训。教育主管部门要高度重视风险意识宣传与教育的重要性与紧迫性，采取媒体宣传、专题讲座、主题教育、教师工作坊等灵活多样的形式，加强风险宣传教育与培训，大力推广和普及风险知识，培育教师科技素养、数据素养、人文素养等核心素养，切实帮助教师了解社会各类风险和网络教学生活风险防范相关知识，全面提升教师网络教育生活风险防控意识和处置能力。

（四）营造良好网络教学氛围、创建优质网络教学环境

教师网络生活方式尤其是网络教学方式的优化与发展离不开学校、社会支持和良好的网络教学环境。一是寻求利益相关者的支持与合作。《关于减轻中小学

---

① 张妮，刘清堂，曾祥翊，等. 信息技术支持下的区域研修现状及发展研究——基于全国 25 省（市）35 县（区）的调研[J]. 中国电化教育，2019（10）：109-116.

教师负担进一步营造教育教学良好环境的若干意见》强调指出："牢固树立教师的天职是教书育人的理念，切实减少对中小学校和教师不必要的干扰，把宁静还给学校，把时间还给教师。""切实减轻中小学教师负担，进一步营造宽松、宁静的教育教学环境和校园氛围，确保中小学教师潜心教书、静心育人。"[①]政府部门采取切实有效措施，完善教师相关政策，让教师从各种检查、考核、创优评先等专项工作中解放出来，切实减轻教师工作负担、把时间还给教师，让教师安心开展网络教学；引导学生转变学习观念和学习习惯、不断变革和创新学习方式，积极构建与网络教学相适应的新型学习方式，深度参与、融合到网络教学中、切实提高网络学习质量，从而不断激发教师网络教学积极性与创新意识，增强教师网络教学获得感、成就感。密切家校合作，探索"互联网+"时代的家校合作新机制，积极寻求学生家长对教师网络教学的认同、接纳和支持，从而形成全社会合力助推网络教学发展的新局面。二是积极营造浓厚的网络教学氛围，凝聚形成网络教学文化。网络教学文化一经形成就像一种无形的力量，以"集体无意识"的方式对教师网络教学行为进行激励和规约，促使教师个体形成特定的网络教学价值观念和思维方式，并形成与之相适应的网络教学行为。事实上，在现实生活中，"从众心理"是比较普遍的心理现象，教师网络教学工具和平台使用也具有从众心理。研究发现：社会影响对教师 Moodle 网络教学平台使用意向有正向的影响。[②]当教师所在群体或学校的大部分教师从事网络教学时，会对其他教师产生潜移默化的影响，使得其他教师开始接纳、认同和尝试开展网络教学，并逐渐发展成为常规化教学方式。三是加强网络教学生态环境建设。合理借鉴和运用生态学理念和共生理论，积极摒弃错误的技术观念，深入认识和把握教学、主体、技术之间的共生关系，促进信息技术和教学的深度融合，避免出现教学偏差或教学误区。有论者曾批评指出："在教育领域中常常会出现信息技术单路冒进的现象，例如无节制的信息化，所有能用的、不能用的、需要的、不需要的，只要是信息技术，通通引进来，造就了无数个'丰富技术'的教室和课堂，荒废的'技术'，叠加的'技术'随处可见。"[③]构建网络教学与现实教学协同发展机制，逐步形成相互依存、相互促进、相互渗透、相互转化的和谐共生关系；建立教师、学校、社会、技术多级互动的网络教学生态体系，确保教师网络教学

① 中共中央办公厅、国务院办公厅. 关于减轻中小学教师负担进一步营造教育教学良好环境的若干意见[M]. 北京：人民出版社，2019：4.

② 张思，李勇帆. 高校教师使用 Moodle 网络教学平台影响因素研究[J]. 电化教育研究，2014（8）：49-56.

③ 李芒，蒋科蔚. 教育信息化与"现代化风险"[J]. 现代远程教育研究，2012（2）：3-12.

的可持续发展。

（五）加强教学生活风险研究、指导教学生活风险管控

长期以来，社会风险理论研究取得较为丰硕的成果，为社会风险防范提供理论支撑和保障。然而，在教育领域，教育风险理论（包括网络教学生活风险理论）研究并未引起学界的重视，从而不利于网络教学生活风险的管控与治理。因此，在教育信息化 2.0 时代，进一步加强教学生活风险理论研究势在必行。正如李芒和蒋科蔚所说："第一要务和当务之急应该是研究教育信息化风险，包括信息技术的安全性、破坏性、适用性、效益性等一系列问题，帮助人们正确认识、对待和使用教育信息化工具。"[①]总体来讲，教学生活风险研究大致可从以下几个方面着手：一是教学生活风险本体论研究，主要探讨教学生活风险的内涵、特点、构成及其类型等。二是教育生活风险的历史与演化研究，重点考察不同历史时期教学生活风险表现形式、特点及其演化规律等；网络社会风险规律（如信息分化规律、信息污染规律、空间分割规律、身份隐匿规律、虚实共振规律等[①]）对教师教学生活可能产生怎样的影响。三是教学生活风险的现实观照，主要涉及教学生活风险的表现形式、形成基础、根源、动力机制、路径等，以及教学生活风险的管理机制，包括教学生活风险感知与识别模型、预警机制；教学生活风险评估（指标、方法与技术、过程等）等。四是教学生活风险的比较研究，主要探讨国外教学风险预警、评估机制的理论借鉴与启示。五是教学生活风险教育体系构建研究，包括学校风险教育目标、内容、形式与策略，以及教学生活风险治理的有效路径等。

三、社会治理之路：强化网络社会治理

教师网络生活方式的建构与优化既要发挥教师的主观能动性，也要发挥社会的主导作用，积极加强网络社会生活治理，为教师网络生活方式优化创造良好的社会生活环境。

（一）构建网络社会核心价值体系，引领教师网络生活实践

积极培育和构建网络社会核心价值体系，有助于为教师网络生活实践提供观

---

① 谢俊贵. 网络社会风险规律及其因应策略[J]. 社会科学研究，2016（6）：102-110.

念和价值引导，对于提高教师网络生活质量、促进教师网络生活方式的健康有序发展发挥积极作用。一般而言，网络社会核心价值体系是在网络社会生活中居于主导或统治地位的社会价值体系或网络社会价值体系。这种社会价值体系能够有效地规约非主流社会价值体系作用的发挥，从而为教师网络生活方式的稳步发展提供价值引领与保障。“一定社会的核心价值体系之所以能够在思想上层建筑或在整个上层建筑中处于主体地位，对思想上层建筑中的其他精神价值或对整个上层建筑中的所有的价值起主导作用，从根本上说，就是因为它们是在社会核心价值观的直接指导下构建起来的，是社会核心价值观的对象化和具体展开而形成的。”①网络社会价值体系的构建要以社会主义核心价值观为指南，坚持以人与社会的和谐、可持续发展为根本指向，积极构建适合网络社会实际以及未来发展需要的价值体系和伦理规范，为教师网络生活方式的优化与网络美好生活构建提供规约和引导。“我们在对网民核心价值观进行现实的社会建构时，必须本着以‘人的和谐发展’和有助于国家‘文化软实力’的提升为最高价值准则来进行。唯有如此，才能更好地发挥中国网络文化建设的社会功能、实现其和谐价值文化的理想，以及科学地实施国家治理。”②另外，以社会主义核心价值体系引领教师网络生活方式各领域的健康发展，及时规避各种网络价值观的冲突，切实优化或转变教师网络生活观念，使教师懂得哪些网络行为是正当的，哪些网络行为是不正当的，应追寻怎样的网络生活，理想的网络生活方式是怎样的。

（二）加大网络社会风险治理力度，构建社会风险联防联控机制

网络社会风险的存在不仅可能引发系列的社会问题，也可能影响教师的网络生活质量，甚至危及教师网络生活安全，从而影响教师网络生活方式的健康可持续发展。因此，加大网络社会风险治理力度、建立健全网络社会风险防控体系显得尤为必要和迫切。

第一，加大网络社会风险治理力度。网络社会风险具有不确定性，因而需要构建一套行之有效的、逻辑上有连续性网络社会风险感知与预警机制显得尤为重要。另外，加强网络社会风险的测评或评估，切实提升网络社会风险防控与评估的专业化水平，通过构建网络社会风险评估模型，加强对各种网络社会风险的测评和评估，及时了解和掌握网络社会风险及其危害等级，做到有的放矢，不断实现网络社会风险评估的动态化、自动化、常态化，从而为教师网络生活风险的规

① 周德刚，周晓舟，李一凡. 文化软实力的哲学分析[M]. 沈阳：东北大学出版社，2016：136.

② 唐魁玉. 虚拟社会人类学导论[M]. 哈尔滨：哈尔滨工业大学出版社，2015：100.

避创造条件和提供借鉴。第二，构建网络社会风险联防联控机制。网络生活风险具有交互性、难识别、不确定性等特点，因而需要建立健全各级风险管理机构和组织体系，如国家网络安全管理中心、社会风险应急处理中心等。习近平总书记曾指出："面对复杂严峻的网络安全形势，我们要保持清醒头脑，各方面齐抓共管，切实维护网络安全。""网络安全为人民，网络安全靠人民，维护网络安全是全社会共同责任，需要政府、企业、社会组织、广大网民共同参与，共筑网络安全防线。"[①]因此，应进一步加强对话与合作，构建网络社会风险联防联控机制。社会各行业、各部门要彻底打破信息共享的壁垒或障碍，通过对话、沟通与协作，搭建政府、社会、社区、个人四级联防联控机制，合理分配网络社会风险管理责任，确保网络社会风险防控常态化、制度化、规范化，逐渐形成"政策引领，责任明确，各方协调配合、齐抓共管"的格局，从而为教师提供舒适、安全的网络生活环境。

（三）注重网络法治体系建设，加强网络社会协同治理

伴随着网络社会的崛起与蓬勃发展，我国现有法律法规存在着一定的滞后，并没有与网络社会发展速度保持同步或一致。"在信息化进程中，技术进步与社会治理一直是相伴而行的两个主题。相对于技术进步的高速度，网络规制不仅滞后而且已成为社会治理的一大难题。"[②]为此，需要进一步加强和完善我国网络法治和立法，构建法治化的网络社会，从而为教师网络生活方式的发展提供法律保障。

一是以建设中国特色社会主义法治体系、建设社会主义法治网络为主要目标。中国网络法治建设要注重培育和践行社会主义核心价值观，借助法律法规向包括教师在内的广大网民传导正确的网络价值观，切实将社会主义核心价值观融入我国法制建设尤其是网络法治建设中。二是建立健全现有法律法规。虽然我国各种网络法律法规和部门规章已经涵盖电子商务、反垃圾邮件、著作权保护、业务管理、内容监管、网络安全管理、网络犯罪管理、网络资源管理等八大类[③]，随着新兴信息技术的不断涌现与更新迭代，以及网络社会的发展，需要不断对我国现有的相关法律法规进行修改、完善，以适应网络社会可能出现的新情况，引领和指导网络社会生活行为，充分发挥法律的应有作用。三是研制适用于网络社

① 习近平. 在网络安全和信息化工作座谈会上的讲话[M]. 北京：人民出版社，2016：16-17.
② 何明升. 网络治理：中国经验与路径选择[M]. 北京：中国经济出版社，2017：9.
③ 谭成兵，李明德. 我国网络媒体管理制度分析[J]. 编辑之友，2014（1）：60-63.

会的专门法律法规。专门的网络法律主要包括网络法律、网络行政法规、网络部门规章、地方性网络法规等。[①]国家立法机关等相关部门也需要结合网络社会发展现实需要和未来需要，积极开展立法调研，创新完善网络政策法规体系。此外，“通过完善社会制度的途径，可以把各种技术活动置于法律、行政和道德的控制之下，从而部分地消除技术的消极影响”[②]。应进一步建立健全网络技术安全审核、伦理审查、应急处置等管理制度，以此来规约网络技术研发与推广、互联网发展等，为教师网络生活的有序开展提供政策保障。

加强网络组织和专业组织建设、强化网络社会协同治理，对于促进教师网络生活方式可持续发展具有重要意义。近年来，互联网发达的西方国家都十分注重网络组织的建设，形成了各式各样的网络行业协会、网络民间组织、网络社团，比如美国的网络组织有美国计算机协会、美国计算机伦理协会等。网络组织承担着网络社会治理的部分职能，通过发展和完善网络组织可以为教师提供在线心理疏导、在线法律援助、在线健康咨询等专业指导，增强教师的网络生活获得感、群体归属感。此外，网络社会是由网民、政府、互联网企业或组织等行为主体构成的复杂社会系统。因此，应积极构建网民、互联网企业或组织、政府等行为主体协同治理机制，为教师网络生活方式的健康、可持续发展提供组织支持与保障。

（四）营造良好网络社会风尚，创建优良网络环境

教师网络生活实践是教师在特定的网络生活环境开展的生活活动，在一定程度上受网络生活环境的影响和制约。“我们生活与生活的环境和我们自己所处的境况，在决定我们将成为什么样的人，作为个体人与专业人员如何发挥我们的作用方面，产生着整体性影响。”[③]因此，应加强网络舆论环境引领、培育良好网络社会心态、构建网络公序良俗，为教师网络生活实践创建良好生活环境。

一是强化网络舆论监督与导向。互联网的崛起和发展，为人们表达思想观点、心态提供了新的平台。“之所以互联网有用，就是因为它是一种公共的平台，让全人类都可以在上面来发表自己的东西，开展自己的活动，提出自己的想

① 何明升. 网络治理：中国经验与路径选择[M]. 北京：中国经济出版社，2017：391.

② 王伯鲁. 技术困境及其超越[M]. 北京：中国社会科学出版社，2011：193.

③ 贝蒂·E. 斯黛菲，迈克尔·P. 沃尔夫. 教师的职业生涯周期[M]. 杨秀玉，赵明玉译. 北京：人民教育出版社，2012：17.

法，互联网因此才更加有意义。”[①]在互联网时代，应充分利用官方媒体网站或公众号，主动引导社会舆论，积极揭露社会丑恶现象，及时纠正各种谣言，充分发挥主流媒体的舆论导向作用，扩大舆论引导的覆盖面，不断提升主流媒体的公信力和影响力，从而为教师网络生活营造良好的社会舆论环境。习近平总书记曾强调指出：“要创新改进网上宣传，运用网络传播规律，弘扬主旋律，激发正能量，大力培育和践行社会主义核心价值观，把握好网上舆论引导的时、度、效，使网络空间清朗起来。”[②]

二是培育良好网络社会心态。网络社会心态是一定时期内存在于网络社会或网络社会群体之中的社会认知、社会情绪、社会价值观和社会行为倾向的总和。[③]网络社会心态已成为网络舆情和社会情绪管理的重要组成部分。复旦大学于2014年11月发布的《中国网络社会心态报告（2014）》，从社会议题、社会情绪、群体认同与网络行动、社会思潮四个部分，全面系统地深度呈现了当前中国网络的社会心态。调查数据显示：不公平感与不安全感成为相对广泛的负面社会情绪。网络用户中，持有不公平感、不安全感的用户分别占44.7%和41.3%，接近半数。[④]毫无疑问，如果对不良网络社会心态缺乏正确引导，就容易引发社会矛盾和冲突。因此，需要重视网络社会心态的培育和引导，通过加强网络舆情的预警与监控，培育积极健康的网络社会心态，规避网络社会出现的仇视、谩骂、诋毁、恶搞、宣泄、怨恨、浮躁、盲从等不良社会心态，为教师网络生活营造积极向上的网络环境。

三是构建网络公序良俗。网络公序良俗是网络公共秩序和网民善良习俗。作为调整网民行为的基本准则，网络公序良俗“可以应对因网络法滞后不可能预见到的那些损害国家利益、社会公益和道德秩序的行为，弥补禁止性规定的不足”。[⑤]比如，中国互联网协会先后发布《文明上网自律公约》（2006）、《中国互联网协会抵制网络谣言倡议书》（2012），以及2013年中国互联网协会承办的“网络名人社会责任论坛”达成的共识，即共守“七条底线”[⑥]等，旨在号召互联

---

① 迈克尔·海姆. 从界面到网络空间——虚拟实在的形而上学[M]. 金吾伦，刘钢译. 上海：上海科技教育出版社，2000：102.

② 习近平. 总体布局统筹各方创新发展努力把我国建设成为网络强国[N]. 光明日报，2014-02-28（01）.

③ 余建华. 网络社会心态何以可能[J]. 北京邮电大学学报（社会科学版），2014（5）：16-21.

④ 郑雯，桂勇. 网络舆情不等于网络民意——基于“中国网络社会心态调查（2014）”的思考[J]. 新闻记者，2014（12）：10-15.

⑤ 何明升. 网络治理：中国经验与路径选择[M]. 北京：中国经济出版社，2017：387.

⑥ 中国互联网协会发出“积极传播正能量，坚守‘七条底线’”的倡议[EB/OL]. http://www.isc.org.cn/zxzx/xhdt/listinfo-27187.html. [2019-08-16].

网从业者和广大网民坚持自我约束和行业自律，增强社会责任感，始终将国家利益和公众利益摆在首位，坚持文明办网、文明上网，以促进互联网健康发展、构建网络公序良俗。网络社会公序良俗的构建，可以为教师的网络生活行为提供基本的道德规范和行为准则，有效避免教师网络生活行为失范、失序出现。

四、技术创新之维：加强技术创新迭代

以网络技术、虚拟现实技术、人工智能技术等为代表的新兴技术的质与量，在一定程度上影响教师网络生活方式的崛起与发展。因此，加强信息技术、核心技术的研发和创新，促进信息技术的人性化、生态化发展势在必行。

（一）强化技术研发和创新，提升技术性能与效用

如前所述，教师网络生活方式的形成与发展受技术因素的影响和制约，因而，提升信息技术性能和效用有助于教师网络生活方式发展和网络美好生活创建。

首先，加强信息技术产品、系统的改进、完善和研发，提升和优化信息技术产品、系统的性能与速度。在王伯鲁看来，“人们所创建的任何具体技术系统都是由众多技术单元构成的，这些技术单元及其技术系统都有一定的寿命，不可能长期持续不断地正常运转，而总是处于衰老蜕变之中，潜伏着多种技术风险。”①以身份认证技术为例。身份认证技术是计算机网络系统通过审查用户身份，对用户身份的真实性、合法性进行认证而采用的技术手段或安全技术。一般而言，身份认证技术发展和演变经历了一个从静态口令到动态口令、从软件加密到硬件加密、从单因素认证到双因素认证再到多因素认证、从加密密钥到生物特征识别的发展趋势。现今占据重要地位的身份认证技术主要是动态口令身份认证、多因素身份认证、生物特征识别身份认证以及新出现的基于云端的身份认证技术。②可以说，身份认证技术的不断发展和完善为教师的数字身份安全、网络生活安全提供了技术保障。因此，注重互联网技术、虚拟现实技术等信息技术的更新与迭代，推动信息技术的进步、发展和成熟，切实提升信息技术产品、系统的安全性、成熟性、适用性、易用性，避免因信息技术产品、系统的不完善或不成熟而引发各种技术故障、技术风险。其次，应努力提高和完善信息技术产品、系统的

① 王伯鲁. 技术困境及其超越[M]. 北京：中国社会科学出版社，2011：151.

② 贺化. 前沿技术领域专利竞争格局与趋势 I [M]. 北京：知识产权出版社，2016：65.

安全机制，如增设防火墙、垃圾邮件过滤、系统漏洞打补丁、杀毒软件、病毒等有毒代码检测、网络入侵的预防与检测等，避免和消除信息技术产品、系统自身的缺陷及其可能引发的安全隐患和风险，从而为教师网络生活实践提供技术保障和安全保证。“信息技术发展到今天，硬件性能演进已接近‘摩尔定律’极限，在软硬件性能和功能远远超过绝大多数现实需求的情况下，应换挡变速，全面践行‘工匠精神’，在信息化领域充分借鉴航空航天领域的科学工程方法，通过科学设计、严格论证、精心研发和充分验证，打造安全可靠的信息系统，确保系统的每一项功能都匹配一项具体需求，每一项功能都有明确的安全边界，每一个安全机制都得到严格验证，逐步塑造内在安全机制强健的网络安全环境，从根本上防范和化解网络安全风险。”[①]最后，应提高技术研发者的技术风险认知能力，强化技术研发者的道德责任感与道德自律，坚守道德底线，自觉遵守技术伦理准则（如无害、审慎、责任、持续跟踪等），自觉规范自己的研发行为，从而为教师网络生活风险的防范与规避以及教师网络生活方式的优化和发展提供技术支持和保障。

（二）注重技术精神重构，推进技术人文化、人性化

注重技术精神建构，促进技术的人性化，积极消解技术异化、技术风险的负面效应，是推动教师网络生活方式可持续发展的有效技术策略。

一是注重技术精神的重构。技术精神是由技术性质所决定并贯穿于技术行为之中的基本的精神状态和思维方式，是体现在技术知识、技术理论、技术方法中的思想或理念，是人们在长期的科学认识基础上、在不断深入的技术实践活动中形成的共同信念、价值标准和行为规范的总称。[②]技术精神的构建对于技术可持续发展具有重要的意义。长期以来，由于科学理性、技术理性的祛魅作用，技术文化、科学文化中的人文精神被消解，从而引发技术风险。“虚拟技术的人文精神是虚拟技术实践活动所体现的最根本的精神。它以追求真善美等崇高的价值理想为核心，以人的自由和全面发展为终极目的。主要表现为共享精神、互动精神、平等精神、自由精神和批判精神。”[③]那么，在技术文化的重构中，应该将人文关怀、人文精神融入技术发展之中，弘扬和彰显科学技术的人文精神，避免技术异化或技术风险的产生；积极构建立足创新、注重实效、鼓励多元、强调责

---

① 崔玉华. 网络安全风险来源及其防范化解对策[J]. 改革，2018（1）：37-40.

② 樊勇，高筱梅. 技术精神：一种值得关注的精神形态[J]. 学术月刊，2011（6）：118-123.

③ 黄红生. 虚拟技术的人文价值及其形态研究[M]. 沈阳：东北大学出版社，2013：150.

任、精准可控的技术精神，为教师网络生活方式发展创造条件。二是促进技术与人性追求的融合、避免技术异化。舒约瑟夫·魏泽鲍姆曾指出："我们越来越多的人生体验通过电脑屏幕上闪烁摇曳、虚无缥缈的符号完成，最大的危险就是我们即将开始丧失我们的人性，丧失人之所以区别于机器的本质属性。"①为此，舒马赫主张通过发展"人性化"技术来消解技术异化或技术风险。他说："现代世界是技术塑造出来的。现代世界从一个危机卷进另一个危机；四面八方都是灾难的征兆和明显的崩溃迹象。如果技术所塑造的而且继续在塑造的世界呈病态，那么，明智的做法也许是检验一下技术的本身。如果感到技术变得越来越非人性，我们不妨考虑是否有可能找到更好的技术——一种具有人性的技术。"②事实上，技术的人性化是技术的研发与设计、建构与运行都应坚持以人为本，以满足人的多样化、个性化需求，促进人的全面发展为根本旨趣，不断实现技术与人性追求的融合。"技术的人性化就是以人为本，以人的需求为出发点和中心，按照服务于人的自由而全面发展的需求重塑技术文化。"③也就是说，技术的人性化旨在使技术服从于人，使手段从属于目的，不断满足网络生活世界中教师自由而全面发展的需要，进而助推教师网络美好生活的实现。

（三）引领技术生态化发展，避免技术异化与垄断

引领技术生态化发展，促使技术系统各技术因子之间以及技术系统和所处环境之间形成相互作用、相互依存的有机整体，以便为教师网络生活方式的优化和发展创造良好的技术生态环境。

一是用生态观或生态文明统领技术发展，避免技术的异化与垄断。也就是说，借助生态观或生态文明理念来引领技术的构思与设计、建构与运行、管理与评价等，推动不同技术之间形成相互制约、相应依赖，共生生长的关系。"在生态文明发展的大趋势下，把科学技术的发展置于生态文明的框架中，依照生态学原理和生态文明的核心价值理念来规范科学技术的研究、管理和应用，尽最大可能性来降低科学技术使用过程中所产生的负效应，将科学技术对人类文明的'异化功能'转化为对人类文明的'提升力量'。这整个过程和结果就正是科学技术在生态文明形态下应有的发展范式，即科学技术的生态化范式，也可以称之为科

---

① 转引自尼古拉斯·卡尔．浅薄：互联网如何毒化了我们的大脑[M]．刘纯毅译．北京：中信出版社，2010：226.

② 舒马赫．小的是美好的[M]．虞鸿钧，郑关林译．北京：商务印书馆，1984：98.

③ 王伯鲁．技术化时代的文化重塑[M]．北京：光明日报出版社，2014：148.

学技术生态化。”[①]另外，技术发展需要确立科学发展观，始终以促进技术系统内各因子的和谐发展及其与人、自然、社会和谐发展为根本取向。“技术发展的最高价值取向应当是技术生态系统自身的和谐发展与促进人类社会走向生态化的文明样态。”[②]事实上，在技术生态体系中，不同技术因子之间形成相互依存、相互排斥的共生共存关系，在一定程度上对技术发展产生生态制约作用，能够有效规避技术异化、技术垄断现象以及技术缺陷或技术发展失衡导致的技术风险。

二是通过技术生态系统的整体联动、实现技术生态平衡发展。我们知道，在技术生态系统中，任何一种技术都不是彼此孤立的，而是相互依存、相互渗透的，它们彼此互为前提和条件。单一的技术因子只有与整个生态系统相适应才能获得生命力并得到发展，否则会因缺少生命力而逐渐走向衰落或消亡。“各种技术和技术主体之间互相影响，互相促进，共生共长。技术生态系统内部各种不同层次的技术主体又在技术思想、技术方法、技术规范和社会评价标准等方面互相借鉴，相互约束，共同提高，不断完善，从而使其自身加深和加快了对自然规律、科学技术发展规律的整体认知和理解。现实的技术实践和创造更因之产生彼此联动、协同发展的效果。反之，技术子系统影响和作用于自然子系统、社会子系统的过程又促进技术的发展和技术主体思维的升级换代，使得技术实践与社会发展需求的符合度大大增强。”[③]此外，复杂的技术系统具有自组织功能，通过自组织可以实现技术系统的自主发展和完善。“从系统运行角度看，只有当技术系统的所有单元及其结构都处于良好状态时，才能保证该系统的正常运转与功能实现；反之，只要其中任意一个单元或结构出现异常状况，该技术系统便难以正常运行，甚至会酿成各种事故。”[④]那么，我们可以借助技术系统的自组织功能、促进由自然、社会、技术构成的技术生态系统的整体联动，并确保技术生态系统的动态平衡。技术生态平衡是在一定时间范围内，技术因子之间、技术与环境之间通过相互适应、相互协同而形成的和谐共生的平衡状态，从而为教师网络生活方式的发展提供优质的技术手段和环境。

---

① 李培超，郑晓绵. 科学技术生态化：从主宰到融合[M]. 长沙：湖南师范大学出版社，2015：74-75.

② 李明，阴训法. 技术生态系统的分析及其控制[J]. 大连理工大学学报（社会科学版），2015（3）：120-125.

③ 李明，阴训法. 技术生态系统的分析及其控制[J]. 大连理工大学学报（社会科学版），2015（3）：120-125.

④ 王伯鲁. 技术困境及其超越[M]. 北京：中国社会科学出版社，2011：147.

五、文化融合路径：加强网络文化建设

教师网络生活是以互联网技术、虚拟现实技术等新兴技术为基础、借助数字化中介开展的生活活动，是技术化实践、网络化实践，深受网络文化的影响和制约。网络文化是建立在网络技术基础上形成的一种新型文化，包括网络技术基础文化、网络制度文化、网络行为文化、网络心理文化、网络内容文化等要素。①加强网络文化尤其是中国特色的网络文化建设，不仅是提升国家文化软实力的迫切需要，也是净化网络环境的内在诉求，更是促进网络生活方式健康发展的现实需要。

（一）优化网络文化建设取向，培育网络文化自觉

一方面，网络文化建设要坚持以社会主义核心价值观为指导，始终坚持中国特色社会主义文化方向，引领主流文化发展；切实加强网络文化管理、完善网络管理制度，加强网络媒体监管、净化网络文化环境，建立高度的文化自觉与文化自信，促进中国特色网络文化（如自由、民主、公正、法制型网络文化）的健康发展、切实提升国家文化软实力，为教师网络生活创造优质的网络文化空间。正如习近平总书记强调的那样："我们要本着对社会负责、对人民负责的态度，依法加强网络空间治理，加强网络内容建设，做强网上正面宣传，培育积极健康、向上向善的网络文化，用社会主义核心价值观和人类优秀文明成果滋养人心、滋养社会，做到正能量充沛、主旋律高昂，为广大网民特别是青少年营造一个风清气正的网络空间。"②

另一方面，积极培育网络文化自觉。"文化自觉"是指"生活在一定文化中的人对其文化有'自知之明'，明白它的来历、形成过程、所具的特色和它发展的趋向，不带任何'文化回归'的意思，不是要'复旧'，同时也不主张'全盘西化'或'全盘他化'"③。那么，网络文化建设过程中需要建立高度的文化自觉与文化自信，也就是说，融入网络世界之中的网络主体对网络文化有自知之明，亦即对网络文化地位、价值有着深刻的认识，正确把握网络文化发展历程及其趋势等，并自觉地避免"重工具轻文化的心理偏好""自大与自卑的两极化倾向"

① 李文明，李爱娟. 网络文化教程[M]. 北京：北京大学出版社，2016：21.
② 习近平. 在网络安全和信息化工作座谈会上的讲话[M]. 北京：人民出版社，2016：9.
③ 费孝通. 反思·对话·文化自觉[J]. 北京大学学报（哲学社会科学版），1997（3）：22.

“对大众文化的排斥心理”等不良倾向。[①]

（二）构建网络风险文化，规避网络生活风险

拉什指出：“我们也应该看到，用技术手段来防范和化解风险、危险和灾难的风险预警与控制机制，又必然会导致另一种我们所不愿意看到的结果，那就是，这种风险预警与控制机制可能会牵扯出新的进一步的风险，可能会导致更大范围更大程度上的混乱无序，可能会导致更为迅速更为彻底的瓦解和崩溃。”[②]因此，教师网络生活风险的规避不只是从技术的角度，通过技术手段或技术创新等来进行，还要从文化的角度，通过积极培育规避风险的文化或网络风险文化，从而达到规避教师网络生活风险的目的。一般而言，风险文化是人们在长期的风险防控与管理过程中逐渐形成的，被接受和认可的风险观念、风险防范制度与规范、风险防范设施等价值体系、行为规范的总和。然而，风险文化具有二重性，即制造风险和规避风险的二重性。制造风险的文化是指“产生风险及诱导风险变迁的文化因素”，亦即“那些忽视人类实践活动的负面效应和社会发展的负产品，甚至纵容风险的扩散、严重化的那些价值观念、行为方式及其载体”；规避风险的文化是指“对风险进行反省规避的文化因素”，也就是“那些使人类有效认识、规避风险并最终走出风险困境的价值体系和行为规约及其载体”。[③]积极培育和创建网络风险文化，将有助于教师形成良好的风险意识、正确的风险观念以及风险防御能力，自觉地抵御或规避遭遇的各种网络生活风险，继而为教师网络生活方式的健康有序发展提供文化保障。

（三）构筑网络生态文明，创建优质网络生活环境

若要推动教师网络生活方式的健康有序发展，就必须加强网络生态文明建设，不断为教师网络生活实践创造良好的网络生态环境。我们从生态学的角度出发，可以将教师生活其中的网络生活环境视为一个生态系统，即网络生态系统。网络生态系统是“由主体群落、网络信息、网络硬件环境（基础设施、技术）和网络软环境（政策法规和网络文化）等诸要素及其与社会政治、经济、文化相互关系所构成的具有一定社会功能的有机整体”[④]。总体来讲，加强网络生态文明

① 何明升. 网中之我：何明升网络社会论稿[M]. 北京：法律出版社，2017：246-247.

② 斯科特·拉什，王武龙. 风险社会与风险文化[J]. 马克思主义与现实，2002（4）：52-63.

③ 刘岩. 风险文化的二重性与风险责任伦理构建[J]. 社会科学战线，2010（8）：205-209.

④ 杨怀中，夏劲. 可持续发展视域下的科技文化研究[M]. 武汉：湖北人民出版社，2013：348.

建设，需要做好三方面的工作。

一是明确网络生态文明建设的方向和主旋律。伴随着网络社会的繁荣与发展以及工具理性在网络世界的扩张、价值理性的式微，网络生态平衡被打破，面临着负面信息污染失控蔓延、虚拟社会资源浪费严重、网络文化安全风险泛化、社会风险爆发频率加快、物质与精神冲突激烈等方面的危机。[①]那么，网络生态文明建设必须坚持以社会主义核心价值观作为指导思想，牢牢把握网络生态文明建设的方向和主旋律，积极培育科学的网络生态文明观，从而引领网络生态文明建设，为网民（包括教师）营造一个风清气正的网络生活空间。

二是加强网络生态内部系统建设，推进网络社会持续发展。由于网络生态内部系统是由网络主体、网络信息资源、网络环境等要素构成的有机整体，因而网络生态文明建设需要对系统内各个要素进行优化和发展，并促使各个要素建立良好的互动关系，实现各个要素的协调统一，从而推动网络社会的健康有序发展。

三是注重网络生态内、外系统的融通，构建和谐共生的生态体系。从某种意义上说，网络生态文明是奠基于物化的网络生态系统中的人与人之间形成的自由平等、诚信友爱、互利互助、和谐相处以及各人自我内在和谐的状态，达到与他人的本体意义上的“共缘在”的大同境界。[②]因此，我们应坚持以和谐共生为导向，促进网络生态内部各因子以及和外部因子间的和谐共生、互促互融；进一步建立健全网络社会与现实社会的融通机制，促进网络社会与现实生活的协调发展和生态平衡，从而为教师网络生活方式和现实生活方式的健康、可持续发展及其相互转化（即网络生活的“现实化”、日常化和现实生活的虚拟化、网络化）奠定基础。

① 陶鹏. 网络文化与虚拟社会管理[M]. 郑州：河南人民出版社，2014：278-282.

② 徐世甫. 网络生态文明：人类第二生态文明[J]. 南京社会科学，2009（8）：32-36.

参考文献

阿兰·德波顿. 2014. 身份的焦虑[M]. 陈广兴，南治国译. 上海：上海译文出版社.
阿明·格伦瓦尔德. 2017. 技术伦理学手册[M]. 吴宁译. 北京：社会科学文献出版社.
安德鲁·基恩. 2010. 网民的狂欢：关于互联网弊端的反思[M]. 丁德亮译. 海口：南海出版社.
安德鲁·基恩. 2018. 科技的狂欢[M]. 赵旭译. 北京：中信出版社.
保罗·沃黑赫. 2018. 身份[M]. 张朝霞译. 广州：花城出版社.
曹培杰. 2015. 重启创造力：网络时代的创新法则[M]. 北京：北京交通大学出版社.
曹晓峰. 1985. 生活方式形成的基础与条件[J]. 社会科学辑刊，(3)：43-47.
常晋芳. 2005. 网络哲学引论——网络时代人类存在方式的变革[M]. 广州：广东人民出版社.
陈昌凤，虞鑫. 2012. 网络时代的盛世危言：互联网与社会变迁[M]. 北京：北京出版社.
陈昌曙，远德玉. 1990. 技术选择论[M]. 沈阳：辽宁人民出版社.
陈来成. 2009. 休闲学[M]. 广州：中山大学出版社.
陈贻新. 1988. 论生活方式及其在社会历史中的地位和作用[J]. 中国人民大学学报，(2)：76-83.
崔玉华. 2018. 网络安全风险来源及其防范化解对策[J]. 改革，(1)：37-40.
戴维·索恩伯格. 2020. 学习场景的革命[M]. 徐烨华译. 杭州：浙江教育出版社.
丹尼尔·米勒，希瑟·A. 霍斯特. 2014. 数码人类学[M]. 王心远译. 北京：人民出版社.
董宝良，喻本伐，周洪宇. 2011. 陶行知教育论著选[M]. 北京：人民教育出版社.
杜积西. 2013. 云教育 开启学习的3A时代[M]. 北京：北京理工大学出版社.
杜玉霞，徐福荫. 2007. 网络教师的能力及其发展研究[J]. 电化教育研究，(2)：28-31.
方心清. 2006. 现代生活方式前沿报告[M]. 北京：社会科学文献出版社.
冯必扬. 2008. 社会风险与风险社会关系探析[J]. 江苏行政学院学报，(5)：76-81.
冯建军. 2010. 差异与共生：多元文化下学生生活方式与价值观教育[M]. 成都：四川教育出版社.
高峰. 2011. 高职院校教师采用网络教学的影响因素研究——以某职业技术学院为例[J]. 中国远程教育，(9)：32-38.
古斯塔夫·勒庞. 2007. 乌合之众：大众心理研究[M]. 冯克利译. 桂林：广西师范大学出版社.
顾健. 2002. 试论网络阅读的特征及其对阅读教学的启示[J]. 中国电化教育，(3)：24-26.
关晓兰. 2017. 网络社会生态系统形成机理研究[M]. 北京：经济科学出版社.
郭玉锦，王欢. 2010. 网络社会学[M]. 北京：中国人民大学出版社.

黄平. 2004. 迈向和谐——当代中国人生活方式的反思与重构[M]. 天津：天津科学技术出版社.
黄升民，丁俊杰，黄京华. 2012. 2012IMI：90后大学生网络化生活研究报告[M]. 北京：中国广播电视出版社.
江畅，周鸿雁. 2006. 幸福与优雅[M]. 北京：人民出版社.
蒋国珍. 2011. 混合式研修：信息时代的教师专业发展[M]. 北京：高等教育出版社.
“教育信息化建设与应用研究”课题组. 2010. 我国教育信息化建设与应用专题研究报告[M]. 北京：高等教育出版社.
杰夫·科尔文. 2017. 不会被机器替代的人：智能时代的生存策略[M]. 俞婷译. 北京：中信出版社.
康秀云. 2007. 二十世纪中国社会生活方式现代化解读[M]. 北京：中共党史出版社.
柯平，闫慧. 2007. 网络阅读文化的基本理论研究[J]. 图书馆工作与研究，(5)：3-5.
科德·戴维斯. 2015. 大数据伦理：平衡风险与创新[M]. 赵亮译. 沈阳：东北大学出版社.
拉里·罗森. 2012. i成瘾[M]. 方晓义，张锦涛，邓林园等译. 北京：机械工业出版社.
李春霞，翟利峰. 2012. 哲学视角下科技风险探析[J]. 理论探讨，(6)：73-75.
李建华. 2004. 风险社会中的伦理秩序[J]. 中国人民大学学报，(6)：62-67.
李景耀. 1996. 简论现代中国生活方式的内容[J]. 平顶山师专学报（社会科学版），(4)：41-47.
李芒，蒋科蔚. 2012. 教育信息化与“现代化风险”[J]. 现代远程教育研究，(2)：3-12.
李庆真. 2014. 生活在网络化时代的我们[M]. 杭州：浙江大学出版社.
李学杰. 2013. 基于网络环境的教师教学技能培训模式构建[J]. 中国电化教育，(7)：69-73.
李云先，彭敦陆. 2013. 大学生网络行为方式的模糊分析[J]. 上海理工大学学报，(2)：107-112.
梁永炽，李少南. 2009. 互联网在中国社会之崛起：四大城市的比较研究[M]. 香港：香港中文大学香港亚太研究所.
刘少杰. 2018. 中国网络社会研究报告2017版[M]. 北京：中国人民大学出版社.
刘岩. 2008. 风险社会理论新探[M]. 北京：中国社会科学出版社.
楼巍. 2014. 大学生网络行为分析及网络德育文化建设路径探究[J]. 思想理论教育，(5)：77-81.
罗萍. 1989. 生活方式学概论[M]. 兰州：甘肃科学技术出版社.
罗儒国. 2015. 湖北省中小学教师网络生活状况的调查与分析[J]. 上海教育科研，(5)：41-44.
罗儒国. 2015. 教师虚拟生存：内涵与旨趣[J]. 大学教育科学，(6)：62-67.
罗儒国. 2017. “互联网+”时代教师生存方式变革：实质、动力与路向[J]. 新疆师范大学学报（哲学社会科学版），(4)：30-38.
罗儒国. 2018. 教师生存方式的境遇与变革[M]. 北京：教育科学出版社.
罗儒国. 2019. “互联网+”时代教学思维方式变革：境遇、趋向与路径[J]. 南京社会科学，375（1)：154-161.
罗儒国，宋琦. 2016. 国外教师网络教学研究的回溯与启示[J]. 外国中小学教育，(11)：54-58.
罗儒国，吴青. 2018. 论教学活动的虚实二重性[J]. 山西大学学报（哲学社会科学版），(1)：130-137.
罗斯玛丽·卢金，栗浩洋. 2020. 智能学习的未来[M]. 徐烨华译. 杭州：浙江教育出版社.
马立，郁晓华，祝智庭. 2011. 教师继续教育新模式：网络研修[J]. 教育研究，(11)：21-28.
马向阳. 2015. 纯粹关系：网络分享时代的社会交往[M]. 北京：清华大学出版社.

玛丽·艾肯. 2018. 网络心理学：隐藏在现象背后的行为设计真相[M]. 门群译. 北京：中信出版社.
玛丽·斯温格尔. 2018. 劫持：手机、电脑、游戏和社交媒体如何改变我们的大脑、行为与进化[M]. 门群译. 北京：中信出版社.
迈克尔·J. 奎因. 2016. 互联网伦理：信息时代的道德重构[M]. 王益民译. 北京：电子工业出版社.
麦嘉湖. 2012. 中国人的生活方式[M]. 北京：电子工业出版社.
毛明芳. 2015. 现代技术风险的生成与规避研究[M]. 长沙：湖南人民出版社.
米歇尔·布艾希. 2019. 科技智人：从今天到未来的哲学[M]. 刘成富，陈茗钰，张书轩译. 北京：中国社会科学出版社.
闵清. 2016. 信息时代虚拟实践与人的发展研究[M]. 北京：光明日报出版社.
钱冬明，郭玮，管珏琪. 2012. 从学习工具的发展及应用看 e-Learning 的发展——基于 Top100 学习工具近五年的排名数据[J]. 中国电化教育，(5)：135-139.
沈彩霞. 2018. 青少年网络活动类型与心理社会适应[J]. 中国电化教育，383 (12)：23-29.
司马云杰. 2007. 文化社会学[M]. 太原：山西教育出版社.
宋涛. 2006. 传统裂变与现代超越：西部大开发与西南少数民族生活方式变革问题研究[M]. 北京：民族出版社.
苏振芳. 2007. 网络文化研究：互联网与青年社会化[M]. 北京：社会科学文献出版社.
孙绵涛. 2003. 论人类生活方式的本质及其复归——关于知识、信息社会生活方式的探讨[J]. 浙江社会科学，(6)：100-106.
泰德·丁特史密斯. 2015. 未来的学校[M]. 魏薇译. 杭州：浙江人民出版社.
唐·泰普斯科特. 2017. 互联网原生代：网络中成长的一代如何塑造我们的社会与商业[M]. 张敬茹，王蕾，李美彤译. 北京：机械工业出版社.
藤原智美. 2019. 迷失：你是互联网的支配者还是附庸[M]. 王唯斯译. 厦门：鹭江出版社.
童莉莉. 2013. 身未移 心已动：走进移动互联生活[M]. 北京：中央广播电视大学出版社.
童星. 2003. 现代社会学理论新编[M]. 南京：南京大学出版社.
汪业周. 2002. 论生活方式的蕴涵与结构[J]. 理论学刊，(1)：90-93.
王建民. 2017. 网络化时代的个人与社会[M]. 北京：中国社会出版社.
王建武. 1986. 生活方式的要素和结构[J]. 理论月刊，6 (11)：31-41.
王利，罗儒国. 2017. 教师虚实生存冲突及其调适策略[J]. 西北师大学报（社会科学版），(3)：116-121.
王守恒. 2011. 教师社会学导论[M]. 合肥：中国科技大学出版社.
王雅林. 1997. 人类生活方式的前景[M]. 北京：中国社会科学出版社.
王雅林. 2003. 构建生活美：中外城市生活方式比较[M]. 南京：东南大学出版社.
王雅林. 2013. 生活方式研究的现时代意义：生活方式研究在我国开展 30 年的经验与启示[J]. 社会学评论，(1)：22-35.
王雅林. 2016. 社会学研究的最高使命是“创造人民美好生活”——生活方式研究的若干理论问题[J]. 哈尔滨工业大学学报（社会科学版），(1)：3-9.
王玉波. 1986. 生活方式范畴体系简论[J]. 晋阳学刊，(2)：19-25.

王玉波，瞿明安. 1997. 超越传统：生活方式转型取向[M]. 北京：京华出版社.
王玉波，王辉，潘允康. 1986. 生活方式[M]. 北京：人民出版社.
王玉波，王雅林，王锐生. 1989. 生活方式论[M]. 上海：上海人民出版社.
王月，潘力. 2014. 健美操与体能训练[M]. 北京：清华大学出版社.
乌尔里希·温伯格. 2017. 网络思维：引领网络社会时代的工作与思维方式[M]. 雷蕾译. 北京：机械工业出版社.
吴文新，张雅静. 2013. 休闲学导论[M]. 北京：北京大学出版社.
夏建中. 2008. 社会分层、白领群体及其生活方式的理论与研究[M]. 北京：中国人民大学出版社.
谢龙. 1990. 现代哲学观念[M]. 北京：北京大学出版社.
肖恩·杜布拉瓦茨. 2015. 数字命运：新数据时代如何颠覆我们的工作、生活和沟通方式[M]. 姜昊骞，李德坤，徐琳琦译. 北京：电子工业出版社.
肖云忠，许传新，陈运. 2012. 社会学概论[M]. 北京：清华大学出版社.
萧俊明. 2013. 现代社会生活方式的文化根源[M]. 北京：社会科学文献出版社.
休伯特·德雷福斯. 2016. 论因特网[M]. 喻向午，陈硕译. 开封：河南大学出版社.
徐世甫. 2013. 虚拟生存论导论[M]. 上海：上海社会科学院出版社.
杨根福. 2015. 数字化学习（E-Learning）用户持续使用行为研究[M]. 杭州：浙江大学出版社.
杨家祚. 1993. 当代中国人的生活方式[M]. 北京：中国友谊出版公司.
杨明. 2015. 当代技术风险的文化研究[M]. 北京：清华大学出版社.
杨绪辉，王永辉. 2015. 网络学习工具及应用[M]. 南京：南京大学出版社.
叶夫根尼·莫罗佐夫. 2014. 技术至死：数字化生存的阴暗面[M]. 张行舟，闾佳译. 北京：电子工业出版社.
伊恩·朱克斯，瑞恩·L. 沙夫. 2020. 教育未来简史：颠覆性时代的学习之道[M]. 钟希声译. 北京：教育科学出版社.
余建华. 2014. 网络社会心态何以可能[J]. 北京邮电大学学报（社会科学版），（5）：16-21.
袁爱清. 2017. 媒介幸福论：幸福心灵的媒介引导与构建[M]. 北京：中国社会科学出版社.
曾戈提塔. 2009. 中介化：媒体如何建构你的世界和生活方式[M]. 王珊珊译. 上海：上海译文出版社.
曾鹰. 2011. 技术文化意义的合理性研究[M]. 北京：光明日报出版社.
张继良. 1988. 对变革中的生活方式与教育的一些思考[J]. 江西教育科研，（2）：5-9.
张健. 2011. 论人的精神世界[M]. 郑州：河南人民出版社.
张明仓. 2005. 虚拟实践论[M]. 昆明：云南人民出版社.
张诗亚. 2012. 云时代学习：探索与思考[M]. 重庆：西南师范大学出版社.
张曙光. 2001. 生存哲学——走向本真的存在[M]. 昆明：云南人民出版社.
张燕. 2014. 风险社会与网络传播技术利益伦理[M]. 北京：社会科学文献出版社.
张瑜，闫聚群. 2014. “网络文明”的概念辨析[J]. 青海社会科学，（6）：154-159.
张之沧. 2015. 虚拟空间与“人、地、机”关系[J]. 南京师大学报（社会科学版），（1）：5-12.
钟晨发. 1986. 略论生活方式的构成因素和变革契机[J]. 华中师范大学学报（哲学社会科学版），（1）：35-40.

周若辉. 2008. 虚拟与现实——数字化时代人的生存方式[M]. 长沙：国防科技大学出版社.

周志民. 2011. 在线品牌社群中 E-社会资本的形成机制研究[J]. 营销科学学报，7（2）：1-22.

朱旭东. 2018. 新时代中国教师队伍建设的顶层设计[M]. 北京：北京师范大学出版社.

邹广文. 2019. 美好生活的价值向度[N]. 光明日报，01-21（05）.

Alsofyani M M，Aris B，Eynon R，et al. 2012. A preliminary evaluation of short blended online training workshop for TPACK development using technology acceptance model[J]. The Turkish Online Journal of Educational Technology，11，（3）：20-32.

Asterhan C S C，Rosenberg H. 2015. The promise，reality and dilemmas of secondary school teacher-student interactions in Facebook：The teacher perspective[J]. Computers & Education，85：134-148.

Baran E，Correia A P. 2014. A professional development framework for online teaching[J]. Tech Trends：Linking Research and Practice to Improve Learning，58，（5）：95-100.

Boling C J，Martin S. 2005. Supporting teacher change through online professional development[J]. The Journal of Educators Online，2，（1）：1-15.

Buabeng-Andoh C. 2012. Factors influencing teachers'adoption and integration of information and communication technology into teaching：A review of the literature[J]. International Journal of Education and Development Using Information and Communication Technology，8，（1）：136-155.

Ciampa K，Tiffany G L. 2015. Blogging to enhance in-service teachers' professional learning and development during collaborative inquiry[J]. Educational Technology Research and Development，63，（6）：883-913.

Hanraets I，Hulsebosch J，de Laat M. 2011. Experiences of pioneers facilitating teacher networks for professional development[J]. Educational Media International，48，（2）：85-99.

Hewett B，Powers C E. 2007. Online teaching and learning：Preparation，development，and organizational communication[J]. Technical Communication Quarterly，16，（1）：1-11.

Hur J W，Hara N. 2007. Factors cultivating sustainable online communities for K-12 teacher professional development[J]. Journal of Educational Computing Research，36，（3）：245-268.

Hussein H B. 2013. The effectiveness of using social communications networks in mathematics teachers' professional development[J]. Procedia-Social and Behavioral Sciences，106：2756-2761.

Jong O D. 2012. Empowering teachers for innovations：The case of online teacher learning communities[J]. Creative Education，3，（8）：125-129.

Khalid F，Joyes G，Ellison L，et al. 2014. Factors influencing teachers' level of participation in online communities[J]. International Education Studies，7，（13）：23-32.

Krutka D G，Carpenter J P，Trust T. 2016. Elements of engagement：A model of teacher interactions via professional learning networks[J]. Journal of Digital Learning in Teacher Education，32，（4）：150-158.

Macia M，García I. 2016. Informal online communities and networks as a source of teacher professional development：A review[J]. Teaching and Teacher Education，55：291-307.

Madden A，Ford N，Miller D，et al. 2005. Using the Internet in teaching：The views of practitioners（A survey of the views of secondary school teachers in Sheffield，UK）[J]. British Journal of Educational Technology，36，(2)：255-280.

Moolenaar N M，Sleegers P J C，Karsten S，et al. 2012. The social fabric of elementary schools：A network typology of social interaction among teachers[J]. Educational Studies，38，(4)：355-371.

Slaouti D. 2007. Teacher learning about online learning：Experiences of a situated approach[J]. European Journal of Teacher Education，30，(3)：285-304.

Sumuer E，Esfer S，Yildirim S. 2014. Teachers' Facebook use：their use habits，intensity，self-disclosure，privacy settings，and activities on Facebook. Educational Studies[J]. 40，(5)：537-553.

Sun A，Chen X. 2016. Online education and its effective practice：A research review[J]. Journal of Infor-mation Technology Education：Research，(15)：157-190.

Trust T. 2012. Professional learning networks designed for teacher learning[J]. Journal of Digital Learning in Teacher Education，28，(4)：133-138.

Trust T. 2016. New model of teacher learning in an online network[J]. Journal of Research on Technology in Education，48，(4)：290-305.

Trust T，Krutka D G，Carpenter J P. 2016. "Together we are better"：Professional learning networks for whole teachers[J]. Computers &Education，102，(1)：15-34.

Vaessen M，van den Beemt A，de Laat M. 2014. Networked professional learning：Relating the formal and the informal[J]. Frontline Learning Research，2，(2)：56-71.

Vu P，Cao V，Vu L，et al. 2014. Factors driving learner success in online professional development[J]. International Review of Research in Open and Distance Learning，15，(3)：120-139.

Zhang J. 2009. Comments on greenhow，robelia，and hughes：Toward a creative social web for learners and teachers[J]. Educational Researcher，38，(4)：274-279.